ミネルヴァ日本評伝選

皇国のため徳川家のため

永井尚志

高村直助著

ミネルヴァ書房

刊行の趣意

「学問は歴史に極まり候ことに候」とは、先哲荻生徂徠のことばである。

歴史のなかにこそ人間の智恵は宿されている。人間の愚かさもそこにはあらわだ。この歴史を探り、歴史に学んでこそ、人間はようやくみずからの正体を知り、いくらかは賢くなることができる。新しい勇気を得て未来に向かうことができる。徂徠はそう言いたかったのだろう。

「ミネルヴァ日本評伝選」は、私たちの直接の先人について、この人間知を学びなおそうという試みである。日本列島の過去に生きた人々の言行を、深く、くわしく探って、そこに現代への批判を聴きとろうとする試みである。日本人ばかりではない。列島の歴史にかかわった多くの異国の人々の声にも耳を傾けよう。

先人たちの書き残した文章をそのひだにまで立ち入って読み、彼らの旅した跡をたどりなおし、彼らのなしとげた事業を広い文脈のなかで注意深く観察しなおす——そのとき、はじめて先人たちはいまの私たちのかたわらによみがえってくる。彼らのなまの声で歴史の智恵を、また人間であることのよろこびと苦しみを、私たちに伝えてくれもするだろう。

この「評伝選」のつらなりのなかから、列島の歴史はおのずからその複雑さと奥ゆきの深さをもって浮かび上がってくるはずだ。これを読むとき、私たちのなかに新たな自信と勇気が湧いてきて、その矜持と勇気をもって「グローバリゼーション」の世紀に立ち向かってゆくことができる——そのような「ミネルヴァ日本評伝選」にしたいと、私たちは願っている。

平成十五年（二〇〇三）九月

上横手雅敬
芳賀　徹

はしがき

四度も処分された幕臣

永井尚志《なおゆき》は、ある意味で異色の幕臣と言えるかもしれない。尚志は、幕末対外危機のなか昌平坂学問所の俊才として、三十歳を過ぎて幕臣に登用された。ペリー来航後、その再来を前にした嘉永六年（一八五三）十月、阿部正弘を中心とする幕閣により、三十八歳にして目付に抜擢された。以後、幕府崩壊に至るまで、波乱に満ちた有司の日々を送ったが、その約十五年の間に、実に四度、幕府から処分を受けているのである。

無能や怠慢であったり、不正を行ったためではない。有能で果敢に真摯に、当面する困難な課題に取り組んだ結果、蒙った処分であった。

有司としての活動の前半は、長崎勤務をはじめとする幕政の直面する対外的課題への取り組みであった。長崎では、目付としてイギリス・オランダとの対外折衝に当たりつつ、オランダの助力を得ながら長崎海軍伝習所開設の総責任者の役目を果たした。

長崎で開眼した尚志は、攘夷論を捨てて積極的開国論を唱えるようになり、江戸に戻ってからは諸通商条約の交渉に当たって、露蘭英仏四カ国との条約締結交渉と調印に加わった。しかし、将軍継嗣問題で一橋慶喜《よしのぶ》擁立運動の中心になったことから、大老井伊直弼《なおすけ》の忌憚に触れ、対外的任務が一段落するや切って捨てられ、俸禄と家督相続人の身分とを剥奪され「差控え」を命じられた。これが一度目の、極めて過酷な処分である。

三年近い閉居ののち、一橋派大名らが復帰して幕政改革に取り組むなかで、有司として復帰を認められ、以後は専ら国内の幕政最前線を担うことになる。まず、折しも攘夷論が渦巻く京都に町奉行として赴任した。しかし、積極的開国派であることを攘夷派朝臣に憎まれ、それに遠慮した幕府に二度目の閉居を申し付けられた。

数カ月後に復帰したのち、大目付になっていた尚志は、禁門の変後の長州処分のために、詰問使として広島に派遣された。尚志は征長総督徳川慶勝《よしかつ》の方針に沿って平穏に事態を収めたのであるが、現地情勢に疎く自信過剰に陥っていた江戸幕閣に、生ぬるいとして依願免職に追い込まれた。これが三度目の処分である。ところが、長州再征が決まり、将軍家茂《いえもち》が「進発」すると、同じ幕閣によって、またも長州対策のために呼び出され、広島に派遣される。

さらに慶応三年（一八六七）、幕府が政治的に窮地に陥るなかで、将軍慶喜の最も信頼する側近として、本来は大名の職である若年寄格に、旗本ながら初めて抜擢された。さらに、慶喜が決断した大政奉還の実現のため、当時の幕臣としては例外とも言えるが、積極的に尽力した。その後の王政復古クーデタの強引さに憤りながらも、「皇国のため徳川家のため」事態収拾に、京都と大坂とを再三往復して全力で取り組んだ。

しかし、鳥羽伏見の戦いが勃発すると、朝敵とされた慶喜がひたすら恭順の姿勢を示すなか、その証として尚志は、罷免・閉門という、四度目のそして最後の処分を受けたのであった。

前半は対外問題、後半は内政問題、幕末の幕政最前線の現場を担い続け、むしろ懸命に尽力したがゆえに、四度も処分される結果になったのである。

橋本左内・坂本龍馬から期待された有司

日米和親条約締結の結果、アメリカからハリスが総領事として赴任し、幕府に本格的開港を迫るなか、その対応の問題と将軍継嗣問題とが浮上していた安政四年（一八五七）、橋本左内が上府していた。徳川家門大藩の福井藩主松平春嶽《しゅんがく》（慶永《よしなが》）の懐刀であった左内は、従来の譜代大名独占の幕閣に代えて、英明な将軍のもとでのいわば雄藩内閣を構想した。その補佐役として名を挙げていたのが、川路聖謨《としあきら》・岩瀬忠震《ただなり》・永井尚志の三有司であった。

また長州再征が行き詰まるなか、春嶽は、宇和島藩の伊達宗城《むねなり》に宛てた書状で、有司の人材払底を嘆き、大目付の永井主水正《もんどのしょう》（尚志）と室賀伊予守（正容《まさかた》）以外はどうしようもない人物達だと評している。

大政奉還後、あるべき政体づくりが混沌とするなか、平和的王政復古を目指していた坂本龍馬は、同志への書状に、永井とは「ヒタ同心」だと記し、幕臣のなかで最も期待を寄せていた。実は暗殺される前日夜も尚志をひそかに訪ね、話し合っていたことが、当時の確かな記録に記されている。そのため、当時も今も、暗殺指示者は実は尚志だとの、とんでもない俗説があるほどである。

その人柄は、権勢を笠に着るとか武張ったといったところはまったくなく、温和、沈着、明晰、率直、清廉、忍耐、洒脱といった言葉で評されるような人物であった。

近代の基礎づくりへの貢献

明治初年、箱館の戦いに敗れた尚志は、今度は新政府から処罰され、五十歳代半ばにして二年半余の牢獄暮らしを強いられる。獄中にあって、「多年の辛苦皆水泡 万感交《こもご》も集まって念鬱紆《うつう》」、長い間の苦労がすべて無意味に帰し、万感胸に迫って鬱々たるものがあると詠嘆している。「皇国のため徳川家のため」奮闘を重ねた幕臣尚志の苦闘は、確かに敗北に終わった。しかし少なくとも二つの点で、日本近代の基礎づくりに欠かせない改革に、彼ならではの貢献をした人物であった。

一つは、長崎海軍伝習所・築地軍艦操練所の創設を総責任者として担い、海軍の基礎をつくったことである。のちに著名になる勝海舟らの形式上の上司にすぎなかった、と言うことではない。確かに尚志は、優れた武人でも技術者でもなく、いわば行政官としてこれに当たったのであるが、伝習生採用に際して、幕府や藩、身分や役職を問わず、前途有為な青年を抜擢して入所させることに最も尽力したのである。一度は拒否された伝習参加が、尚志の推薦で認められた者の一人が榎本武揚《たけあき》であった。

また、大政奉還は通説的には、慶喜復権のための反動的試みとして否定的に見られていたが、近年には、平和的な王政復古による新政体創出への有意義な経過点であったとする評価が現れており、筆者もそのように書いたことがある（『小松帯刀（人物叢書）』吉川弘文館、二〇一二年）。

慶喜の大政奉還の意思表示に対して、幕府側の多くが呆然とし、あるいは朝廷からの差し戻しを予想していた。そのなかで、慶喜の側近として、その実現に真剣に取り組み推進した、ほとんど唯一のかったであろう。

幕臣が尚志であった。彼の働きがなければ、あれほど速やかに勅許が下りて奉還が実現することはなかったであろう。

伝記と史料

以上のような事績のある幕臣であり、本格的伝記があって然るべきであろう。維新の敗者側になった幕臣であるが、明治政府の高官に転身した人物を別としても、数人については広く読まれている伝記がある。しかしそのなかには、永井尚志は含まれていない。人物に派手さがなく、自身の史料を二条城に置いたまま鳥羽伏見の戦いになったためもあり、自筆の一次史料に乏しいことも、その理由であろうか。

これまで本格的な伝記は、岡崎の郷土史家城殿《きどの》輝雄氏が、ほぼ三十年前に出版された私家版『伝記永井玄蕃頭尚志』（一九八六年、『永井玄蕃』一九八二年の増補版）だけである。尚志自身に関する史料を博捜された力作であり、尚志自身については本書もその成果に多くを学ばせていただいている。また土居良三『幕末五人の外国奉行』には、貴重な指摘も見られるが、何分短いものである。本格的伝記と言えるものはそれ以外には見当たらない。また研究論文も、国会図書館の雑誌記事索引を検索してみても、ほとんど皆無という状況にある。

尚志の関係者側に残された多様な史料を極力活用することによって、幕臣という立場を踏まえつつ、激動する時代が求める課題と正面から格闘した人物として、その人柄にも触れながら尚志の波乱に満ちた生涯を跡付けてみたい。なお、尚志は「なおむね」と読まれることが多かったが、「なおゆき」が正しいようである。

以下本文において、史料の引用に際しては、原則として濁点、句読点、送りがなを加えて読み下し文とし、漢字は常用漢字に改めて適宜ルビを付け、カタカナはひらがなに改めた。なお〔 〕内は筆者による注記である。

永井尚志——皇国のため徳川家のため

目次

図版一覧

奥殿松平家・加納永井家略系図

（加納永井家）
尚庸—直敬—尚平—直信—直陳—尚備—直旧—尚弼—尚典—尚服—尚敏……

直敬—尚方—尚恕—尚友—尚徳—尚志—岩之丞……（分家）

（奥殿松平家）
真次①—乗次②—乗成③—乗真④—盈乗⑤—乗穏⑥—乗友⑦—乗羨⑨—乗利⑩—乗謨⑪……

乗穏⑥—乗尹⑧—尚志 → 尚志（分家）

（大給松平家）
乗元—乗正—乗勝—親乗—真乗—家乗—乗寿—乗久—乗春—乗邑—乗佐—乗完—乗寛……

真乗—真次①（奥殿松平家）

（松平本家）
親氏—泰親—信光—親忠—長親—信忠—清康—広忠—徳川家康……（徳川本家）

親忠—乗元（大給松平家）

第一章　嵐を前に抜擢

1　目付抜擢と対外論上申

徒頭から目付に

嘉永六年（一八五三）と言えば、アメリカ東インド艦隊司令長官ペリーが、六月に大統領国書を携えて来航し、日本の上下に大きな衝撃を与えた年である。その年の十月八日、御先手《さきて》組弓頭永井能登守尚徳《なおのり》養子であった徒頭《かちがしら》永井岩之丞（尚志《なおゆき》）は、目付に抜擢された。数え三十八歳での目付就任は、平均で四十歳を超えると言われた当時としては、早い方であった。

幕臣に取り立てられたのは数えで三十二歳と遅かったが、それ以来六年、役高は前職と同じ一千石とはいえ、徒頭就任後わずか二カ月半にしての抜擢は異例であった。大国が艦隊を派遣して開国を要求するという、幕府にとって重大な対外危機ゆえの人事であったと言えよう。十一月七日には布衣《ほい》に任じられている。布衣とは礼服の狩衣のことであるが、従六位相当の役職者に認められる礼装であった。

なお養父尚徳が勤めていた先手組とは、将軍直属の特科軍団で弓組と鉄砲組とがあり、弓頭は布衣以上で千五百石の役高であった。嘉永六年須原屋刊『嘉永武鑑』（『江戸幕府役職武鑑編年集成』）には、岩之丞の居所は「はま丁」とされているが、それは永井能登守と同じであり、養父の屋敷地内に住居があったようである。浜町は隅田川西岸と浜町堀の間の武家地を指し、現在は隅田川の新大橋西側の中央区東北部が浜町一〜三丁目になっている。都営新宿線「浜町」駅近く二丁目に浜町公園がある。岩之丞の本宅は、明治初めまでこの浜町にあった。

異例の人事

大目付が大名を監察する役職であるのに対して、目付は旗本・御家人を監察する役職であり、合わせて大小監察とも呼ばれる。しかし実質的にその権限はさらに大きかった。遣米使節に随行した咸臨丸の提督として知られる木村芥舟《かいしゅう》（摂津守喜毅《よしたけ》）は、自身も経験した目付について、次のように語っている。

目付は、格は高くはないが実権は強い。閣老に対して懸案について直接意見を述べ、また、様々な願いや伺い等の可否を評論して上申する。たとえ閣老のことであっても忌憚なく上申できるし、場合によっては直接将軍に願い上げることもある。だから、皆が畏敬し就任を羨む存在である。

木村はまた、岩之丞や岩瀬忠震《ただなり》のように書院番・小姓番という両番からの抜擢は異例だと、「従来、両番より監察に任ぜらる丶は、真に不次の特典にして稀に見る所」とも記している（「木村芥舟翁履歴略記」横浜開港資料館『木村芥舟とその資料』、以下「木村略記」）。なお、旗本の役職は番方と役方に大別され、番方は軍事的役割、役方は行政的役割を担当していた。

岩之丞が目付になった時点で、目付の先任者は戸川安鎮《やすしげ》・鵜殿長鋭《うどのながとし》・荒尾成允《しげまさ》・堀利煕《としひろ》（織部）ら九人であった。岩瀬は翌安政元年一月、大久保忠寛《ただひろ》（一翁）は同五月に目付になっている。

元治元年（一八六四）に目付となり親仏派として活躍した栗本鋤雲《じょうん》（瀬兵衛）は、養父が現職にありながら岩之丞や岩瀬が、旗本達が羨む地位に抜擢されたことについて、目付の実質的権限の強さを述べたうえで、次のように回顧している。


去れば人の以て仕途の栄とする者、鑑察〔目付〕に過ぐる無し。……父子共に職に在れば其子たる者、賢と雖も父に超ゆる能わざるの旧規を改めて、堀織部・永井玄蕃《げんば》〔岩之丞〕・岩瀬肥後〔忠震〕の三人を擢《ぬき》んで鑑察とせり。皆曽《かつ》て予と同年に学試〔学問吟味〕を経て科に登りし者なり。

（「匏庵《ほうあん》文集」『匏庵遺稿』一）


養父尚徳は、当時の幕府役職者の任免の史料集『柳営補任』によれば、この六年十二月二十七日には「万一異国船渡来の節の為、取締市中臨時廻り致すべき旨」を命じられている。

このような抜擢の前提には、のちに述べるような彼の出自の良さと俊才振りがあったが、対外問題緊迫のなかで、人材、特に対外問題に当たる人材を求める阿部正弘ら幕閣に、次に触れる彼の上申が目に留まったことが、きっかけであったように思われる。

ペリー再来につき諮問　ペリーが再来を予告していったん立ち去ったのち、間もなく将軍家慶《いえよし》が病死するという事態のなか、再来時の対応が阿部正弘を首座とする幕閣の重大な課題になった。そこで嘉永六年六月末から七月初めにかけて、異例のことであったが、布衣以上の幕府有司および全大名に対して、米国国書とペリー書簡の写しを示して意見を諮問した。これに対して、一般の知識人や江戸の町人まで含めると八百通近い上申が提出された。

意見は多様であるが、大雑把に言えば、積極的な通商開始論は例外で、多くは、鎖国体制を守って通商を含むアメリカの要求を拒絶するというのが本音であった。ただ、日本側の武備が弱くて当面戦争になっては勝ち目がない、という認識もほぼ共通であった。そこで、敗戦覚悟で一戦を交えることで国内の奮起を喚起、取り敢えずの現実的対応として要求の一部容認、武備強化の時間稼ぎに回答延期など、様々な意見に分かれた。

老中首座阿部は、広く意見を聞き柔軟性があり、判断力と包容力に秀でた指導者と言われるが、諮問の時点では自身の立場は未確立だったようである。七月に御三家水戸藩の前藩主徳川斉昭《なりあき》を海防参与に迎えたのも、阿部の希望によるものであった。斉昭は、「内戦外和」つまり国内に対しては攘夷の大号令を発して武備強化に邁進するが、対外的には回答を延期し、当面の戦いを回避して時間を稼ぐという意見であった（石井孝『日本開国史』）。

また八月四日付大小目付の意見は、開国要求に対しては拒否するが、談判自体は平和を旨とし、回答を引き延ばすという対応もありうる、その一方で海防強化に努めるべきである、というものであった（『幕末外国関係文書（大日本古文書）』二、以下『幕外』）。

岩之丞の打払い論

当時まだ布衣以上ではなかった徒頭永井岩之丞も、八月二十一日上申している。二百五十行にも及ぶ長文であるが、まず、春にも海防につき建言したことに触れたあと、「交易打払二端の外はこれ無し」、開国通商要求に対しては、要するに認めるか打払いつまり拒否かの二つしかない、とする。

大事なことは基本方針、つまり打払いと決することである。通商は数年のうちに「国家疲弊」をもたらす。打払い方針を決したうえで、上下一体となって倹約に努めて武備強化を全力で図る。「船の制作」「海上の操練」も重要である。財源が不足するなら、寺院や商人から御用金を取り立てる。

こちらが要求を容れない場合、軍艦数隻が「海上運送の妨」げをするかもしれない。その場合は、江戸へは陸上輸送で物資を補給する。朝鮮国の応援も期待できよう（東京大学史料編纂所蔵「大日本維新史料稿本」のうち「徒頭永井岩之丞上書」、以下「稿本」）。

率直に言って、当時にありがちな意見の一つで、建前論的で対策の具体論に乏しい。また、貿易は国富の海外流失を招いて国益を損じるというのは、銀や銅の海外流出による国内供給不足という事実認識に基づいた、当時一般的な認識であった。

このように、当時の多数説に重なる点は多いが、しかし、まず首脳部が基本方針を決定するのが重要であるとする点、拒絶論ではあるが戦闘はあくまで回避しようとする点が特徴であると言えよう。

三谷博『明治維新とナショナリズム』は、諮問に対する大大名の意見を、要求に対して「拒絶論」「一部受諾論」「通商容認論」「通商肯定論」に、和戦に関して「主和論」「一時避戦論」「条件戦争論」「主戦論」「その他」に分類している。これに従えば、岩之丞は「拒絶論」「一時避戦論」となり、この分類では徳川斉昭同様のタイプということになるが、徹底的避戦論という点でやや異なっている。徒頭就任後間もなく目付に抜擢されるのも、このような点が注目されたのかもしれない。

このように、永井岩之丞の当時の意見は簡単に言えば拒絶・徹底避戦論であったが、実はのちに積極的通商論で歩調を揃える岩瀬忠震の上申も、この時点では回答延引で時間を稼いで武備強化に努めるという意見であった（真壁仁『徳川後期の学問と政治』）。岩瀬は以後、下田でロシア使節と折衝を繰り返すなかで対外認識を変えていったのであろう。岩之丞は以後、長崎でのイギリス使節との折衝や在崎オランダ人との頻繁な接触の過程で、大きく認識を変え、三年の間に、打払い論から積極通商論者に変身、その時点では幕臣としては先導者の一人になっていくのである。

さきに進む前に、遡って、彼の生まれ育ちと履歴を見ておくことにしよう。

2　大名の子が旗本の養子に

三河の奥殿松平藩

永井岩之丞は三河国奥殿《おくとの》藩松平家の生まれである。

徳川家の一族である松平一門のうちに大給《おぎゅう》松平家があった。鼻祖は室町時代末十五世紀半ば文安三年（一四四六）生まれの乗元で、大給城を居城とした。城は三河国加茂郡大給（現愛知県豊田市大内町）、足助《あすけ》川の東の山上にあった。

五代真乗の子真次は、天正五年（一五七七）家乗の弟として生まれ、徳川二代将軍秀忠の時代に、大坂の陣での活躍を評価されて七千石が与えられた。大給松平本家の故地大給を領地とすることを乞うて認められ、奥殿松平家の初代となった。二代乗次が一万六千石の大名になり、四代乗真の時代十八世紀初頭に、三河国額田郡奥殿村（現愛知県岡崎市奥殿町）に陣屋を移した（榎元半重『大給亀崖《きがい》公伝』）。

奥殿陣屋書院門（復元）
（岡崎市公園緑地課提供）

父松平乗尹

奥殿松平家六代乗穏には三男乗友（一七六〇～九〇）・四男乗尹《のりただ》（一七七七～一八一八）があった。岩之丞の父乗尹は、兄である奥殿松平家七代藩主乗友が三十一才（以下年齢は数え歳）の若さで隠居、寛政二年（一七九〇）、弱冠十四歳で奥殿藩八代藩主になった。

大名・旗本の系譜を編集した『寛政重修諸家譜』によれば、松平乗尹は寛政元年六月十日、乗友の継嗣となり、九月十五日将軍に拝謁、二年三月六日襲封した。三河・信濃に一万六千石を領したが、領地は、信濃国佐久郡に田野口村（現長野県佐久市臼田）など一万二千石、三河国額田郡に奥殿村など一千三百余石、加茂郡に大給村など二千六百余石であり、三河には本拠は置かれていたものの、領地の石高は全体の四分の一にすぎなかった。

乗尹は寛政三年十二月十六日従五位下対馬守に叙任、五年六月十八日初めて領地に入部し、大坂城番、二条城在番を歴任した。亀三郎、三郎次郎と称したが九年九月主水正《もんどのしょう》に改名した。

この乗尹については、維新後に大給《おぎゅう》恒《ゆずる》と名を改めた十一代藩主松平乗謨《のりかた》の伝記である『大給亀崖公伝』は、次のように記している。

> 最も気概あり。書画に巧みにして、杏齋（雅号）の名、遠近に喧《かまびす》し。奥殿に退隠して、八橋の売茶翁を方外の友とせり。文政元年五月二十三日逝去、享年四十二。法謚乗尹院、奥殿に葬る。侯子二女一男あり、永井尚志君是なり。

書画に優れた風流人だったようであるが、この素質は「気概」とともに岩之丞（尚志）に継承されている。

大名の子に生まれたが

本書の主人公岩之丞は、紛れもない大名の子として文化十三年（一八一六）十一月奥殿で誕生した。兄は早世していたから事実上長男であると言ってよい。しかし、誕生の時から、その将来が約束されていた訳ではない。

父乗尹は、享和二年（一八〇二）十二月二日、わずか二十六歳で隠居し、先代乗友の継嗣乗羨《のりよし》（一七九〇～一八二七）に藩主の地位を譲った。九代藩主乗羨は寛政二年十一月生まれである。『大給亀崖公伝』は「乗友二男」とも乗尹「養弟」とも記しているが、『寛政重修諸家譜』は、乗尹に女子四人の真ん中に男子が在り「乗羨　佐七郎」と記している。しかし乗尹の実子とすると、わずか十四才の時に生まれたことになり、いささか不自然である。

乗友は実子に男子が居ないまま弟乗尹に藩主後継の地位を委ねたが、間もなく乗友に男子乗羨が誕生したので、弟乗尹の養子として、継嗣であることをはっきりさせたということであろう。要するに岩之丞の父は、いわば一時的に中継ぎを託された存在であったと言えよう。

隠居直前の享和二年六月に乗尹は、豊後府内松平長門守近儔の娘であった妻を離縁していた。文化十三年生まれの尚志は、側室の子ということになる。長男は寛政十年生まれて間もなく死亡しており、その後の子供三人は、いずれも側室との間に生まれた。長女は八、九歳で亡くなり、次女盈子は徳川発祥の地松平郷の領主であった松平太郎左衛門に嫁している（城殿輝雄『伝記　永井玄蕃頭尚志』、以下『伝記』）。

岩之丞は、このように名門松平一門の大名の事実上の長男に生まれたものの、継ぐべき地位は用意されていなかったのである。しかも乗尹は、岩之丞がわずか数え歳三歳の時、文政元年（一八一八）五月二十三日他界し、さらに前後して母も亡くなったため、江戸の奥殿藩邸で養われる身になった。

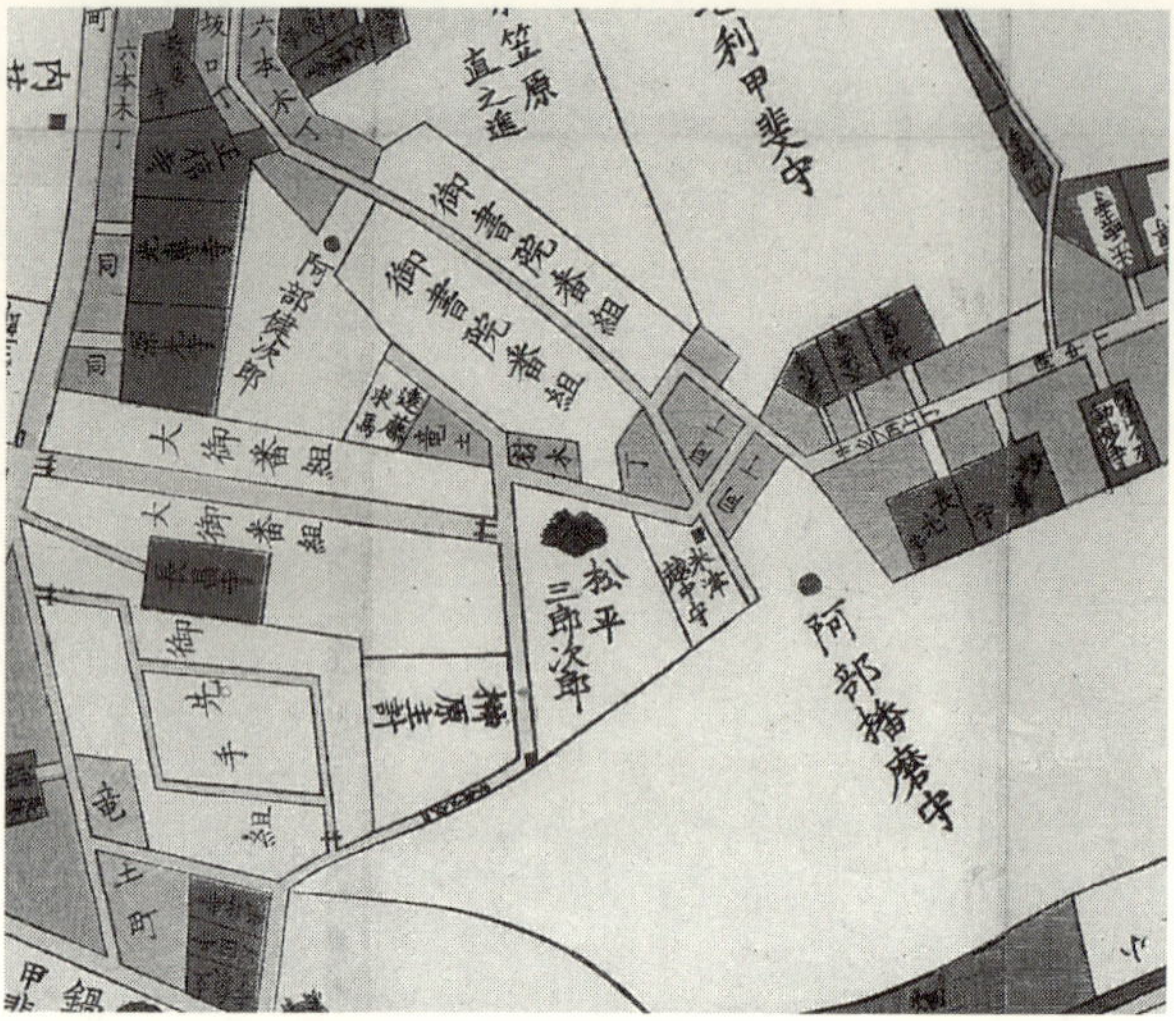

奥殿藩江戸藩邸付近絵図（1857年）
（「東都麻布之絵図」より，国際日本文化研究センター蔵）

江戸藩邸で育つ

岩之丞が奥殿松平家江戸藩邸に引き取られた時は、当時、すでに隠居の七代乗友は五十九歳、九代藩主乗羨は二十九才、継嗣の乗利（一八二一～五四）は八才であったことになる。その後のことであるが、乗利は文政十年（一八二七）十月十六日、十七歳で十代藩主となるが、嘉永五年（一八五二）三月七日継嗣乗謨（一八三九～一九一〇、のち大給恒）が十四歳で十一代奥殿藩主になる。奥殿松平家には、早々に代替わりする伝統があったかのようである。その乗謨の時代である幕末に、本拠地は信濃国田野口に移されることになる。

奥殿藩邸は江戸の麻布龍土町にあった。安政期の絵図（図版左上方向が北）には、当主乗謨の幼名三郎次郎と記されている。現在の六本木七丁目十八番地、高速道路の通る六本木通と六本木ヒルズに向かう道路とが交差する、東北角の住友不動産ビル辺りである。もちろん今では何の跡形もない。

岩之丞は名門の生まれではあったが、現実には家督の当てのないまま、親戚に育てられることになったのである。

奥殿藩の本拠地は、幕末の乗謨時代の文久三年（一八六三）に、領地の大部分があった信州佐久郡の田野口に移動した。箱館五稜郭は有名であるが、それを一回り縮めた五稜郭が田野口に文久三年九月着工され、慶応三年（一八六七）四月に竣工し、乗謨の雅号に因んで龍岡城と呼ばれた。現在の佐久市臼田にある城址は、昭和九年（一九三四）五月国史跡に指定されている。乗謨自身は文久三年若年寄、慶応二年六月老中格、十二月陸軍総裁兼務と要職に昇進している。

その幼名は？

本書の主人公の名を永井岩之丞と呼んできたが、永井は言うまでもなく養家の苗字であり、岩之丞も実は養家に伝わる名であった。それでは、松平家時代の幼名は何だったのか。彼自身の手記にも、それは記されていない。成人して父乗尹の名であった主水正を名乗っていた可能性はあるが、確認できない。

当人の実名《じつみょう》（本名、諱《いみな》）は尚志《なおゆき》であり、そのほかに岩之丞、玄蕃頭、主水正、介堂などの別名があるが、以下本書では、永井家に入ってからの名であるが実名の尚志を原則として用いることにする。

尚志は従来「なおむね」と呼ばれることが多かった。しかし実は、養家永井家の本家五代直陳《なおのぶ》の子で家督を継ぐ前に亡くなった尚志（従五位下山城守）が在り、『寛政重修諸家譜』には「なおゆき」との読みが記されている。また『伝記』は、尚志の子孫もそう呼んでいたと記している。日暮里の長久山本行寺《ほんぎょうじ》（現荒川区西日暮里三丁目一）にある尚志の墓の傍らに立つ東京都の説明板でも、読みは近年（平成六年）「なおむね」から「なおゆき」に改められている。そこで、「なおゆき」と読むことにしたい。

また岩之丞とは、次に述べるように永井家の養父尚徳がかつて称していた名で、尚志が幕臣になった当初は公的に用いていたが、長崎時代から玄蕃頭を称するようになる。閉門復帰後は公的には主水正を名乗っている。介堂は、私的な書状や書画に用いており雅号である。ただし以上はおおむねということで、常にそうであった訳ではない。

手記三点

尚志には、引退後に自身が記した手記三点があり、昭和三十五年（一九六〇）の七十年忌に際して、『永井玄蕃頭手記』と題して子孫により復刻されている。いずれも短い漢文体で、便宜上、一・二・三と区別すると、謄写印刷二段組で一が四頁余、二が二頁、三が五頁で、詳しい履歴書に近いものである。

「手記」一は、誕生から引退までを対象として、まず自身の生い立ちを簡潔に記している。読み下すと次の通りである。「文化十三丙子年十一月三河国奥殿に生まる。父領主松平主水正、母側室。三歳父母を喪い、江戸に来たりて松平縫殿頭《ぬいのかみ》〔乗羨〕に養わる。二十五歳、旗下永井能登守養子と為る」。

その最後に次のように記している。「慶応四年正月、大阪より紀州に退くの際、蔵書数百巻、在職中の手録数十巻、皆京師に置き烏有《うゆう》と為す。後に旧簏《ろく》中に在職中の残書数片を見、因て憶する所と併せ記し履歴を編次す」。戊辰戦争勃発によって上方を引き揚げる際に、蔵書も自身の記録も京都の二条城に置いたままになってしまったと言うのである。したがって手元の史料は、少なくとも最幕末期についてはほとんど残されていないことになる。

二は、幕臣に取り立てられた弘化四年（一八四七）から隠居までの履歴で、最後に「右閣老奉書、朝廷宣旨は旧簏中に存在する者也」とある。簏とは柳で編んだ書類入れであり、ここに残されていた辞令類を主として記されたのであろう。三は、嘉永六年（一八五三）から江戸を発した慶応四年（一八六八）までを明治十六年（一八八三）十月に記し、「追録」として、たまたま簏内にあった第二次長征時の「出兵諸藩及軍監報知書一小冊摘要」を付している。

雑誌『旧幕府』第五号所載「永井玄蕃頭伝」は、養子岩之丞提供の上記手記類に、編者が晩年のことなどを加筆しつつ文章化したものである。また、雑誌『江戸』第一巻第三号所載「永井介堂君履歴稿本」は、「手記」一に句点を付したものである。

尚志はまた、生涯数多くの漢詩を詠み、晩年年次順に編集した「詩集」を残しているが、これは前記手記三点とともに『伝記』に復刻されている。

尚志の青少年時代を伝える同時代の史料はないが、さきに触れた七十年忌の冊子には、塚本松之助（柳斎）なる人物による、漢文体の短い伝記が、やはり復刻されている。具体的記述はさきの「永井玄蕃頭伝」の域を出ない。「幼にして慧悟《けいご》、書を読むを好む。諸師に就いて経史を攻《おさ》め、業日に進む。

既にして自ら蘭学を修め、泰西事情を講窮し、益々時勢に感ずる有り」。これは史料を踏まえた文章とは思えないが、その境遇から考えて、勉学に人一倍励んだことは確かであろう。

永井家養子となる

尚志は、天保十一年（一八四〇）二十五歳の時、旗本永井能登守尚徳の養子になった。この年に尚徳妻女が亡くなっており、あるいは相互に関係があるのかもしれない。永井家は鎌倉時代の大江氏を遠祖とする名門で、尚庸《なおつね》を初代とする永井本家は、美濃国加納藩主（三万二千石、加納は現岐阜市）であったが、尚志が養子になった当時の藩主は八代尚典《なおのり》（一八一〇～八五）であった。

永井本家二代直敬の五男尚方が分家し、尚徳はその四代目に当たり（『寛政重修諸家譜』）、右京、求馬、岩之丞の名を持つ。生年であるが、熊井保編『江戸幕臣事典』には、没年記載はないものの「午七十□歳」という記述がある。尚徳は文久二年（一八六二）没なので、逆算すると天明六年（一七八六）丙午生まれかと考えられ、七十七歳で没したことになる。文化四年（一八〇七）七月二十九日家督を継ぎ、小普請組支配組頭になった。七年十一月十日御小姓組に転じ、文政十年一月十一日使番となり、同十二月十六日布衣（従六位）に任じられていた。

尚志は尚徳の娘の婿になり、家督相続を予定された「部屋住」の身になった。養子に迎えられたのは、尚志の家系と人物・学識が評価されたからであろう。尚志は、永井家の養子になったのを期に、養父やさらに養祖父の名でもあった岩之丞を公的に名乗るようになる。また実名を尚志としたのもこの時からであろう。ただし妻は病弱で、子ができないままに十四年九月二十三日に死亡した。法名は情音院殿妙琴日奏大姉である。尚志は旗本筧助兵衛の娘と再婚し、弘化二年（一八四五）には長男尚信（謹之助）が誕生している。

養父尚徳は、天保十三年七月駿府町奉行、翌年七月堺町奉行と要職に就き、九月には諸大夫《しょだいぶ》（従五位）に任じられている。三河国を本国として石高二千石であったが、美濃国内で足高一千石を受けている。

3　遅咲きの俊才

昌平坂学問所と海外知識

寛政の改革の際に、朱子学の幕府直轄教育機関として開設された昌平坂学問所（昌《しょう》平黌《へいこう》）には、旗本・御家人の子弟や藩士・郷士ら多くの俊才が集まり、競って学問に励んでいた。若手の武士にとっては、ここで学問に励んで、学問所で実施される五年に一度の試験「学問吟味」で良い成績を挙げることが、将来を切り開く道となっていた。

対外関係が重要になった幕末には、幕府の公職に抜擢される英才の多くが、学問所の出身者であった。鎖国下での海外通と言うと、蘭学者だけを考え勝ちである。しかし実は、洋書は相当数が中国で漢訳され出版されていた。『海防臆測』を著した古賀侗庵《とうあん》はじめ、その子謹一郎（謹堂）など、漢書を経由してそれなりの海外知識を持つ儒官の薫陶を受けた学生が増加していたのである。

特に嘉永期には、西丸《にしのまる》留守居学問所御用筒井政憲《まさのり》の推挙で、学問所出身者で阿部正弘政権の各種役職に抜擢される者が少なくなかった（『徳川後期の学問と政治』）。とりわけ対外折衝に当たる者には、学問吟味及第者が目立っており、安政五年に設けられた外国奉行最初の五人のうち、井上清直以外の尚志ら四人が及第者であった（土居良三『幕末五人の外国奉行』）。

昌平黌の秀才

学問所で学んでいた尚志は、秀才の中でも抜きん出た存在であった。天保十一年二十五歳で永井家の養子になった尚志は、十四年（一八四三）三月二十三日付で「学問心懸一段の事に候、猶出精致すべく候」との表彰を受けている（『伝記』）。

学問所には、恒例として閣老（老中・若年寄）による見回りがあり、その際には、通いの稽古人達への教育である南二階講釈を視察することになっていた。弘化二年（一八四五）八月四日の視察の際に、講釈を担当したのが永井岩之丞であった。なお、生涯の盟友となる岩瀬忠震は、弘化四年四月九日に担当している（『徳川後期の学問と政治』）。

十九世紀半ば近くから、イギリスをはじめとする欧米列国は、アジア特に中国への進出を本格化しつつあった。イギリスは清国にアヘン戦争を仕掛け、南京条約（一八四二年、天保十三年）によって香港を割譲させ清国を開国させた。この報が伝わると、脅威を感じた幕府は、文政八年（一八二五）の異国船打払令（無二念打払令）に代えて薪水給与令を布告し、漂着した外国船には、燃料や食料を与えることにした。

これに続く弘化期（一八四四〜四七）は、外国船の日本への来航が大きな脅威と感じられるようになった時代であった。弘化元年には、通商関係のあったオランダ国王から、世界の大勢を説いて開国を勧告する将軍宛親書が、幕府に届いた。また三年には、アメリカ東インド艦隊司令長官ビッドルが浦賀に来航して通商を求めたが、幕府は拒絶した。

尚志や忠震らが学問所で学問に励んでいたころ、日本の対外関係は緊張の度を高めていたのである。

小姓組番士に

尚志は、その学業振りが認められたからであろう、弘化四年（一八四七）四月十六日、「学問芸術軍学を以て出身、小姓組番士と為り、三百苞を賜う」（「手記」一）。文武の実力が認められて小姓組番士となり、年俸として切米三百俵を給されることになった。ようやく三十二歳にして、部屋住みの身ながら抜擢されて、「紅葉の間」詰めで御目見得以上つまり旗本に取り立てられたのである。

書院番と小姓番とは両番と言われ、将軍に近侍する役割は類似していた。小姓番組は、交代で城中や城門守衛、将軍出御の供奉や市中の巡行などに当たる役目であった。なお養父の尚徳は当時、弘化元年十二月以来、大坂町奉行の要職にあった。

甲科合格

番士となった翌年の嘉永元年（一八四八）、三十三歳の際の学問吟味「大試」の結果、尚志は最高の甲科合格者になった。三月二十日にはこれを賞して時服二襲《かさね》を賜っている。時服とは、将軍から下賜される季節の衣服であるが、大名からの献上品が転用されることもあったという。

同期の甲科合格者は四人で、そのなかには田辺太一（蓮舟）が在って、安政四年長崎派遣伝習生となり後年外交畑で活躍するが、弱冠十八歳での合格であった。乙科合格者は、一色栄五郎（向山黄《むこうやまこう》村《そん》）・矢田堀景蔵（鴻）・木村勘助（喜毅、芥舟）ら、以後尚志と少なからぬ関係を持つことになる顔ぶれであった。矢田堀は、勝海舟（麟太郎）と並んで艦長候補として長崎伝習に参加し、弱冠十九歳で合格した木村は、尚志の後の伝習所総監になる。なお、栗本鯤（鋤雲）は前回天保十四年（一八四三）甲科、岩瀬修理《しゅり》（忠震）・堀利熙（織部）は同年乙科合格であった（坂口筑母『稿本 向山黄村』、奈良勝司『明治維新と世界認識体系』）。

尚志は、この嘉永元年十一月二日には「進物番」を仰せ付けられている（「手記」二）。

翌嘉永二年（一八四九）閏四月十九日にも、閣老視察のもと、南二階講釈が行われた。すでに甲科に合格して学問所世話心得を務めていた尚志は、南稽古人部屋二階で、一色ら七人の一人として経書講釈を行った。阿部政権時代初期の弘化二年から嘉永二年にかけては、頻繁に閣老の視察が実施され、この年は二回で、この日が講釈人最多の日になった。視察は、「単に学問奨励だけではなく、人材登用をも目的としていた」と言うから（上白石実『幕末期対外関係の研究』）、尚志は、この時に阿部の目に留まったのかもしれない。

尚志と同期甲科合格の田辺太一は、岩瀬に言及しつつ、次のように回顧している。

夙《つと》に昌平学校にありて、嶄然頭角を露わし、当時堀織部、永井岩之丞と三傑を以て称せられ、堀の忠摯沈毅にして守あると、永井の温和直諒にして徳あると、岩瀬の英果聰敏にして識あるとは、早く伊勢守正弘の藻鑑《そうかん》〔人物鑑定〕の中にあり。

（田辺太一『幕末外交談』）

学問所の俊才岩瀬・堀・永井の「三傑」は、阿部正弘によって抜擢されたと言うのである。ここで尚志は、特に「温和」にして「直諒」(誠実)で「徳」ありという表現で、その人柄を高く評価されている。

翌嘉永三年(一八五〇)一月二十七日、尚志ら九人に対して、筒井政憲と儒官から、臨時の褒美として学問所刊行の書物が与えられている。その理由は、稽古人たちが申し合わせて輪読会を開くについて会頭を勤め、弘化四年から三年間にもわたって毎月出席して格別に骨折って世話をし、初学者達の取扱いが行き届いていた、ということであった。

徽典館学頭を務める

その嘉永三年の十一月十五日、尚志は甲府徽典館《きてんかん》の学頭に任じられた(「手記」二)。甲府徽典館は、寛政八年(一七九六)、駿府明新館と並んで開設された昌平坂学問所の分校であり、ほかに分校として日光学問所があった。徽典館とは「慎みて五典を徽《よ》くす」という一文に因んだ名であり、五典とは人の行うべき五つの道のことである。当初は甲府学問所と呼ばれて、甲府勤番の幕臣子弟のための教育機関であったが、のちには一般人にも受講が許されるようになった。

校長に当たる学頭二人の任期は一年であった。尚志は嘉永四年二月赴任し、翌年二月に江戸に戻っている。なお岩瀬は、これより前の嘉永二年十月学頭を命じられており、尚志よりあとに矢田堀も学頭に任じられていた。尚志は、帰府直後の五年(一八五二)閏二月四日に、甲府表での学問教授方が行き届くよう骨折ったとして、銀十五枚を拝領した(「手記」二)。

江戸に戻ってからは、もとの番士を務めており、嘉永六年（一八五三）三月十九日「吹上元馬場に於いて大的上覧相勤め、時服二拝領」という（「手記」二）。江戸城内の吹上元馬場で催された弓の「大的」の将軍家定上覧に供奉し、時服二襲を賜ったのである。

4　目付兼海防掛

この嘉永六年六月には、ペリー艦隊が江戸湾に姿を現し、大統領国書の受領を迫る事態が生じた。

徒頭に

対外緊張が高まるなかで、七月二十日、御小姓組牧野筑後守から永井岩之丞（尚志）は、二番組の徒頭《かちがしら》に任じると申し渡された。徒頭は十五人居て、それぞれの組では二人の与頭《くみがしら》がそれぞれ平徒《ひらかち》二十八人を指揮していた。江戸城玄関中の口の右手にある「躑躅《つつじ》の間」を詰所として、将軍出御の際には、先行して付近一帯を警戒して守衛することが主要な任務であった。役高一千石の役職である（『嘉永武鑑』）。

なお、養父永井能登守尚徳は嘉永二年十一月、御先手組弓頭に任じられていた。

ペリー再来で本牧出張

嘉永六年十月に目付に抜擢されたことは最初に述べたが、同年末十二月十八日には「当六月以来格別御用多く、骨折り候に付、巻物三拝領」（「手記」二）している。六月はペリー来航の時であり、当時は尚志はまだ番士であったが、すでにその時点から通常の役職上の仕事に止まらず、おそらくは火急の事態であった海防関係で積極的に活動したことが、認められたのであろう。ということは、目付抜擢も対外的役割を期待されてのことだったと言えよう。

翌安政元年（一八五四）一月、ペリーが七隻の艦隊を率いて再来し、十六日浦賀沖を通過して金沢沖に停泊した。諸藩が江戸湾警備に動員されて緊張が高まるなか、尚志は十九日には鳥取藩本牧警備地を視察している。本牧《ほんもく》は、神奈川宿の南西にある横浜村に近い江戸湾に突き出た半島で、久良岐《くらき》郡本牧本郷村（現横浜市中区）にあった。

尚志派遣の目的は、もしも異国人の測量や上陸があっても平穏に、との老中松平和泉守乗全《のりやす》の指示の趣旨を徹底することであったが、検分は無事済んだ。また翌二十日には朝から、本牧辺から羽田・大森にかけて見回っている（「稿本」）。

鳥取藩の記録によれば、十九日には現場責任者の家老荒尾駿河に次のような情報が伝えられていた。「小柴村沖に、異船将官の乗り候大船並蒸気船三艘、都合七艘相掛り居り申し候、……最早内海へ乗込み候計りに察し奉り候」。小柴村沖は金沢の沖合で水深が深く、横浜村沖とともに艦隊の集結に適した海域であった。翌二十日には、「御目付　永井岩之丞」ら幕臣達から、「異国船万一内海へ乗込み、或はバッテイラに乗り測量致し候共、……穏便に取扱い申すべく候」という老中の命が口達された（『本牧表日記――鳥取藩海防控』）。

海防掛兼務

さらにその直ぐあとの一月二十二日には、海防掛兼務を岩瀬忠震とともに命じられた。海防掛が、対外問題が生じた際の一時的な職ではなく常置の職とされたのは、阿部政権時代であった。弘化二年（一八四五）、老中阿部正弘・牧野忠雅と若年寄大岡忠固・本多忠徳が海防掛を兼務したのが初めで、さらに、大小目付・勘定奉行・勘定吟味役のうちから、学識才能ある者を抜擢して兼務させるようになった。

海防掛は、狭義には大小目付以下の諸有司を指して言い、実務を担当したが、対外政策に発言権を増し、さらに海防強化のための国内改革の推進力ともなった。尚志が忠震とともに目付兼務で海防掛に任じられた時、海防掛有司の先任者は十二人で、就任時に勘定奉行または吟味役だった者は六人、大目付または目付だった者は五人であった。

交渉不調時の対応策

二月十一日、対米交渉が不調で米艦が品川沖まで威圧に来た場合の対処策諮問に対して、前年久里浜で国書を受け取りその後大目付になっていた井戸石《いわ》見守《みのかみ》（弘道）と、目付の堀織部（利熙）・永井岩之丞（尚志）・岩瀬修理（忠震）の四人の海防掛は、連署して答申している。

交渉不調で、品川沖まで米艦が乗り入れて「兵威」を示すことがあっても、先方から戦いを起こしては、先方の「名義に拘り積年の情願空敷《むなし》く罷成り候儀に付」、むしろ、先方の挑発に乗ってこちらから戦いを起こさないことが大事である。応接はあくまで横浜村でという対応を続け、食料・薪水が尽きて先方が去るのを、「心永」に待つべきである。台場等の備えは当面不十分であり、むしろ「平穏の姿」を示すのが得策である（「稿本」のうち「海防掛大目付目付上申書」、後藤敦史『開国期徳川幕府の政治と外交』）。

ここには、前の年に拒絶・避戦を唱えた尚志の上申と共通する発想が見られると言ってよい。また、いたずらに武力に恐怖するのではなく、相手の出方を冷静に分析し、先方は名分なしには戦いを起こさないという見通しを持っていたことがうかがえる。

日米和親条約の締結

日米の交渉は、神奈川宿近くの横浜村に急遽設けられた応接所において、二月十日から始められていた。アメリカが通商をも要求し、幕府が長崎以外への寄港を拒否したことで交渉は一時停滞した。しかし、アメリカの当面の目的が捕鯨船と中国貿易船の寄港地を日本に求めることにあったので、今回は通商要求にこだわらず、幕府が下田・箱館の開港を認めたことで交渉は妥結し、三月三日日米和親条約が調印された。日本側は林大学頭（復斎）ら応接掛四人が署名した。

条約の要点は、難破船・乗組員の救助、寄港船への薪水・食料の供給、長崎に加え下田・箱館の開港、下田への米官吏駐在、一方的な最恵国待遇容認であった。ただし、下田への外交官駐在については、オランダ語版では十八カ月後にアメリカのみの意向で可能とし、漢文版では双方の合意が前提とされており、その後紛糾の種となった（三谷博『ペリー来航』）。

日米和親条約締結によって、これを画期に日本の対外関係は、長く続いた鎖国から開国に大きく転換したとするのが、今日の常識である。しかし当時、軟弱外交との非難を恐れる幕府は、大名や旗本に対して、薪水・食料を供給する寄港地を二カ所増やしただけだとして、対外政策には大きな変更がないと説明していた（四月九日、『幕外』六）。だが実際には、これに続いて列国が次々に条約締結を求めて来航し、アメリカも領事を派遣して通商条約の締結を迫ることになるのである。

なお三月二十五日、堀利熙が北蝦夷視察のため松前に派遣されることになったことから、尚志に対して、堀の不在中は、「内海御台場幷大筒鋳立、大船其外御船製造御用」を取扱うべしと命じられ、海防関係での尚志の任務は重みを増すことになった（『幕外』五）。当時、水戸藩が石川島で旭日丸を、浦賀奉行が浦賀で鳳凰丸を建造中であり、尚志はこれらに関わったと思われる。ただし、間もなく長崎詰めを命じられた際に、これらの任務は免除されている（「稿本」）。

第二章　長崎での開眼

1　長崎表取締御用目付

長崎へ

安政元年（一八五四）四月五日、永井岩之丞（尚志）は「長崎表の御用」を仰せ付けられた（「稿本」）。「手記」一は「長崎監察使と為る」と記している。二十五日「長崎表御暇下され、金十枚・時服二・羽織拝領し、御座の間に於いて御目見得、上意を蒙る」（「手記」二）。この日、将軍家定は黒書院に出御、諸大名・旗本に様々な品が下賜された。長崎に赴く尚志には、金十枚・時服二・羽織が下された（『続徳川実紀』第三篇）。

二十七日老中達として次のような「覚」が出された。「長崎表在勤中、魯西亜《ロシア》船渡来候わば、先達て荒尾土佐守罷越し候節の通り相心得、右御用立会相勤め候様致すべく候。尤も外国の船渡来の節も同様相心得、諸事長崎奉行と申し談じ候様致さるべく候事」（『幕外』六）。必要とあれば、奉行ととももに対外折衝に当たれという指令である。目付荒尾成允《しげまさ》はこの月中旬に帰府したが、長崎でロシア使節との折衝に当たっていた。

プチャーチンの長崎来航　前年嘉永六年、広東で清国との折衝に当たっていたロシアの海軍中将プチャーチンは、ペリー渡日の報を聞いたことから、七月長崎に来航して、幕府に国境確定と通商のための交渉を要請した。西丸《にしのまる》留守居筒井政憲《まさのり》・勘定奉行川路聖謨《としあきら》・目付荒尾成允・儒官古賀増（謹一郎）の四人が応接掛となって、十二月から安政元年一月にかけて会談した。

国境に関しては意見の一致はなかったが、今後日本が第三国と条約を結んだ場合、同様の条約を結ぶとの保証を得て、折から英仏との戦端（クリミア戦争）が開かれそうな情勢のなかで、プチャーチンはいったん日本を離れた。

プチャーチンは、英仏との接触を避けながら安政元年三月二十三日、再び長崎に来航した。この情報が江戸に伝わり、尚志派遣に決したのであろう。ただしプチャーチンは、二十九日長崎を去り沿海州に向かっていた。その後、九月中旬に突如大坂湾に現れたのち、結局十一月に下田で筒井・川路と交渉を再開することになる（『日本開国史』）。

このように、尚志の長崎派遣は、ロシア使節再来を予期して、長崎奉行と相談しつつ対応せよという方針であったが、結局それは実現しなかった。ただしこれを期に、中断していた長崎表取締御用目付が復活することになった。

長崎奉行所西役所と出島
（陣内松齢「長崎海軍伝習所絵図」，公益財団法人鍋島報效会蔵）

長崎表取締御用

長崎表取締御用とは正徳期（一七一一〜一五）に置かれた役職である。毎年目付一人ずつが交代で、「長崎奉行の職務を監察し、公事訴訟の裁断に立合い、漢蛮通商の事を視察し、或いは其謀議に参じ、専ら土地の利病を考え、江府に差立つる公状は奉行と連署し、又奉行事故ありて事を視る能《あた》わざるときには、之に代りて兼理する重任なり」。要するに、奉行を監察するとともに奉行に協力する役目であった。文政期までで中断していたが、対外緊張の高まるなかで復活して、尚志が任じられたのである（「木村略記」）。

なお長崎奉行は二人で、一人は在府、一人は在崎ということになっていた。木村芥舟《かいしゅう》（喜《よし》毅《たけ》）は尚志の二代あとの長崎表御用目付、伝習所総監になる。奉行と目付は長崎奉行所西役所（現長崎県庁の位置）で勤務した。

尚志は、生涯に四百とも五百とも言われる多くの漢詩を残しているが、『伝記』にその「詩集」が復刻されている。その最初が、長崎に赴く途中で詠んだ「嘉永甲寅〔七年＝安政元年〕長崎行雑詩」と題した一連の詩である。

漢詩を詠みつつ

その題名は次の通りで、旅の経路が判明する。まず京都には中山道経由で入っている。「晩宿坂本駅雷雨已甚」「過浅間嶽下」「桔梗原」「旭将軍遺址」「濃洲御岳駅早発」「関原」「磨鍼嶺上臨湖閣」「石山」「石場店臨琶湖」「唐崎松」。これだけでは、さながら名所旧跡を訪ねながらの気楽な一人旅を連想しがちであるが、身分ある武士の要職赴任の旅であり、のちに赴任した木村芥舟によれば、実際には重々しいものであったようである。

当時、長崎奉行の行列は十万石の大名の格であったといわれ、木村は、安政四年二月二十四日に江戸を発ち、四月九日長崎に到着しているが、道中の記録を残している。随員については、「当今諸事簡単を旨とせらるるの時、……何事も旧格を止めて減省せり」と言うが、それでも「用人壱人、給人弐人、中小姓四人、従士弐人、槍・長柄傘・引馬等、仲間小者三拾余人也」と四十人以上の大人数である（「木村略記」）。

尚志は、京都からは「夜下澱河」淀川を下り、大坂では「大坂城」と題して詠んでいる。「金城鉄壁聳雲成　当日人呼万歳声　蓋世英風不風断　暫然哲婦一朝傾」。大坂城を仰ぎ見て、その昔ここでの戦いが長い戦乱の世を終わらせたことと、さきの権力が滅んだこととを追憶したものである。しかしその十余年後、自身がここを不本意にも退去するという運命は、予測していなかったであろう。

次に「浪華街」「十三津」「西宮早発」「登摩耶山」「湊川懐古」「自須磨寺間道到舞子浜」「神戸駅舎壁間見林述齋先生詩幅」と、神戸までを詠んでいる。木村は、淀川を舟で下り天満橋下を通る際には橋の交通を止めたり、大坂市街では惣代・町役人らが警衛に当たり、庶民は路傍にうずくまり、老婆は合掌する有様であったと記している。

漢詩の題が次に広島に飛ぶのは、その間を舟によったためであろう。「芸州福知浜雨後早行」「三原妙正寺眺望」「登宮市天神山」「壇浦」「阿弥陀寺弔平氏墓」。ここで終わっているのは、やはりそのさきは海路によったのであろう。木村は下関から舟で小倉に上陸して陸路長崎に着任したが、長崎警護の佐賀侯（鍋島閑叟《かんそう》直正）が贈り物を持って挨拶に来たのをはじめ、九州諸藩の挨拶と歓待ぶりは大変なものであったという。

2　英・蘭との折衝

スターリング来航と幕府の方針

永井尚志派遣はロシア艦来航を予想した措置であったが、実際に対応することになったのは、イギリスの東インド・中国艦隊司令長官スターリングであった。

実はこの安政元年の二月三十日（洋一八五四年三月二十八日）、英仏がトルコ側に味方してロシアに対し開戦してクリミア戦争が本格化していた。対露軍事行動に従事しつつあったスターリングは、その一環として索敵のため旗艦ウインチェスター号で三隻の軍艦を率いて、閏七月十五日長崎に入港した。

しかし四カ月以上前にロシア艦隊が去ったことを知った彼は、日本の各港をロシア軍艦に利用させないことを求めた。

スターリングは、本国から条約締結の任を帯びて派遣された訳ではなかったが、オランダ通詞の誤解もあって、その要求が過大に解釈して江戸に伝えられ、二十九日阿部正弘は、対露対応に予定した方針と同じく、日米和親条約に準じた取り決めをすることを認めた。

当時の在崎長崎奉行は、前年八月浦賀奉行から転じて赴任した水野忠徳《ただのり》であるが、彼も天保九年（一八三八）学問吟味乙科合格者であった。水野に対して老中からは、次のような指示が出された。「食料薪水等差支又は船修覆等にて、船を港へ寄り候趣意に候わば、長崎・箱館両所に限り、船繋ぎの儀差許し、其上にも止むを得ざる次第も候わば、下田港は差許し候ても苦しからず候」。

そして「別段達」として、「此の度英吉利《イギリス》渡来に付ては、当地より別段応接のもの差遣わされず候間、永井岩之丞と申し談じ、十分に取計らわれ候」、あくまで「穏便に取扱い候様」、ただし「後患に相成らざる様」と指示した（『幕外』七）。交渉は水野・永井両人に任せるというのである。両人への信頼の高さがうかがえる。

日英協約

八月十三日から尚志は、対露対応を経験済みの水野とともに、スターリングとの折衝に当たった。イギリス側草案の翻訳にオランダ商館長クルチウスの協力を得ながら、英露間の戦争に巻きこまれず中立を維持できるよう、慎重に交渉を繰り返した。そのうえで二十三日、長崎奉行所西役所で、「大日本帝国政府の命を請け」た奉行水野筑後守・目付永井岩之丞の連署でスターリングとの間に、船舶修理・物資補給のために長崎・箱館を開港することなどを定めた日英協約に調印した（『幕外』七、『日本開国史』）。

この結果に対して九月、阿部正弘の直筆で、次のように長崎に伝えられたと、尚志は後年記している。「此度英吉利船渡来の処、取斗らい向き万端行届き、速に退帆に及び候段、格別骨折りの事に候、先ず此の段相達し候事」（「手記」二）。その応接振りが、老中首座から褒められたと言うのである。

その翌安政二年（一八五五）四月には、フランス軍艦が寄港し、艦破損の修復と通商を求めたが、十日西役所で艦隊司令官モンラベルと会談した奉行荒尾と永井は、修復は許可したが通商は拒否している（『維新史料綱要』巻二、以下『綱要』）。

日英協約を結んだスターリングは、一年後の二年八月、批准書交換のため長崎に再来した。その際、本国においての協約内容への不評を踏まえ、長崎の開放度を拡大するなど協約内容の拡張を目論んだ。批准に備えて、一年交替のところを時期を遅らせ、先任荒尾成允（九月末まで）・新任川村修就《ながたか》（八月より）二人の在崎になっていた長崎奉行、そして先任目付尚志と新任目付浅野一学（氏綏《うじやす》、四月任命）が、折衝に当たった。

クルチウス
（長崎歴史文化博物館蔵）

当時、クリミア戦争のため、英艦十一隻、仏艦二隻が長崎に集結しているという軍事的脅威の状況下であった。しかし、クルチウスの助言も得ながら、幕閣の方針を堅持して要求を頑強に拒否し、八月二十九日、荒尾石見守・川村対馬守・永井岩之丞・浅野一学の連署で批准書交換を済ませ、付属文書で内容を改変する試みも時間切れに持ち込んだのである（『ペリー来航』、西澤美穂子『和親条約と日蘭関係』）。

オランダとの折衝

オランダは、列国の通商要求の強さを日本に伝えつつ、日本への好意を示すことを通じて、日蘭関係を深化させるとともに、自由貿易体制への漸進的誘導を図って、従来の長崎貿易独占に反感を持つ列国の好意を得ようとしていた。

商館長クルチウスは、スターリング初来航の一カ月余前の安政元年七月六日、前年の水野による軍艦購入依頼への対応として、国王ウイレム三世の命でスンビン号が派遣されたことを通告した。同艦は、日本に航海術・造船術を伝える任務を帯びて、二十八日長崎に入港した。

七月九日、新任の奉行荒尾と目付永井が商館を訪れ、スンビン号到着後はなるべく長く滞崎することを要望した。また、クリミア戦争の経過を伝える「別段風聞書」を江戸に急送するようにとの意見に同意した、とクルチウスはバタビアのオランダ東インド政庁に報告している。八月三十日には、尚志は水野・荒尾両奉行とともに、スンビン号に乗り、伊王島辺まで航海したという（フォス美弥子編訳『幕末出島未公開文書——ドン＝クルチウス覚え書』、以下『幕末出島』）。尚志らにとって、蒸気船での航海は初めての経験であったろう。

九月一日には、西役所で電信機と刀との贈答品の交換が行われた際、奉行から日米和親条約・同付録（下田条約）の写しが渡された。日本側は、幕閣の合意のもとオランダに下田・箱館の開港を認める意志を示したが、クルチウスは、長崎貿易の実績のあるオランダとして、通商を含む条約締結を希望した。それは、下記の海軍伝習指導の条件でもあり、以後断続的に折衝が行われていくことになる。

クルチウスに助言を求める

長崎表取締御用目付は任期一年が原則であり、安政二年（一八五五）四月には目付浅野一学に長崎在勤が命じられたものの、対外交渉や海軍伝習など役目多端のため、尚志は引き続き長崎において多忙な日々を過ごすことになる。

二年六月、スンビン号がヘデー号とともに再来したのをきっかけに、日蘭間の条約交渉が進められ、八月には国王肖像画の贈呈や練習船としてのスンビン号の献呈の儀式が行われた。それとも関連して、九月三十日には、長崎市中遊歩許可などを内容とする暫定的な日蘭協約が結ばれた。出島通行の自由化によって、後述の西役所でのオランダ人教官の海軍伝習も、初めて可能になったのである。

クルチウスによれば、この日、西役所での署名ののち、「日本海軍総監」永井が訪れ、「この協約によって容認された事項は正直に言って少なすぎるが、将来のオランダと日本の関係が階段を上るように着実に発展していくであろうことを疑わない」と述べたという。さらに、まったく自発的な要請だとして、次の八項目について助言を求めたという。

一、海軍創設に緊急に必要な造船資材と船具。二、日蘭間「脇荷商法」の相互に有益な改革。三、国益増進のためのオランダの基本的経済政策。四、貿易と外国商人定住へのオランダの基本方針。五、

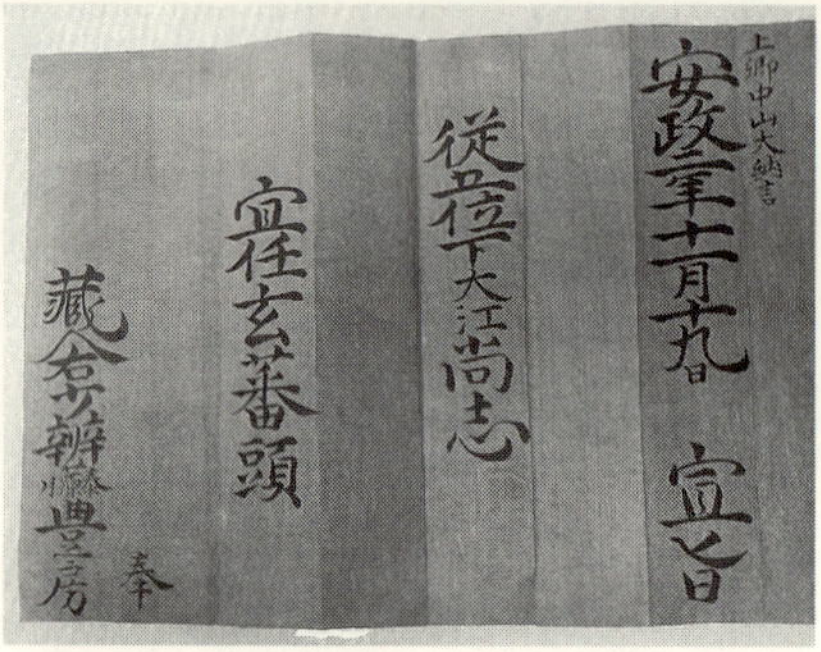

尚志宛宣旨（永井隼家蔵）

通商についてのオランダ民法の情報。六、オランダ税制と各国軍備の情報。七、鉱業改善の方策。八、工業化に無益な機械についての情報（『幕末出島』）。

これらは通商を認め富国強兵を図るために、幕府が、そして尚志が是非知りたい情報であり、それについての助言を、条約交渉相手側に率直に求めたのである。なお「脇荷」とは、オランダ東インド会社の積荷以外に商館員らが持ち込んだ貨物を指し、一定範囲で日本側商人との取引が認められていた。

日蘭条約に調印、玄蕃頭を名乗る

次に十二月二十三日には日蘭和親条約が、西役所で奉行荒尾石見守・川村対馬守、目付永井岩之丞・浅野一学とクルチウスによって調印された。荒尾の名もあるが実際にはすでに帰府しており、自筆ではなかった。締結済みの他国との和親条約に均《きん》霑《てん》させるとともに、従来のオランダの特権を保留し、船舶出入りや在留オランダ人の行動制限をやや緩め、商館長の領事への昇格を認めるという程度のものであった。

これに先立つ十一月十九日、次に述べる海軍伝習開始のため在崎が長くなっていた尚志に対して、老中から奉書が発せられ、十二月十二日長崎に到着した。「昨今年は異国船数艘引続き入津」で多用だったうえに、蒸気船での伝習「指揮」もあり、予定外の「詰越」長期在任になり大儀であったので、特に諸大夫《しょだいぶ》（従五位下）に任じるというもので、また玄蕃頭《げんばのかみ》と名乗ることを認められ、関連して金一枚・時服二を賜った（「稿本」）。諸大夫は旗本最高位で大名と同格と言われたが、玄蕃頭は、律令制において外国使節を接待する役所の長官のことである。対外折衝に当たっていることを配慮して認められたと言えよう。

現在永井隼家には、表に「上卿中山大納言　安政二年十一月十九日　宣旨　従五位下　大江尚志宣任玄蕃頭　蔵人右少弁藤原豊房」、裏に「口宣案」と記した文書が残されている。永井家は、さきに述べたように大江氏を遠祖としていた。

英バウリング来航の予告

安政三年（一八五六）七月二十一日、和親条約を根拠に、ハリスが下田に来航してアメリカ総領事として駐在した。来日したハリスが、間もなく通商条約締結を強く要求したことはよく知られているが、実はこの時点で幕閣が最も気にかけていたのは、イギリス使節が艦隊を率いて通商を迫ってくるという事態であった。

七月十日、長崎のオランダ理事官クルチウスは、二日前到着したメデューーサ号館長ファビウスがもたらした重要な情報を、長崎奉行に伝えた。イギリス香港総督バウリングが、通商条約締結の使節として、本国の命で二カ月ほどのちに日本に来航する。その伝言をファビウスが依頼されてきた、と言うのである。最近締結された英シャム条約文も伝達され、また、これまでイギリスの対日行動を妨げてきたクリミア戦争の終結（二月二十四日、洋一八五六年三月三十日パリ条約締結）も伝えられた。

いよいよ、最も強力な海軍国の使節が本国の命を帯びて到来するとあって、このことは即日川村修就長崎奉行から江戸に通報された。その際川村は、バウリングは「諸国に名の聞え候老巧の者」であり、「居合い候もの一統、何様にも死力を尽し申すべく候え共、迚《とて》も容易に承伏仕る間敷《まじ》き哉《や》と存じ奉り候」、「真に容易ならざる場合」であり、両目付とも相談のうえでのことだが、下田でのロシア対応のように、特別の応接者派遣が必要であると上申した（『幕外』十四）。

クルチウスは、そういう情勢であるから、先行して日蘭間の条約による枠作りが日本にとって有益だと勧告した。彼は日蘭和親条約に通商を認める追加条項を加えることを提案、二十日には川村と永井・岡部長常両目付に対して「交易御免相成り候えば、一体に平穏の場に至り」、オランダの面目も立つと説得に努めた。なお岡部長常はこの年一月二十四日付で、浅野に代わって長崎御用目付に任じられていた。

現地対応の指示

川村は、翌日付で、次のように上申した。今回の英使節は、「其専務は交易の筋を是非相開き申すべく」とオランダ側が言っており、あくまで通商を拒んだ場合、近年の清国のように紛争になって、こちらから和を乞い不利な結果に陥るかもしれない。オランダ側の助言もあり、「〔永井〕玄蕃頭・〔岡部〕駿河守にも厚く談判せしめ、一同勘弁仕り候処、最早此の辺にて後年の御国益にも相成り、都《すべ》て不取締之れ無き様御取極めにて、交易御免に相成り申さず候ては、迚も穏には相済み申す間敷き哉に存じ奉り候」。もはやこの辺で通商を認めるべきではないか。また、使節処遇も相手に失礼に当たらないように改めるべきで、さらに、対ロシア並に然るべき応接担当者を差し向けてほしいと提言した。

一度目の上申に対する長崎奉行と両目付への八月八日付老中達は、イギリス使節が来ても、すでに結んだ条約の範囲で「懸合」い、現地で勝手な取り決めはするなというものであり、また長崎御用として赴任に向かう荒尾成允には、特別の応接者は派遣しないと口達された。

しかし一方で、上申を受けて阿部正弘は、老中達として八月四日、イギリスが要求するであろう「交易」の可否を諸有司（海防掛、大目付、目付、長崎・浦賀・下田・箱館奉行）に諮問した。「交易互市の利益を以て富国強兵の基本」になるとは言っても、それには五年、七年を要し、当面は対外需要で銅など鉱物欠乏の恐れがある、との意見も付記しての諮問であった（『幕外』十四）。

英シイモアの脅威

さらにこの頃、八月五日にはスターリングの後任である司令長官シイモアが長崎に来航、このことは十九日幕閣に伝わり、緊張が高まった。

シイモアは実際には条約締結の任務は与えられていなかったが、八月七日から、西役所で幕府側との折衝が始まった。九日付の尚志らの上申は、長崎市中での「遊歩」の要求が強いので、規則を定めて認めた方が良いのではないかとしている。そして十四日には、川村・永井・岡部から、遊歩につき奉行所支配内に限り一定条件で認めると、シイモアへ通知し、さらに二十日には、英船停泊中の取計らいにつき老中へ報告している。

このように、今回のシイモアに対しては、彼が条約交渉の権限を与えられていなかったこともあって、幕閣の方針を堅持して、遊歩問題以外では譲歩しないで済ませることができた。しかし、近い将来の通商要求使節来航の事態に対する現場の憂慮は切実であり、幕閣に対しては通商容認決断を進言することになるのである（『ペリー来航』）。

3　通商決断の提言

通商容認論の台頭

ペリー再来に先立っての諮問に対して、明確に通商開始を主張した一人は、古賀侗庵《とうあん》の子で儒官の古賀謹一郎（謹堂）であり、「公明正大」と「道理」を基準にした対等な関係での通商を唱える論であり、学問所関係者に影響を与えたが、それはいわば一般論であった（『徳川後期の学問と政治』）。

有司、特に目付系海防掛のなかから、現実論として通商容認論が台頭してくるのは、一般にはハリスが通商条約締結を求めて江戸に出府することが問題となった安政三年九月頃からと言われている。それを先導したのが岩瀬忠震《ただなり》と永井尚志であった。

安政元年一月尚志と同時に海防掛目付に任じられた岩瀬忠震は、二年二月以降下田・戸田《へだ》（現沼津市）で筒井政憲や古賀謹堂らとともに、再三プチャーチンと日露和親条約修正交渉に当たってきた。英使節渡来が予想されるなか、三年七月、岩瀬は平山謙次郎（敬忠《よしただ》、徒目付《かち》）と連名で「大船御取締・産物会所之儀に付申上候書付」を上申した。謹堂年来の主張の具体化であったが、岩瀬自身に即して言えば、対露折衝の経験を通じて従来の考えを変えたのであった。

大船建造解禁が促進するであろう諸大名による国内交易活発化に対処して、「沿海取締」のために

「通船改会所・諸産物会所」を設け、課税して幕府の「富国強兵」を図るというのが主内容である。さらに、対外貿易開始を仮定した場合、諸大名も乗り出すであろうから、それに先立って条約締結国に「改会所」を設けて課税すべしというものである（『幕外』十四）。仮定ではあるが、自由通商開始を想定した具体策を提示したものと言えよう（『徳川後期の学問と政治』）。

通商容認決断を上申

翌八月、長崎在勤の永井玄蕃頭・岡部駿河守の両目付は、奉行川村対馬守の了解も得て、次のように上申した。

英バウリングが近く来日し、強硬に通商を要求する可能性が強い。開鎖の大方針は、具体的折衝を迫られる前に決定しておくべきで、通商開始を前提に諸調査を進める必要がある。大方針として通商容認を決断すべきだ、と唱えた画期的上申であった（『明治維新とナショナリズム』）。

諸国の要求は「交易の時務、已《すで》に騎虎《きこ》の勢い」であり、場当たり的な受け身の対応では、結局先方の要求を一方的に呑まされてしまう。むしろ「御英断を以て、公然仰せ出され」、「前以て御仕法大綱相立て」、各国渡来の節には、むしろ「御当方より御開き相成り候わば、諸事御手順相立ち」主体的に取り決めができよう。

対外的折衝に先立って首脳部が基本方針を固めておくべしという点は、三年前の尚志と同様の主張である。対照的なのは、基本方針の内容である。三年前には通商は国の富を奪われるという認識であったのが、逆に「御当方より交易御開き、富国強兵の基本と成さるべし」と、むしろ交易の利益が重視されるようになっている。「大船製造・海軍御取建の上は、年々歳々別途の御入費莫大の儀に候えば、財貨裕饒《ゆうじょう》の為、御当方より交易御開き相成り候御運びにも至るべき歟《か》」、むしろこちらから通商を望むべきではないかと言うのである（『幕外』十四）。

長崎において尚志は、オランダ人との再三の対話やイギリス・オランダとの条約折衝を経験し、日蘭貿易の状況を知ることを通じて、現実の国際情勢や貿易の実情と利害とを学び取った。その結果、これまでの考えを大きく改め、確信を持って積極的通商開始の意見を上申するようになった。それは、江戸の幕府首脳部を動かす大きな要因になったのである。

外国貿易取調方の任命

通商容認へと舵を切りつつあった阿部正弘は、対外折衝の現場からのこの上申を重視するとともに利用した。九月十日、永井・岡部の建言の写しを添えて、改めて評定所一座・海防掛等の有司に諮問した。一方、ハリスの出府問題も対外対応を迫られる要因であった。八月二十五日岩瀬がハリスと会談後、阿部諮問直後の九月十五日江戸で阿部にハリスの意向を報告した。二十七日ハリスは、将軍に謁見し大統領国書を提出し幕府高官に重大事を伝えるため、出府することを正式に要請した。

なお評定所は、元来は三奉行が裁判を行う機関であったが、時代とともに構成員が大目付・目付にまで拡大するとともに、老中の諮問に応え、政治問題について審議する機関になった。それぞれ月三日ずつの「式日」と「立会」とがあり、老中は式日のうち一日だけに出席し、立会は目付だけの協議が慣行になったという。

評定所一座の評議を踏まえ、十月十七日「近来外国の事情も之れ有り、此の上貿易の儀御差許相成るべき儀も之れ有るべく候に付」として、老中堀田正睦《まさよし》に外国事務取扱が命じられた（『幕外』十五）。これは幕閣が通商許諾に踏み出したことを意味した。次に二十日には、外国貿易取調方（掛）が次の九人に命じられた。大目付跡部甲斐守（良弼）・土岐丹波守（頼旨）、勘定奉行松平河内守（近直）・川路左衛門尉《さえもんのじょう》（聖謨）・水野筑後守（忠徳）、目付岩瀬修理《しゅり》（忠震）・大久保右近将監《しょうげん》（忠寛《ただひろ》、一翁）、勘定吟味役塚越藤助（元邦）・中村為弥（時万《ときかず》）。

長崎への特別応接者派遣要請

一方長崎では、脅威であったシイモアは退去したものの、三年十月、次に来航が予想される英使節バウリング応接につき、永井玄蕃頭（尚志）は、次のような理由から特別の応接者を派遣してほしいと上申した。

英使節の態度は、一昨年は「謙謹」であったが次第に横柄になり、今年は「倨傲甚だ敷く」、英への扱いが露米に比して軽いと、長崎奉行を軽蔑する有様であった。「互市談判」（通商交渉）は重大である。両御用目付が立ち会うのは当然とはいえ、自分は海軍伝習専務で、岡部は日常の用向きがあり、応接を専務とすることはできない。また交渉後、その件について報告相談するため出府するのも困難である（『幕外』十五）。

これにつき、大目付土岐は派遣を支持し目付岩瀬を推薦したが、勘定奉行川路・水野は反対であった。しかしその後、イギリス軍の広州侵攻が伝えられた。九月十日（洋十月八日）広州において清国官憲が、イギリス籍を名乗る中国帆船アロー号乗員を密輸の容疑で拘束したのに対して、領事パークスは激しく抗議、イギリス軍が二十五日（洋十月二十三日）に広州に侵攻するに至り、アロー戦争が始まったのである。開戦にはバウリングやシイモアが直接関与していた。

このような情報が伝えられたこともあって、翌安政四年（一八五七）四月十五日、結局、尚志帰府の直後になったが、以前土岐の推薦した岩瀬忠震と並んで長崎奉行兼勘定奉行水野忠徳の二人が、貿易事情調査のためとの名目で長崎に派遣されることになった。もっとも実際には、両人はロシア・オランダとの条約交渉に当たることになる。

予定外に長く長崎に在任する結果になった尚志は、このように対外折衝に当たる一方で、次に述べるように海軍伝習推進の任務にも奔走していたのであり、そのような激務のなかで、対外折衝方針においては幕府中枢の方針に影響を与える働きをしていたのである。

第三章　海軍創設の先頭に

1　海軍伝習準備

軍艦購入の動き

嘉永六年（一八五三）六月ペリー来航をきっかけに、海防強化は火急の問題になった。幕閣は、評定所の評議を経て、海防参与徳川斉昭《なりあき》の意見も加え、同年九月十五日大船建造を解禁した。これに先立って七月、幕府自体が外国から軍艦を購入する方針を決めていた。長崎奉行水野忠徳《ただのり》は、オランダ商館長クルチウスに帆船と蒸気船の購入を依頼し、それは十月半ばに出帆したヘンドリック号で本国に伝えられた（松浦玲『勝海舟』筑摩書房）。

外国に備えての蒸気船保有は、自国軍備強化のためであるから、当然のこととして日本人乗組員の養成を必要とするが、その指導はオランダ側に依頼するつもりであった。注文した蒸気船の到着が近いと予想した水野は、安政元年（一八五四）二月、長文の伺いを提出した。

「軍艦蒸気船持渡り候上取計らい方」について、予め代価の支払い形態（金銀銅あるいは品物）、訓練に携わるオランダ人の宿舎等の準備、訓練を受ける者の人選、長崎警衛役の佐賀（肥前）・福岡（筑前）両藩のほか、大名家臣の受け入れの可否など、具体的問題点を列挙して意見を述べたうえで、指示を仰いでいた。また、訓練生の「総督」たるべき者は、「性質公平正直にて文武共相心得、相応に才気も備うるもの」であるべきだとしていた（勝海舟『開国起原』）。

軍艦乗組員習練につき上申

この上申に関して、長崎赴任を予定されていた永井岩之丞（尚志）は五月付で、特に次の三点の意見を上申している。火急の必要ある軍艦購入だから、支払いは通常の場合にこだわらず「金銀銅鉄又は刀剣武器」であっても差し支えない、習練を受ける者は長崎警衛両藩、長崎地役人や近傍の者を当てる、習練が済んだら、なるべく早期に彼らを乗り組ませて軍艦を江戸に回航する。この時点での尚志の認識は、海軍創設というよりは、取り敢えず蒸気船操縦手の養成という程度の意識であり、したがって、訓練生を幕臣から派遣するという発想もなかったのである。三人の海防掛大目付井戸石見守《いわみのかみ》弘道、目付一色邦之輔（直温《なおあつ》）・岩瀬修理《しゅり》（忠震《ただなり》）は、同月付で尚志の意見通りにするよう上申している（『開国起原』）。

このように、内容はともかくとして尚志は、江戸を発つ前から長崎伝習問題に関わり始めていたのである。

ファビウス来崎

幕府注文の蒸気船であるが、実際には、ロシアと英仏間のクリミア戦争本格化による制約があったのに加え、注文内容が曖昧なこともあって、この時には到着しなかった。代わりにオランダ側は、海軍技術者のファビウス中佐を艦長とするスンビン号を派遣し、海軍創設を勧めることになる。スンビン号は安政元年七月末長崎に到着、ファビウスは、閏七月四日を最初に、三度にわたって海軍創設と乗員養成に関する詳細な意見書を提出した（勝海舟『海軍歴史』）。

長崎奉行水野忠徳（～同年十二月二十四日在任）は、閏七月付で、ファビウス意見書和訳を同封し、「永井岩之丞へも申し談じ候処、見込同様の旨申聞け候」と、尚志も同意見だと添え書きした伺いを提出した。

長文であるが、要点は二つ、蒸気船発注は新式のコルベット型スクリュー船（武器を除き約四万両）に変更すること、留学よりも入費を要するが「手広伝習」が期待できる「蘭人御呼寄せ、伝法稽古」を依頼することであり、スンビン号のジャワへの帰帆が近いので、急ぎ指示してほしいというものであった。コルベット艦は中級の軍艦で、戦列艦・フリゲート艦より小型で、スクーナー艦・ブリッグ艦より大型であった（藤井哲博『長崎海軍伝習所』）。

これに対して八月付大目付・目付の評議は、「都《すべ》て伺の通り仰せ達せられ然るべし」、いずれも伺い通り達するべきで、さらにファビウス意見書にあった「船修復場」も木船用・鉄船用とも造ればよいという、まことに積極的でおおらかな結論を出した（『開国起原』）。

ペリー再来航に続き英露との応接に迫られ、海防策展開の必要を痛感していた幕閣はこれを容れ、蒸気船二艦の発注と教師団派遣要請は、十月十日出帆のリディア号によって持ち帰られた（『勝海舟』）。

このように、海軍伝習は、初めから水野と永井とが、場所を隔てていた場合も含めて、連携して推進を図っていたことになる。そして江戸において、長崎の提案を積極的に支持して、その実現に尽力していたのが岩瀬忠震であった。

安政二年（一八五五）六月九日、ファビウスが改めてヘデー号艦長として、スンビン号（艦長ライケン大尉）を先導して、ジャワのバタビアから長崎に再来した。

伝習生派遣伺い

伝習のための教師団も同乗しており、伝習のためにスンビン号を国王から将軍に献呈するという結構な申し出であったが、伝習開始は条約締結が条件とされていた（『勝海舟』）。

ところで長崎派遣前の尚志には、当時の目付達を含めて、伝習生を幕府から派遣するという発想はなかったが、現地でオランダ人と接触して知見を深めるなかで、軍艦の運用は簡単なことではないこと、組織的な海軍が必要であることを認識したであろう。尚志との相談のうえであろうが、多数の各種人材養成が必要であり、「成丈年若にて文学才力相勝れ候もの、又は砲術蘭学等相心得手堅き人物相撰」んで早々に派遣してほしい、との長崎奉行荒尾成允《しげまさ》からの伺いが、江戸で評議されたのは、七月のことであった（「稿本」）。

海軍伝習「指揮」

そのうえで、七月二十九日、老中から永井岩之丞に対して、次のような阿部正弘の書付が発せられた。長崎駐在は本来は一年間のところ、長くなり「太儀」ではあるが、「交代相済み候わば猶此の上滞留罷在り、右〔蒸気船〕運用其外伝習の為遣され候者共の指揮且つ掛引等、都ての進退取締方引請け取扱い申すべし」（『幕外』十二）。

要するに、海軍伝習事業全体の統括を老中首座から命じられたのである。自身の「手記」一では事業を「統督」したと回顧しているが、事前の伺いでは「惣督」「惣裁」などと言われていた。また当時艦長候補を「総督」と呼んだ史料もある（慶應義塾大学三田メディアセンター貴重書室蔵「福澤文書」のうち木村芥舟《かいしゅう》「長崎伝習小記」）。そこで、正式の名称はなかったようであるが、以下総監と呼ぶことにする。なお、この「長崎伝習小記」には、創設以来の記録が筆写されており、『海軍歴史』の記述に用いられている部分も多い。

また、阿部から、伝習には各種・諸身分の人物が多数集まるので、「指揮等相拒み候」者もあるだろうが、そういう場合は伺いに及ばず「速に帰府申渡」し、事後に知らせればよいと、強い人事権が与えられている（「稿本」）。この「覚」なる書付は阿部から八月十四日目付鵜殿長鋭《うどのながとし》に渡され、尚志に伝達された（「長崎伝習小記」）。

なお、さきの書付では、尚志は長崎表取締御用目付の任は解かれ伝習担当目付に転任したかのようである。確かに二年四月十日付で浅野一学（氏綏《うじやす》）が尚志の後任として、また三年一月二十四日には岡部長常が浅野の後任として長崎御用目付に発令されている（『綱要』巻二）。しかし実際には、対外折衝の仕事を免除された訳ではなく、その後も、さきに述べたように新任目付とともに折衝に当たっていたのであり、多忙を極める日常であった。

総監に任じられた尚志は、八月、伝習に関して、小銃の管理、大小砲の実弾演習、外国人教師や塩飽島《あくじま》から伝習に呼び寄せる水主《かこ》の待遇など、様々な件について老中宛に可否を伺っているが、これに対する評議がまとまったのは、さしたることではないにも拘らず、すでに現地で伝習が始まっていた十一月のことであった（『海軍歴史』）。

尚志はまた、オランダ側に率直に助言を求めている。八月二十二日、クルチウスと二奉行・目付らとともに、日英協約の批准書の和文・英文の突き合わせのため会議をした際、尚志からスンビン号関係諸事取締に当たることを伝え、これに対してクルチウスは、本国に伝える海軍旗について注意を喚起した。翌日、国王肖像画の贈呈式ののち、クルチウスは教師団残留のためにも条約早期締結を促した。

「日本国惣船印」を日章旗とすることは安政元年七月九日に幕府によって定められており、「白地の縮緬に赤丸を入れた」国旗が渡された。尚志は、ファビウス中佐の努力と行為に感謝しつつ、刑法や法律の草案作成に関してクルチウスに助言を求めていた。また二十七日には、ファビウスがスンビン号に赴いたところ、「海軍総監が乗艦していて、多くの質問をした後、私が作成する軍紀を黒い漆器の板に金文字で刻むつもりだと述べた」（フォス美弥子編訳『海国日本の夜明け――オランダ海軍ファビウス駐留日誌』）。

スンビン号引渡し

安政二年八月二十五日（洋一八五五年十月五日）スンビン号甲板で日本側への引渡し式典が行われた。「奉行と目付たちは大満悦で、……繰り返してバタヴィアやオランダへ船旅をしてみたいと言っていた」。九月二十日へデー号とスンビン号は外海まで航行した。スンビン号には「日本海軍総監ともう一人の目付」つまり尚志と岡部長常が乗り、「肥前（佐賀）藩の士官多数を含む日本人乗組員が操舵」し、射撃などの訓練を行った（『幕末出島』）。スンビン号は観光丸と命名されて実技伝習の場になった。

スンビン Soembing 号は、一八五二年国立造船所で建造された木造外輪式蒸気帆船で、全長六十六米、排水七百二十トン、百五十馬力、砲六門、三本マストのコルベット艦であった（オランダ村博物館『観光丸』）。

幕府伝習生の長崎派遣

幕府は、当面三艦を想定し、艦長候補として旗本の矢田堀景蔵（鴻）・勝麟太郎（海舟）・永持亨次郎が選ばれた。浦賀奉行組（中島三郎助・佐々倉桐太郎ら）与力・同心九人、江川代官組手代五人、その他一人を加え十七人が海路で（永持は在崎の徒《かち》目付）、鉄砲方与力・同心十四人、天文方（笠間藩士小野友五郎ら）三人の十七人は陸路で、江戸から従者を除き三十四人が派遣され（『海軍歴史』）、長崎奉行配下の小人《こびと》目付二人も加わった。それ以外に、江戸から従者という名目で同行した者、各種要員として船大工、火夫、塩飽島の水主や長崎地役人も加えられた。

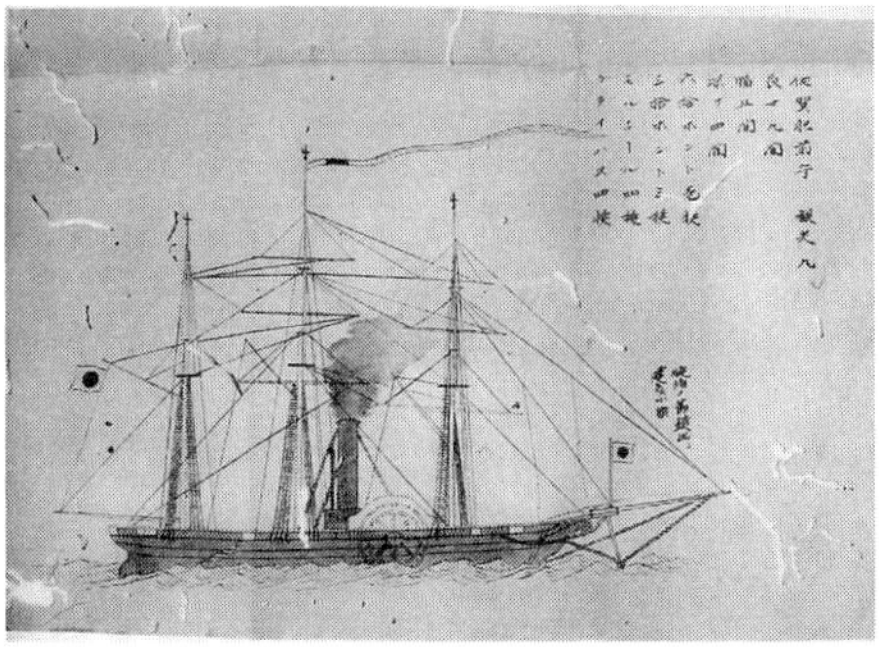

観光丸の図
（『幕末外国関係文書（大日本古文書）』より）

江戸側には、海軍のみならず陸軍の砲術についても、この際最新の洋式技術を吸収させたいとの思惑もあり、後述の講武所開設に関連して短期で呼び戻された者もあった。尚志は、伝習生の短期離脱は無益で良くないとしつつ、実際に必要な人材の補充と増員を要請、その結果、翌安政三年後半に幕臣

（肥田浜五郎・松岡磐吉《ばんきち》・伴鉄太郎ら）九人が追加派遣された。さらに尚志が去った後の四年後半以後も三十数人が追加派遣されている。

またそのほかにも、長崎警衛の佐賀・福岡両藩以外に、薩摩藩・長州藩などの藩士の伝習参加も認められたことは、海軍整備が幕府だけの課題ではないことが認識されていたことの現れであった。

勝海舟
（福井市立郷土歴史博物館蔵）

しかし、身分、所属、職分も、自主的伝習意欲の有無も様々な顔ぶれを、全体としてまとめていくことは、容易なことではなかっただろう。勝ら艦長候補者が伝習生のまとめ役を務めるとはいえ、その全体の責任者が尚志だったのである。

榎本伝習の件

なお、のちに尚志と浅からぬ関係を持つことになる榎本釜次郎（武揚《たけあき》）は、尚志の尽力によって伝習参加が認められる経緯があった。榎本は幕臣ではあるが、安政三年の追加派遣幕臣の従者という資格で長崎に来た。数学・蘭学ができるので、当人の希望を容れ伝習に参加させたい、と上申したのは尚志であった。

江戸で長崎伝習を管轄する組織は大船製造掛であり、勘定奉行松平近直、同吟味方村垣範正《のりまさ》、目付岩瀬忠震の三人が任じられていた。この上申に対して勘定方優位の同掛は、十月、事前に江戸で許可を申請していなかったと、手順不当として却下した。その後、尚志の意向を受けて同僚が再度上申し、前例としないという条件で、やっと榎本は参加を認められたのである（四年五月十九日付「両惣督」宛介堂書状、『来簡と資料（勝海舟全集　講談社）』）。

尚志は、このように、身分や職分にこだわらず、将来有望な若者を伝習生に採用することに熱心であった。

2　長崎海軍伝習所開設

日蘭協約の自由通行規定が発効した安政二年十月二十二日、尚志が教師団長ライケンらに、薩摩藩献上の帆船昌平丸で到着した海路組伝習生を紹介した。二十四日には伝習規定を頒布している。

伝習所開設

二十九日、西役所において尚志が、陸路到着した者を含む全員を紹介した。尚志はこの時ライケンを洋式の食事でもてなしながら、打合せを行った。尚志としては、江戸側の方針通りに、予め各人ごとに役割を予定して、その分野についてだけ伝習させる計画であった。しかしライケンは、幹部はスペシャリストではなくゼネラリストであるべきだとそれに反対、結局、教育課程と日程はライケンに委ね、尚志は実務処理に当たることにしたのである（『長崎海軍伝習所』）。

十一月一日（洋一八五五年十二月九日日曜日）、西役所内で開所、翌日からライケンの方針で七曜制に基づき、士官向けと下士官以下向けのカリキュラムに即した時間割によって授業が開始された。

尚志が頒布した規定は八点あり、まず最初は全体的心得で次のように記し、伝習生各人の確認印を求めている。新規のことで、外国人の言うことに容易に納得し難いことや、相互に確執を生じることもあろうが、「銘々切磋琢磨の道を専らとし、一己を立てず心腹を開き、互いに及ばざるを扶け合い、海軍御取建の御趣意相貫き候様、役前の業、精々研究いたすべく候」。

次に、現在の時刻では夏は午前五時前、冬は六時に貝・太鼓の合図で起床し、午前九時から十二時、午後二時前から四時まで船手奉行の指図により船上で稽古することなどを定めた「船中課程」、飲酒・口論・雑談禁止や火薬管理などを定めた「船中章程」、各自の役割を定めた「掛割覚」などであった（『海軍歴史』）。

座学と実習

伝習は、バタビアでオランダ政庁海軍が現地編成したライケン（航海科出身）以下二十二人の教師団により、西役所の敷地内にある別棟の広間で通訳を介して行われる講義と、観光丸船上での実習とからなっていた。なお勝は、開所当時尚志は西役所内の役宅に居住していたと言う（『海軍歴史』）。

主な授業科目は、オランダ語・数学・航海術・運用術・蒸気・造船の座学、造船・砲術・船具運用・天測の実技、鉄砲・鼓手の訓練などであった。授業は通訳が翻訳して伝えるが、筆記は認めず暗記が求められた。

勝は授業について次のように記している。「其授業の時間、朝八時に始め十二時に終る。午後は一時より四時に到る。是、陸上の教示なり。又、時々艦上に就て、其運転、諸帆の操作等、実地演習あり。悉く暗記せしめて、敢て書記せしめず」（『海軍歴史』）。すでに江戸の天文方でオランダ航海術書を解読していた小野友五郎が、尚志の命により補講をすることもあったという。

教師団長のライケンは出島の「カピタン部屋」に、他の教師達は「紅毛部屋」に居住していたが、協約によって、授業の際のみならず町と自由に往来できるようになっていた。のちに、これらの宿舎には伝習生達が通って来て、塾のようになったという（『長崎海軍伝習所』）。観光丸は大波止沖に停泊していたが、そこへの往復のため、伝習中の船大工達はオランダ人指導のもとに、専用の八本オールの短艇「スループ」を製造した。

勝は、「永井氏の区画指揮宜しきを以て、教師の歓心を得、又数名生徒中苦情ある者無く、大に学業の進歩を得」と記している（『海軍歴史』）。安政四年派遣の伝習生で軍艦操練所教授方出役となった沢太郎左衛門は、後年、「此者（尚志）が殊の外の尽力で遂に伝習と云うものが全く出来ることになりました、……永井玄蕃頭《げんばのかみ》の考案を以て讃岐の塩飽島の者を以て乗組ませるが宜かろうと云うことで、其事に極りました」と述べている（『史談会速記録』第六十輯）。

追加派遣生への注文など

安政三年六月七日に尚志は、伝習に「格別骨折」につき、老中より金三枚・時服三が与えられているが（『幕外』十四）、七月二十一、二十三日には伝習生を自身が率いて、平戸小屋郷で小銃訓練を実施している（「稿本」）。

江戸との交渉は、伝習経費捻出も含めて総監の仕事であった。六月十九日付老中宛に、伝習経費はまず五千両で賄うとのことであったが、実際に入用を調べると、さらに一カ月約二百四十両ほど必要であるので、御沙汰をいただきたいと伺っている。これに対して老中阿部は八月二十八日付で、五千両を使い切ったら一カ月二百四十両を目途に受け取るよう、ただし長崎奉行と相談するようにと通達している（『海軍歴史』）。

また、伝習への追加派遣生の人選について、現場に居る尚志は、身分や現職に拘らず人物本位で人選すべきだと、江戸に対して強く要請していた。七月二十三日幕府は、長崎伝習には「永井玄蕃頭より申越の趣も之れ有り」、伝習には「成るべく丈、若年にて往来怜悧又は気力差し盛りの壮士」、「御目見以上已下、家督并厄介部屋住、二男三男抔《など》」問わず派出すべしと達していた（国立公文書館蔵「安政雑記」）。

海軍伝習所は、海軍に限らず近代化に貢献した多くの人材を輩出したが、その前提には、このような採用方針があったのである。尚志は優れた武人でも技術者でもなかったが、海軍伝習所開設・運営に際しての彼の最大の貢献は、まとめ役としての手腕と伝習生採用への尽力にあったと言えよう。

ファビウス帰帆に湾外まで同乗

ファビウスは安政三年、三度目の来日をしたが、その際、伝習の成果についての評価を日誌に記している。七月十一日座学の現場を視察し、「私は興味をもって聴講し、彼らが非常な進歩を遂げているのをみてとった」。また十月四日、「日本海軍総監に招かれ、私は稲佐での演習を観覧した。とても見事に行われた。日本人士官達が立派に指揮しただけでなく、よく聞きとれるオランダ語で説明するのを聞いた。私は満足感を表明した」。

ファビウスは十月七日（洋一八五六年十一月四日）帰帆するが、その前日、尚志から一時同乗を求められた。「日本海軍総監は外輪操作を観察するために、明朝艦上を訪れ、湾の外までメデュサ号に同乗することを希望している。彼は観光丸でメデュサ号に従い、三日間海上にとどまることになる。私はそれを快諾した」。尚志は操艦技術習得にも強い関心を持っていたのである。

当日、「朝五時に抜錨した。日本海軍総監はすでに乗艦していた。それで、蒸気を立てて外海に向かった。スンビン号が後に続いた。外海で停止し、総監を迎えにきたペレス＝ライケン中佐が乗艦し、再び別れを告げた。この日本人高官は敬意を表し、スンビン号上で万歳を三唱し、国旗に敬礼した。私は北西の進路を選んだ。メデュサ号は航海に出た」（『海国日本の夜明け』）。

3　造船所建設準備

製鉄所建設機材発注

安政元年八月の江戸での評議では、さきに指摘したように、軍艦購入に関連して「船修復場」建設の必要も認めていた。尚志は、江戸での目付の時に造船御用も担当しており、造船についいては多少の知見は持っていたであろう。ファビウスの説明に納得して船舶修造場建設が不可欠と判断し、ファビウス二度目の帰帆（十月六日離日）が迫った安政二年十月初め、建設機械・資材購入をオランダに依頼した。

そして十一月七日、江戸へ定便で次のように「申上」げた（「長崎伝習小記」）。「当年出帆の商船へ、左の通誂《あつらえ》遣し、明年持渡り候様相達」した。具体的には「蒸気機械湯釜」「伝習御用必需の品」「鎔鉄炉附属の蒸気機械類幷鉄槌等」で、「代凡一万金ほど」である。建設の地は、将来は江戸近くが妥当であろうが、オランダ人の知識も必要なので「さしむき当地へ御取建の方、然るべく」と記している（『海軍歴史』）。

一時帰府願い

この時点では、製鉄工程も含む諸設備を考えていたようで、造船について絞れていなかった。またここでは、伺いではなく事後報告になっているが、尚志もそれでよいとは思ってはいなかっただろう。実はその直後の十一月十七日、伝習が始まって間もない時期であるが、一時帰府することを伺っている。「伝習筋諸般伺」は「書取」書状のやりとりでは行き届かないので、「中帰」一時帰府して「委細」を申し上げたい。海路で行くのでオランダ人を乗り組ませることになるため、引き連れる乗組員を江戸で寺院に宿泊させることを認めてほしい。伝習のあり方はもちろんであるが、製鉄所建設についても、閣老に直接説明して了解を得たかったのであろう。

これに対して十二月二十六日付で下知があった。オランダ人乗組みの船で江戸に戻るのはまずい、かといって陸路では日数がかかり伝習中断になってしまうので、一時帰府は諦めるようにという返事であった（「長崎伝習小記」）。ただし、先便の機械類発注については何も言っておらず、暗黙の了解を与えたとも言えよう。

通訳の問題もあったかと思われるが、コルベット艦一隻四万両に対して、製鉄から造船機械類込みで一万両なら、さして問題とするには及ばないとの判断もあったであろう。実は現実には、とてもそんな金額では済まなかったことは、尚志が長崎を発ってかなりのちに判明する。

二年十二月二十七日、後記の「コットル船」建造の上申で尚志は、「先般、溶鉄炉付属の器械、御取寄せの義につき申し上げ置き候趣もこれあり、……それぞれ取りかかり候様、申し達し候心得に御座候」とこの件に触れている（「長崎伝習小記」）。

後年尚志は、次のように記している。海軍創設を決した以上、造船所建設は不可欠であるが、この点長崎奉行と談じたものの「議して協わず」、協議したが意見が合わなかったので、「職権を以て専断し、蘭師に託して造船・製鉄器械を蘭国に購う」、職権を以て専断して機械類を発注した（「手記」二）。この時の在崎長崎奉行は、八月十二日着崎して間もない川村修就《ながたか》で、前任の荒尾は九月末に長崎を発っていた。

長崎製鉄所建設

海軍伝習所総監を託された以上、艦船の修造設備建設もその権限に含まれる、少なくとも阿部はそう理解してくれる、という確信が尚志にはあったのだろうが、大きな決断であった。

日本側の発注は製鉄工程をも含むものであったが、オランダ側は、入費が莫大になるとして鋳物・鍛冶・機械加工の工程に限定した機械類を三隻に積み込んで、安政四年六月長崎に送り届け、八月には建設を指揮する技術将校ハルデスもヤッパン号（スクリュー式コルベット艦、咸臨丸）で到着した。この時、尚志はすでに長崎を去っていた。五年二月十三日勝に宛てた書状で、「飽之浦《あくのうら》機械製場も追々出来の趣。重畳。一日も早く成功に仕り度し」（『来簡と資料』）と期待を伝えている。

オランダ人技師・職工の指揮下で、煉瓦の製造から始めねばならないという技術格差のもとで時間

長崎製鉄所（1860年頃）（『三菱長崎造船所史』より）

を要したが、長崎湾の深い入江に面した飽ノ浦に「製鉄所」第一期工事、実は鋳鍛造設備と旋盤設備とからなる小規模な船舶修繕所が竣工したのは、文久元年（一八六一）三月であった（楠本寿一『長崎製鉄所』）。ここに日本初の近代的造船所の先駆が誕生したのである。なお長崎製鉄所は新政府により、明治四年（一八七一）長崎造船所と改称された。のちの三菱重工業長崎造船所の起源である。

この第一期工事に要した資金は、銀四千八百四十五貫（中西洋『日本近代化の基礎過程』上）とも五千五百貫（『長崎製鉄所』）とも言われる。当時の時価金一両＝銀七十二・二匁で換算すると、六万七千百八両ないし七万六千百七十七万両、当初予定に数倍する七万両前後という巨額である。ここまで予想していれば、「職権」では踏み切れなかったのではないか、けがの功名とも言うべき点もある決断であった。

取締御用として長崎奉行を糾弾

長崎表取締御用目付は、奉行を監察するのが本来の役目なので長崎監察使とも呼ばれていたが、尚志はその任務もきちんと果たしていた。長崎奉行は当時役料四千俵、役金三千両が給され、長崎警衛の佐賀・福岡両藩をはじめ九州各藩から多大の贈り物を受ける慣習もあった。また、長崎貿易を管轄していることから、商人から手厚く接待される存在で、一般に役得の多い職とされていた。

尚志と同世代の大久保忠寛《ただひろ》（一翁）は、目付・海防掛で蕃書調所総裁を兼ね、講武所開設にも功があり、開国派の大物と言われるようになる人物である。その大久保が安政四年一月長崎奉行を命じられた。それは阿部の配慮によると言われるが、大久保は異例にも、猟官運動の最も激しいと言われたそのポストを辞退したのである。結局、格下の駿府町奉行に赴任するのであるが、木村芥舟宛書状（二月九日付）で、断った理由の第一を次のように記している。「性質狭量にて事の善悪のみ早く決したく相成り、悪を憎み候情はなはだしく、……気質の変化、何ぶんゆき届きかね候」（松岡英夫『大久保一翁』）。長崎奉行の役得は有名で、それを嫌ったようである。

さきに尚志と意見が合わなかったとした川村修就は、とりわけ職務を利用して私腹を肥やしていたらしい。川村の在崎は三年十一月までで、一年余にすぎないが、「主人が長崎奉行として現地に在勤中、扈従《こじゅう》した家来たちも「一身代」といえるほど、お裾分を頂戴した」と言われる（小松重男『幕末遠国奉行の日記』）。

その不正を尚志が糾弾したのである。言うまでもなく、それは自身が清廉潔白でなければできないことである。

尚志の川村糾弾のことは、幕閣のみならず雄藩の大名にも知られるところとなった。

川村の怨恨

安政五年（一八五八）七月一日、折から大老井伊直弼《なおすけ》と雄藩諸侯との対立が厳しくなっていた時期であるが、宇和島藩主伊達宗城《むねなり》は、福井藩主松平春嶽《しゅんがく》（慶永《よしなが》）側近の中根雪江に、前日に老中久世大和守広周《ひろちか》と会談した内容を伝えている。宗城は、幕閣が内政多忙を口実にして対外問題処理を遅延させているとして、対外関係処理の一局を設け、有力諸侯を総裁とすることを提案した。久世が検討を約したあと、次のような対話が交わされたという。

宗城が、「外国の事に付ては永井玄蕃抔枢要の者」であるのに、近頃井伊大老の前では「不首尾」と聞くが事実であろうかと尋ねたところ、久世は次のように語ったという。それは理由のあることで、「御庭番の海野〔川村〕対馬守は大老の内間」であるが、尚志が「長崎奉行対馬守〔川村修就〕が贓罪《ぞうざい》〔収賄罪〕を発《あば》きたる」ことがあったので、川村は深く恨んで尚志のことを大老に誹《そし》ったのである。川村が「奸物」であることは、故阿部正弘も自分もよく知っていることである（『昨夢紀事』四）。

「海野」は記者中根が「川村」を書き違えたのであろうが、川村対馬守はかつて隠密として新潟に派遣されたこともあり、当時は西丸《にしのまる》留守居であった。尚志に長崎時代の収賄を糾弾されたことを逆恨みして、井伊大老に讒言していたと言うのである。この翌年、尚志は井伊に厳罰に処されるのであるが、井伊の胸中には、この一件もあったかもしれない。

留学生派遣などを建言

尚志はまた、現地での経験と見聞を踏まえて、海軍創設のために様々な建言を江戸に申し送っている。

安政二年十二月二十七日には、閣老へ「コットル」船建造を上申している。造船技術習得には模型での実習では駄目なので、オランダ人教師指導で約六十トンのカッターを建造させたい。一本マストで、複数マストの帆船スクーナーよりも小型であるが、「大洋乗廻しも差支へ申さざる趣」で「帆前運用の稽古」に使えることを強調し、約二千両の予算を求めている。これに対しては三年二月十九日、海防掛若年寄遠藤但馬守胤緒《たねお》から許可が下り（「長崎伝習小記」）、建造に着手した。完成は尚志が去ってからの四年夏であったが、このタイプは、「長崎形」と呼ばれて模造されていった。

三年十月五日には、海外への留学生派遣を老中阿部・若年寄遠藤「二公」宛に上申している。当地伝習は入費も莫大で、十分な修業もできないので、むしろ海外に留学生を派遣し、「修業の余、海外の形勢、実践探索」し報告させれば、外国事務取扱にも役立つであろうとする。これに対して、阿部の翌年二月二十三日付の返答は、尚志帰府のうえで決するというものであったが、その到着は四月二日で、すでに尚志は長崎を離れていた。いずれにせよ、留学生派遣はこの時には実現しなかった（「長崎伝習小記」）。

また尚志は、あとで述べるように、三年三月には江戸での伝習機関創設も上申していた。

なお、尚志は晩年の明治二十一年（一八八八）、国に尽力した旧幕臣の名を知りたいという伊達宗城の依頼に対して、十二人の名を挙げ短評を加えた書状を、七月七日付で記している（河内八郎「伊達宗城とその周辺（続）」、以下「尚志人物評」）。そこでは遠藤について、「職務に勉励怠らず、性来達才には之れ無く候え共、多年職務に服し、事務に練達し、多事の時節、事務多忙なれ共、其処分を終らざれば、苟《いやしく》も休まざる者也」としている。

4 観光丸で帰府

江戸回航の指令

列国軍艦が江戸近海に次々に来航することが予期される情勢のなか、幕府は自国軍艦の江戸湾配備を急いでいた。安政三年九月七日付で、老中から尚志宛に指示があった（十九日着）。これは、七月二十三日「伊但二公」（阿部・遠藤）宛に町便で差し立てた伺いに対する返答である。

注文の二艦（のちの咸臨丸・朝陽丸）が来春長崎に到着する予定なので、到着次第、尚志が、居残り者や新参者以外の伝習生を引き連れて、「此の方一手にて帰府」、日本人だけで観光丸を江戸に回航せよ。またオランダの交代教師団はできれば半減するよう交渉せよ。

これに対して尚志は、十月五日次のように上申している。練習船も増えることでもあり、むしろ教師増員が必要だとオランダ側は言っており、相手の好意を挫くことも避けたいので、二十八人ということで決着を付けた。また、新規の伝習生にどのような者を選ぶべきかの意見を付記している。江戸からの返答は年を越して二月二十三日付となったが、オランダ人の件は了承されているが、伝習生人選については、尚志帰府のうえで相談ということであった（「長崎伝習小記」）。

伝習生だけでの回航

安政四年（一八五七）一月六日、尚志はライケンを訪問し、伝習生の約三分の二を引率して帰府する予定を告げた。ライケンは、オランダ人の支援なしの航海は無謀で、伝習もまだ不十分だと忠告した。しかし尚志は予定を変更することはなかった（『長崎海軍伝習所』）。

尚志は、引き続き伝習生のまとめ役を承知してくれた勝海舟に後事を委ねた。三月四日早朝、伝習修業者百五人を率いる尚志が搭乗した観光丸は、矢田堀景蔵はじめ、すべて伝習生の操縦で出帆した。途中悪天候に出会って二十余日を要したが、二十六日無事に品川沖に到着した。

出発後、暫定的に総監後任となった岡部長常宛に記した尚志の書状がある。出発以来風雨に悩まされたが、何とか病人も出さず、八日未明に小倉近辺に停泊したと言う（『海舟書簡・海舟宛書簡（勝海舟全集　勁草書房）』）。その後は瀬戸内海だから格別のことはなかろうと記すのであるが、外洋に出て難渋することになる。

江戸着後の四月一日付勝麟太郎（海舟）宛書状には、航海中の「海上略記」が付されている。さきの停泊地は上ノ関だったようで、十二日に大坂着までは順調であった。この間大坂では、長崎御用目付として赴任途上の木村芥舟が、天保山の砲台を視察している時、たまたま停泊している観光丸を見掛け、間もなく下船してきた尚志と出会ったという（「木村略記」）。木村はその後、岡部に代わって長崎伝習所総監になる。

大坂からさきは遠州灘が大荒れで、やむなく二度も鳥羽港に引き返さざるをえなかった。「十七日晴　四半時〔十一時〕頃風止む故、巻錨、遠州灘に至り候処、風悪敷く、浪高く、押行兼ね、拠《よんどころ》無く反船、鳥羽港に泊る」。「二十日晴　西北風。六半時〔七時〕鳥羽を出、遠州灘に至り候処、逆浪甚だ高く、船尤も簸揚《はよう》〔動揺〕、驚くべき高浪にて又何分難航、鳥羽港へ反船」。ようやく二十四日に鳥羽港を出て浦賀、横浜を経由して二十六日夜五時〔午後八時〕頃品川沖に着いた（『来簡と資料』）。ここでは、ヲイトモンド〔港口〕やストローム〔海流〕など航海用語が用いられており、尚志自身もそれなりに学習していたことがうかがえる。

遠州灘で難航

観光丸の操縦ぶりについては、沢太郎左衛門の回想がある。沢は当時箱館奉行管轄の鳳瑞丸に出向中で、出迎えの岩瀬忠震を乗せて観光丸に赴いた。「乗組役々の規律は十分立たぬでござりましたが、略《ほ》ぼ軍艦風になって航海を致したは、是が嚆矢《こうし》でございります」（『史談会速記録』第六十三輯）。覚束ない運転ぶりがうかがえるが、ともかく、長崎から江戸まで、蒸気船を日本人伝習生だけで操船して辿り着いたのであった。快挙と言ってもよいであろう。

品川入帆、岩瀬の出迎え

さきの「海上略記」は、「品川沖入帆。此の夜岩瀬来り、徹夜劇談、甚だ興有り」と記す。三年ぶりの再会、この間岩瀬忠震は、尚志からの江戸への伺いを実現すべく尽力してきた。「劇談」とは、対外政策や幕府内の状況について激しく論じ合ったのであろうが、ともに積極的通商決断論になっていたから、同感するところ多く、首脳部の多くの因循ぶりを激しく詰ったのではないか。

矢田堀も勝麟太郎・伊沢謹吾宛四月八日付書状でこの件を記し、大雨のなかで投錨が夜になったのに、岩瀬が平山敬忠《よしただ》（謙次郎）を伴って訪れ、「玄（玄蕃頭）」と放談一夜、遂に翌日相携えて登営。其壮驚くべし」（『来簡と資料』）と、徹夜のうえで登城した両人の意気盛んぶりを伝えている。

岩瀬忠震との親交

永井尚志と岩瀬忠震（修理）とは、生い立ちも経歴も類似点が多く、大久保忠寛らとともに阿部政権に抜擢された人材として、共通するところがあった。

忠震は、尚志より一二年後の文政元年（一八一八）旗本（徒頭《かちがしら》）設楽《したら》貞丈の三男に生まれた。大学頭林述斎は母方の祖父に当たる。天保十一年（一八四〇）三河以来の直参旗本（八百石、書院番）岩瀬忠正の養継嗣となり、その長女と結婚した。十四年「学問吟味」乙科合格、嘉永二年（一八四九）二月両番となり西丸小姓組斎藤伊豆守組に入り、切米三百俵を給される。十月甲府徽典館学頭に任じられ、

岩瀬忠震
（新城市設楽原歴史資料館蔵）

四年四月昌平坂学問所教授となった。六年十月徒頭となるが、これは尚志の後任であり小姓組白須甲斐守組であった（『続徳川実紀』第三篇）。

安政元年（一八五四）一月目付に抜擢されて海防掛に任じられ、十月講武所設立担当を命じられた。二年二月から下田で、ロシア使節プチャーチンと日露和親条約修正の折衝を担当した。三年八月末からは下田で米総領事ハリスとの折衝に当たり、十月、

ハリス出府容認の目付上申をまとめ、また、新設の外国貿易取調方（掛）を命じられた。（松岡英夫『岩瀬忠震』）。

後年、岩瀬忠震の墓碑に尚志は、「初め余、君を茗渓《めいけい》学校（昌平黌）に於て知り、一見旧の如し。蛍雪切磨、其誼は則ち朋友、其情は則ち兄弟、官に就くに及び又同じく殿廷に趨走、力を戮《あわ》せ勤に服す」と記しており、学問所以来の親友であった（「巖瀬鷗所君墓碑　永井介堂撰」『旧幕府』第八号）。

さきにも少し触れたように、長崎から江戸への伺いの評議で、尚志を支援したことが多かった。品川での再会でもその親交ぶりが知られるが、さらにこのあと、同志として行動をともにすることが多くなっていくのである。ところで、品川再会の直ぐあと、四月十五日、今度は岩瀬が、水野忠徳とともに対英折衝を予定した長崎出張の命を受け、長崎で日蘭（八月）・日露（九月）追加条約に調印することになる。

5　築地軍艦操練所開設

長崎への伝習生追加派遣

安政四年（一八五七）三月観光丸で帰府した尚志は、築地に軍艦教授所（操練所）を開設する責任者になるが、その一方で、長崎への伝習生の追加派遣の人選に、現地での経験を踏まえて、深く関わっていた。

現地でのまとめ役を託されて残留した勝麟太郎（海舟）に宛てた玄蕃頭（尚志）書状が、十通ほども残されており（『来簡と資料』）、種々激励したり助言したりしている。勝は七歳も年下であるが、尚志は深く信頼しており、いわば同志かつ親友として、かなり率直に江戸の実情と自身の心境を書き送っていた。

江戸安着を伝える四月一日付書状では、「此節学業如何、諸生の勤惰如何、其外様子少々は僕在勤中とかわり候義御座候哉《や》」と伝習生の様子を気遣い、何か不都合があれば何なりと言ってきて欲しいと記す。次に追加派遣伝習生について、「四人程は得候共、せめて十人位も先ず此節一時に出崎致す様致し度く、諸方人を求め居り候」（四月九日付）と記している。その後は、「出崎の才士を撰び居り、十五、六名を得申し候。近日建白、此度は一挙に廿人程も早速出崎致し度く、骨折居り申し候」（五月十八日付）、さらに閏五月八日付では、追加伝習生は自分推薦十五人、箱館奉行・浦賀奉行の推薦を合わせ二十四、五人くらいになりそうだと伝える。

四年後半には追加伝習生として、のちの陸軍軍医総監松本良順、パリ博覧会に随行しのち外交官になる田辺太一（蓮舟）、海軍中将となる赤松大三郎（則良）、海軍兵学校教官となる沢鈇太郎（太郎左衛門）らが派遣された（「安政雑記」）。赤松は、「此度の伝習生は皆御直参である旗本、御家人の倅、二、三男、厄介から選抜するという事で、万事永井玄蕃頭が掌り諸向に相談」していたが、自身は当時十六歳で蕃書調所で助手のような仕事をしていたところ、古賀謹一郎（謹堂）の推薦で派遣されることになった、と回顧している（赤松範一郎編『赤松則良半生談』）。

派遣伝習生選びへの尚志の尽力によって、海軍軍人だけではなく、のちに近代日本建設に貢献する若い人材が養成されていったのである。

十一月二十八日付では、来春には「貴公」（勝）を帰府させるようにと、図書《ずしょ》（木村芥舟、喜毅）に仰せ付けが出されたと伝える。また、新旧伝習生の折合いが悪いと聞くが、「国の御為宜しからざる事」、どうかよろしくと依頼している。「海軍局」の方は、遅々としているが、先日、観光丸で「乗出」をしたので、少しは気力が湧いてきた。下田のアメリカ人（ハリス）は在府だが「至極謹慎」であるとも伝える。

なお、この年の十二月十六日には、伝習につき、尚志・岡部が賞されている（『綱要』巻二）。「海軍伝習骨折候に付、金五枚・時服三拝領す、同日新部屋前溜に於て観光丸ボートホーウイッスル一挺拝領す」（「手記」二）。「ホーウイッツル筒」は高島秋帆が天保期に初めてオランダから輸入した平射兼用の曲射砲であるという（『国史大辞典』第十二巻）。観光丸附属の砲一門を与えられたのである。「手記」一には「忽微炮」と記している。

江戸での海軍伝習を提言

尚志は、長崎在勤中から、江戸にも伝習所を開設することを提言していた。長崎伝習が始まって半年経っていない三年三月七日、老中宛に次のような伺いを提出した。「江府に於ても、海辺便利の地へ海軍教授所御取立て、伝習帰在の者、其長ずる所の業前課を分ち、教授致し候様、右学校候えば、多人数諸藩者共も入学仰せ付けられ候然るべし」。長崎伝習を前提に江戸にも「海軍教授所」を設け、長崎伝習生を教師とし、幕臣に限らず諸藩陪臣も入学を認めようという提案である（「長崎伝習小記」）。これに対して、半年後の九月十九日付で老中の下知があったが、追って尚志帰府のうえ相談という保留回答であった。

帰府間もない四年四月一日、安着を勝に伝えたあと、次のように記している。「伝習一条、帰府早々閣参〔老中・若年寄〕へも建白、御大悦、取敢えず当所にても海軍場御開きの積りに御座候。且、両三日中、司農〔勘定方〕幷同僚乗出し、引続き閣参も乗出しの積り」。伝習機関を江戸にも作るよう、勘定方・同僚目付や閣老も、近く実際に艦に乗せて航海し実物教育するつもりだと伝えている。その効果があったのか、間もなく、海防掛目付は尚志を除いて評議した結果、尚志の提案に賛同する意見を取りまとめた。

一方、留学生派遣の件は進まなかった。「留学生論も直に建白、福山侯〔阿部正弘〕も至極の御気込に御座候え共、決し兼ね貿易論も同断、扨々《さてさて》困り入り候事に候」と嘆いている。

その数日後の九日には、仮称「海軍取調局」を築地の講武所内の太鼓稽古場に設け、帰府した伝習生による再伝習を実施することが決まったと伝えた。講武所は、旗本・御家人に剣・槍・砲術など武術を講習させるために、安政三年四月、南小田原町〔現在の中央区築地六丁目の晴海通り西側〕に開設されていた。

留学生の件は「上」には理解を得ているが、支障を申す者もいるようだ。しかし「海軍事は是非合力成立希み度し、此外拙吏に他念之れ無し。たとえ死すとも、地下なお海軍の事は遺忘致さず候」と、極めて強い決意を披瀝している。

築地の軍艦操練所

安政四年五月、「御軍艦教授所」開設の布告が出された。オランダ「献上の蒸気船」で操練を始めるので、旗本・御家人・厄介の「有志」者や主人推薦の陪臣の者にも許すので、目付永井玄蕃頭（尚志）に申し出よ、というものである。総督は尚志、教授方は矢田堀景蔵を頭取に小野友五郎ら長崎伝習経験者とアメリカ帰りの中浜万次郎とされ、「御軍艦操練稽古規則」も定められた（『海軍歴史』）。

五月十八日付勝宛書状は、「此度海軍小校相開き候に付ては、造船業の書之れ無く困り候間、其地へ差し置き候ヲブレイン二部の内一部は、絵図共次便に御遣し下され度し」と、尚志は、具体的な教材についても配慮している。一方、「海軍一条に付、種々富国強兵の策相立て度く、焦思腹考致し居り候処、岩瀬、崎陽行を命ぜられたり。是又国家急務の為のみなれ共、拙は拠《よりどころ》を失う心地にて、孤独、甚だ当惑致し候」と、岩瀬の不在を嘆いている。近辺に理解者がほかにいなかったのである。

閏五月八日には、「当表海軍局も、兎角延々に相成り居り」と順調ではないことをぼやいているが、二十八日付では、「海軍局も仮に海軍所中に取置き、来月中旬頃には御開場相成るべしと存じ候、海軍局へは倍臣も出候抔御申上げ、彼是議論は御座候え共、倍臣も此度は苦しからざる趣に仰せ出され、有難き事に御座候」（早稲田大学図書館「古典籍総合データベース」）と、自身の建言が容れられて、幕臣に限らず諸藩の藩士も参加を認められたのを喜んでいる。長崎においてもそうであったが、幕臣に限らず諸藩士にも伝習の門を開くというのが、尚志の持論であった。

ようやく開所

またこの書状では、幕府現有の艦船（いずれも帆船）についても評価を記している。水戸斉昭が石川島で造らせて献上した旭日丸は、「厄介丸」と悪評されたと言われているが、尚志は「何より堅牢」で薩摩藩献上の昌平丸の「拵《こしらえ》よりは余程宜敷く」、大元丸・鳳瑞丸（ともに薩摩藩製）とも、その昌平丸とは「大いに相違之れ有り」。「魯人より返上のスクーネルは極く宜敷く、此間横浜迄一走り走り候処、甚だ妙に動き候、右の形に致し何艘も造り度きものに御座候」。伊豆で沈没したロシアのディアナ号の代わりに、君沢郡戸田《へだ》村で日本人の手で製造されたスクーナーが具合が良いと述べているが、これは「君沢形」と呼ばれて模造されていった。

「何事に御座候にも財乏《とぼし》敷きにては行われず候故、此の節頻に生財の道を工夫、海軍局に限り御入用は司農の手を仮りず出来候様に致し度しと存じ居り候」。勘定方が財政難を理由に海軍整備を渋る現状のなかで、独自に財源づくりを模索しているとも伝えている。ただし六月中旬にはと記された開所は、実際には七月十九日になった。また開所後も、実際の教育内容はなかなか整わなかったようである。

なお講武所は、軍艦操練所が次第に拡張されたこともあり、安政五年十月、神田小川町に移転することが決定された（安藤直方『講武所』）。

阿部正弘死去の痛手

この間、頼りの阿部正弘が六月十七日死去したことは痛手であった。そのことも影響し、尚志の企図は幕閣などに足を引っ張られる状況が続いたようである。

九月十七日付勝宛書状では、首脳部の無理解を嘆き、焦りの気持ちを伝えている。「閣参を初め諸役人、軍艦の事は更に心得候者之れ無く、何を噺し候ても聾者と語し候故、何事もヒンテルニクス〔障害物〕多く候」。「海軍局」は開いたものの頭取矢田堀は体調不良でいまだに出勤せず、「何事もあちらこちらにて掣肘致され、只々長き故、人々怠心を生じ候様相成り候には、殆ど当惑、日夜焦胸致し居り候」。

また十月七日付では、阿部亡きあとの事態渋滞に、改めて焦慮の思いを吐露している。

海軍局も相替わらず連綿致し居り候え共、御地伝習幷海軍局の事共、勢州公〔阿部伊勢守〕遠行〔死去〕以来は司農局極く禁物に相成り居り候間、六月以来の伺書類、千万御催促申上げ候ても其儘に相成り居り、当惑此上無く、扨々焦胸至極、寝食も安んぜざる事に御座候。（『来簡と資料』）

長崎伝習も海軍局も、勘定方には禁句のように扱われ、いくら催促しても動かず、心配で「寝食」もままならないという。しかもこの間七月二十四日には、ハリス上府用掛を内命され、海軍づくりに専念できる状況ではなくなっていたのである。とはいえ、尚志の意欲が衰えることはなかった。海軍伝習は、そのために諸大夫に任じられたことでもあり、寝ている間も忘れたことはない、「国家の為海軍業是非御成立相成り候様致し度く、頻に心は崎陽にそゝぎ居り候」（十一月二十一日付勝宛）と記している（『来簡と資料』）。

しかし、長崎での伝習を続けながらその成果を江戸で普及させる、という尚志の思いは断たれることになる。結局長崎海軍伝習所は、勝らが帰府したあと、伝習が江戸から遠い長崎では差し支えが少なくないとして、閉鎖して伝習生を帰府させよとの幕命が、六年（一八五九）二月に発せられるのである。

相次ぐ褒賞と「忍の一字」

安政四年十二月二十二日、旭日丸等諸船建造で、老中堀田正睦《まさよし》以下尚志らは、それぞれ褒美を賜っている（『綱要』巻二）。また翌五年一月十四日越中島に銃隊訓練場が設置され、堀田以下尚志らが賞を賜っている。「御目付勤役中深川越中島調練場の目論見骨折り候に付、時服二拝領す。同三月二十日越中島調練場へ成らせられ、業前上覧の節、常々骨折り候趣を以て、御手許より八丈島〔縞〕二反拝領す」（「手記」二）。

しかし、海軍創設の試みは、尚志が思うようにはなかなか進展しなかった。勝の友人で江戸勘定所勤務の岡田新五太郎が五年二月七日に勝に宛てた書状は、「海軍局にては講義・算術抔教え致し候様子、いまだ乗船抔は致させず候歟《か》と存じ候」（『来簡と資料』）と実情を伝えていた。

すでに井伊大老の時期になっていた十一月二十一日、勝宛書状で玄蕃頭（尚志）も、「都下海軍局も昨年種々砕身、少々模様相附き候処、閣老衆御転にて中廃の模様故、一際《ひときわ》心配、種々強論建白も致し、此節又々漸く口明き申し候」、「忍の一字にて応酬」していると伝えている。

第四章　条約・将軍継嗣問題で奮闘

1　ハリス出府前後

安政四年（一八五七）三月帰府した尚志が、自己最大の課題としていたのは海軍創設であった。具体的には、そのための人材育成事業を長崎において継続充実させ、また江戸においてもその拠点を構築することであった。

当面の二大課題

しかし、当時幕府は内外に当面の重大な課題を抱えており、優秀な有司として尚志はその課題をも背負って奮闘することになる。内外の重要課題とは、対外通商許容という問題であり、難局の先頭に立つべき次期将軍の選定という問題であった。しかし、彼の奮闘に対して与えられた結果は、罷免・閉居という無情なものであった。

尚志が帰府した当時から、下田での米総領事ハリスとの折衝では、通商許可の可否が問題になっており、幕府上層部の重大な課題になっていた。長崎での見聞と経験を踏まえ、尚志は、さきに述べたように積極的通商決断論者になっていた。帰府間もない四月九日付勝鱗太郎（海舟）宛玄蕃頭《げんばのかみ》（尚志）書状で次のように記し、勘定方等が無駄な議論をするばかりで、一向に前向きにならないことに困惑している。

互市（通商）其外の儀にて、先日備中（堀田正睦《まさよし》）殿御居残り、諸子の評論御聞き成られ候処、司農（勘定方）鼠輩は実に驚駭すべき口舌上耳《のみ》にて、無益の議論耳致し居り、民部（鵜殿長鋭《うどのながとし》）・岩瀬（忠震《ただなり》）も頗に骨折り居り候え共、何分建白容易に行われ難く、殆ど困惑罷在り候。拙も本日、猶又及ばず乍ら迫切に御直建白致し候積に御座候。……実に杞憂に堪えず、針上に坐し候心持。

（『来簡と資料』）

ハリス出府一件

かねてハリスが再三にわたり強く要請していた、将軍謁見のための出府は、謁見に止まらず通商条約交渉のきっかけになることが予想された。これに対して海防掛内でも目付系は受け入れ、勘定系は拒絶と対立していた。

三年十月に外国事務取扱老中に任じられ、対外問題対処を阿部正弘から託されていた堀田正睦は、四年六月半ばの阿部死後は名実ともに幕閣の中心を担うことになった。佐倉藩主堀田は、「蘭癖」といわれたように海外事情に通じ、通商容認の姿勢は阿部を引き継いでいた。しかし、指導力・包容力・組織力という点では阿部と同様ではなかったようである。

幕府としては、ハリスの折衝相手は下田奉行だと出府拒否を回答してきたが、ハリスの強硬な抗議と報復予告、また偶然の米軍艦渡来の報に接して、ついに出府を受け入れることを決断した（『日本開国史』）。

安政四年七月二十四日、大目付土岐丹後守頼旨・鑓《やり》奉行筒井肥前守政憲《まさのり》・勘定奉行川路左衛門尉《さえもんのじょう》聖謨《あきら》・目付鵜殿民部少輔長鋭・目付永井玄蕃頭尚志らに、いずれも兼務でハリス上府用掛の内命が下され（正式には八月十四日）、接見・礼遇・旅宿などの準備が命じられた（『綱要』巻二）。ハリスには八月六日正式に出府許可を伝え、十四日そのことを公布した。前例との突合せや、外国使節処遇がいかに内外に受け取られるかなどの配慮が必要とされ、ハリスと打合せをしている下田奉行の上申や堀田からの諮問の評議が、再三必要になり、上府用掛は極めて多忙であった（川路寛堂編『川路聖謨之生涯』）。

ハリス登城と条約交渉

ハリスは十月七日下田を発ち、陸路江戸に向かった。警備は物々しく総勢約三百五十人の大行列であったが、十四日江戸に到着し、九段下の宿舎蕃書調所に入った。そして二十一日登城して、大広間上段の間で将軍家定に謁見し、通商条約締結を求めるピアース大統領の親書を提出した。

二十六日ハリスは西丸《にしのまる》下の堀田邸を訪ね、上府用掛を前に長時間にわたり国際情勢を説き、英露仏が来訪する前にアメリカと通商条約を締結することが、あとの準拠基準となって日本に有利だと説いた。堀田の命を受け、十一月六日、土岐・川路・鵜殿・永井と下田奉行井上清直らはハリスを旅宿に訪問し、公使駐在の意味、自由貿易の意義、対露問題などを率直に質問し、ハリスの説明を受けた（坂田精一『ハリス』）。

幕府は交渉に入ることを決断し、十二月三日岩瀬・井上が全権委員に任じられ、ハリスが提示した草案をめぐって、十一日から翌五年（一八五八）一月十二日まで十三回に及ぶ交渉を繰り返した。この頃諸大名の意見は、以前より通商許容論が増えていた（『明治維新とナショナリズム』）。

公使の江戸駐在や新規開市・開港場など交渉は難航したが、ほぼ妥結に至った。ただし朝廷に奏聞して勅許を得る必要があるという理由で、五年三月五日までに調印ということで、ハリスの了解を得た。一月二十一日堀田らはそのための上京に出発するが、朝廷では攘夷論が台頭しており、結果はよく知られている通り、彼らの楽観的見通しは裏切られるのである。

当時の日本側外交担当者は日本側草案を起草する能力はなかったが、岩瀬・井上両全権は、米側提示の草案につき逐条に是非を詳細に論究し、そのため草案を改正した部分も少なくなく、このような全権の居たことは日本にとって幸福であったと、ハリスは、明治初年渡米した福地源一郎に語ったという（福地源一郎『幕府衰亡論』）。

勘定奉行就任、重要任務兼任

この間の四年十二月三日、尚志は勘定奉行に任じられ、財政・民政担当の勝手方を命じられた。役高は三千石であり、先任の勘定奉行は、本田安英・川路聖謨・石谷《いしがや》穆清《あききよ》・土岐朝昌《ともまさ》の四人であった。もちろん昇進であり、目付ではなくなった。

ただし当日、御座間で勘定奉行を仰せ付けられたあと、新部屋前溜において堀田備中守から、「海防御用相勤むべく候、長崎・浦賀・下田・箱館幷蝦夷地の御用向、番北〔代か〕にて相勤むべく候、貿易筋取扱の御用相勤むべく候、御軍艦操練の御用、是迄の通り相心得るべく候」と申し渡された（『幕外』十八）。

つまり、これまでの任務が解かれた訳ではなく、実質的にはこれまでの任務にさらに勘定奉行の仕事が加重されたと言うべきであろう。海防掛・勘定奉行から水野忠徳《ただのり》を外したあとを、尚志の兼務で埋めたというのが真相であろう。当面の重要課題の多くを同時並行して扱う、まことに重要な有司とされたのである。十五日には老中久世広周《ひろちか》から「居宅手狭にて差支え候趣相聞き候、之れに依って、小川町御台所町松平河内守〔近直〕屋敷家作共下され候旨」申し渡された（「稿本」）。これは勘定奉行の役宅として与えられたのであろう。松平近直は元勘定奉行で、大船建造掛として長崎の尚志に指示を与えていたことがあった。数カ月田安家家老を務めたのち十一月に免じられていた。その屋敷は、当時の小石川門南東、現在の水道橋駅の南、千代田区西神田三丁目にあった。

橋本左内の人事構想

福井（越前）藩主松平春嶽《しゅんがく》（慶永《よしなが》）側近の橋本左内は、当時出府していたが、十二月七日、国元の側近村田氏寿《うじひさ》（巳三郎）宛書状で、水野忠徳が田安家家老になったことを伝え、その理由はハリス出府にあくまで反対したためだとしている。そして、後任は永井玄蕃頭になったので、「此は川路辺と合口と申す事に御座候。此等にても此の後洋禁相宥し、万国互市繁昌に相成るべき義想像致され候」と記している（『橋本景岳全集』二）。尚志起用で通商条約締結が促進されると見ていたのである。

水野忠徳は、尚志とは長崎でともに対外折衝に当たってきた間柄であるが、通商促進には慎重論であった。また一方、自説に固執する質で、この時点でハリス登城謁見・対外通商まで認めることには強く反対し、それが転任の原因であったと考えられる。田安家家老は格は高いが閑職であった。ただし、対米対応で意見を異にしたものの、尚志とは、この後も条約締結や継嗣をめぐって書状をやりとりする間柄であった。尚志は後年水野を次のように評している。「局量寛からず、自己の見込みを固執するの癖あれ共、職務に当りて、苟《いやしく》も曲従する事なく、且つ、才学共に稍《やや》之れ有り、各国条約締結の委任を受く」（「尚志人物評」）。

有司への風評

主要な有司の人事をめぐり、当時江戸では次のような「諷謡」があった。尚志の昇進ぶりが噂されていたようである。

> あのとき〔大目付土岐頼旨〕よわし　このとき〔勘定奉行土岐朝昌〕にぶし　水〔水野筑後守忠徳〕さかのぼり　川〔川路聖謨〕またにごり　ひご〔岩瀬肥後守忠震〕は慎しみ　た〔な〕か井はおそれ　御勝手の水ハ玄蕃にかいとられ〔水筑左遷の跡永井玄蕃也〕」（「稿本」のうち「如坐漏船居紀聞」）。

土岐頼旨について尚志は、「学力は薄く、才略も之れ無く候え共、誠実正直の人物にて、国事多端の折尽力、心胆は純一不変の者に候」と評している。木村芥舟《かいしゅう》は、「長者の風あり才力稍乏し……国に尽すの丹衷は其天性」（「幕府名士小伝」『旧幕府』第二号）と評している。弟の土岐朝昌について、尚志は「局量狭隘なれ共、性来方正にして、人才を愛し……番頭の職に適任の者なりし」、木村は「少しく局量褊小の憾《うらみ》なしとせざれども……天性剛硬」と評している。川路について尚志は、「学あり、才あり、且世に応ずるの巧みなる故、或は奸猾者の人言あれ共、国家に尽すの心胆は、純然、奸物には之れ無し」と評している（「尚志人物評」）。

斉昭激怒

ペリー初来航直後に海防参与に任じられ、以後阿部中心の幕閣の対外政策の顧問役であった前水戸藩主徳川斉昭《なりあき》は、対外的に強硬な持論の持ち主であったが、阿部に対しては比較的協調的で柔軟な態度を取っていた。しかし阿部没後、四年七月海防参与を辞する前後から、堀田に対しては強硬な姿勢を取るようになっていた。

ハリスとの間で条約交渉が進められている時、十二月二十九日、堀田の指示で川路と永井は小石川の水戸藩邸を訪ね、老公に条約締結がやむをえないことを説明した。ところが斉昭は激怒、「以《もっ》ての外なる事共なるぞ。備中〔堀田〕・伊賀〔老中松平忠固《ただかた》〕は腹を切らせ、ハルリスは首を刎《はね》て然るべし」、「五大洲が攻め来らば、此方〔自分〕を討手に向くべし。此方を出せば済む事なり」との暴言を吐いた。ではどうすべきかと問うても、「勝手にすべし」と言い放った。水戸藩当主の徳川慶篤《よしあつ》も同座していたが、取りなすこともなかった。

退出後、控所で料理のもてなしがあり、側用人安島帯刀《あじまたてわき》が挨拶した。しかし尚志は、「己《おのれ》は今日初めて御前へ参りしが、重き参謀の御方かゝる御有様にては、此末とても如何にかは仕らるべき、罷帰り復命のすべき様もなく候えば、いずれに覚悟仕るより外はなく候」と、斉昭に大いに失望した旨を顔面蒼白で述べ、その場で切腹しかねない様子だった。しかし、川路らが宥めて退去した。

一月二日、堀田の依頼を受けた斉昭の七男一橋慶喜《よしのぶ》が老公に会い、強く迫って先日の態度を反省させ、条約問題処理を慶喜に委ねるとの返答を引き出した。それで漸く一件落着、堀田は次なる朝廷対策に乗り出すことになった。以上は松平春嶽側近の中根雪江が編述した記録『昨夢紀事』第二の伝えるところである。

尚志の意外な回顧

斉昭説得のいきさつは間接的な情報であり、この間の尚志の態度が伝えられる通りだとすれば、真面目一方の気弱な人物という印象を持たれかねない。これについて、川路・永井ではなく岩瀬を差し向けていれば、こんなことにはならなかったとする説さえある（福地桜痴〔源一郎〕『幕末政治家』）。

しかし後年になって、水戸藩史料編纂者が当日のことを尚志に問い合わせたのに対する尚志の回答は、意外な事実を伝えている。「御次にて御掛合頂戴致し居り候節、突然其席へ御出に相成り、別段御激論も之れ無く、御自身にて両人に御酒飯勧め下され候いし」（「稿本」）。控所で接待を受けている時に、当の斉昭が現れて、川路・永井両人に飲食を勧めたというのである。すでに直後に斉昭は暴言を反省しており、条約交渉にもそれなりの理解を態度で示していたのである。

「玄蕃頭、明快に取計らい」　ところで、相方の川路であるが、斉昭の暴言の他方で、堀田の周辺では勅許無用論がむしろ優勢であり、勅許による通商条約締結を目指す川路は、文字通り進退窮まった思いであった。川路は大晦日に、正月付で全役職の退職願いを書いている。松平近直転任以降は勘定奉行筆頭になっており、ハリス上府用掛のほかにも兼務が多く、六十歳近い自分には処理能力を越えているとしている。しかしその後、実際には堀田に慰留されたうえ、退職どころか岩瀬と二人、堀田上京の随行を命じられることになる。

その退職願のなかで、「幸い同掛〔ハリス上府用掛〕、土岐摂津守〔朝昌〕、精密に行届き、物ごと果断仕り、永井玄蕃頭、明快に取計らい候故、事々物々感服仕り、何事も相談に及び、其助にて、先ず昨年は曲りなりにも、別条無く打過ぎ候え共」（『川路聖謨之生涯』）と、土岐と永井の有能さを高く評価している。

2　将軍継嗣問題

将軍家定の継嗣問題　ペリー初来航直後の嘉永六年（一八五三）六月二十二日、十二代将軍家慶《いえよし》が死去した。あとを引き継いだ十三代将軍家定が、海外から未曾有の外圧が迫るなかで、厳しい状況に対応できるのか、幕閣のみならず有力諸藩関係者も懸念を抱いていた。というのは、家定は病弱で世子がなく、またその言動にも不安が持たれており、難局に当たって適切な判断と行動ができるか憂慮されていたのである。

安政四年（一八五七）十月十六日、徳川家門大藩である福井藩の少壮藩主松平春嶽（三十歳）は徳島（阿波）藩主蜂須賀斉裕《なりひろ》とともに、賢明・年長・人望の三条件を挙げ、継嗣を一橋慶喜（二十一歳）に定めるよう建白した。春嶽はすでに家慶死去直後から、内々に有力大名に打診を始めていたのであるが、この頃から、継嗣を水戸斉昭七男で英明な慶喜にするか、それとも八代将軍吉宗以来の家系を重視して幼年の紀州藩主徳川慶福《よしとみ》（家定の従兄弟、十二歳）にするか、紛争が表面化してくる。

水戸藩も御三家ではあるが、将軍を出した実績はなく、また将軍家との姻戚関係も薄い存在であるうえ、海防問題や幕政について率直で強硬な意見を唱える斉昭については、評価が大きく割れていた。ただし慶喜は、父斉昭が謹慎中であった時にも拘わらず、将軍家慶の意向で一橋家を継いだという経緯もあった。

慶喜擁立に賛成する有力大名は、薩摩藩主島津斉彬《なりあきら》・宇和島藩主伊達宗城《むねなり》・土佐藩主山内容堂《ようどう》（豊信《とよしげ》）らであり、そこには、幕閣が譜代大名に独占されている幕府の意志決定体制の変革への期待が込められていた。一方、家定自身は慶喜を忌避していたようで、大奥も斉昭が財政緊縮の標的にしていたことから拒否する状況があった。そこで一橋派の一部には、朝廷工作により内勅で慶喜継嗣を実現しようとする動きも生じた。

この間にあって、幕臣上層部の海防掛有司のなかでは、岩瀬とともに尚志が慶喜擁立の中心人物の一人と見なされていたのである。

左内の尚志評価

四年八月から出府中で、春嶽の側近として舞台裏の工作に当たっていた橋本左内は、国元の村田に宛てて江戸の情勢を伝えているが、彼は重要な幕臣として尚志に注目していた。尚志の役柄上、自分からは近づきにくいが、「此は随分有司の様子、行々は海外へも乗出し度き趣抔《など》、内々伝承申し候」（十一月九日付）。海外にも乗り出そうという意欲のある有司である、と聞き伝えている。

十一月二十八日付では、当面の政治課題を次のように踏み込んで記している。「第一建儲〔継嗣決定〕、第二我公〔春嶽〕・水老公〔斉昭〕・薩公〔斉彬〕位を内国事務宰相の専権にして、肥前公〔鍋島閑《かん》叟《そう》直正〕を外国事務宰相の専権にし、夫《それ》に川路・永井・岩瀬位を指添……」（『橋本景岳全集』二）。幕府の内政・外交責任者に雄藩諸侯を当てることを構想するとともに、その補佐役有司の人材として、川路・岩瀬と並んで尚志に注目していたのである。

春嶽と尚志

継嗣問題を主導していた春嶽は、もともと対外政策は拒絶論であったが、橋本左内らの意見を容れて、安政四年十一月には、福井藩の方針を通商容認に決していた（高木不二『横井小楠と松平春嶽』）。安政五年（一八五八）三月、老中首座堀田正睦は条約勅許を得るため在京中であったが、春嶽は尚志と江戸城内で顔を合わせ、以後春嶽側近の中根雪江が、在京の左内の代わりに尚志に接近を始めている。

春嶽は、左内からの情報を前提に、すでに尚志とはこの継嗣一件で強い結びつきを作っていたようである。次のようなやりとりは、そのことを裏付けている。三月三日登城の折り、尚志に会って、継嗣に関する「内勅の有無如何」朝廷からの内勅は出たのか出ていないのかと尋ね、尚志はないと答えている（『橋本景岳全集』二）。

京都情勢と幕府内部

京都の朝廷情勢の厳しさが伝わるなか、春嶽は焦るが、幕閣の様子も直接には知ることができず、側近の中根が水野忠徳に会って情報収集に努める。しかし、その水野も、海防掛を外された現在の地位では情報を得るのは尚志からであった。川路・岩瀬の留守中、海防掛有司で閣老に向かって直接ものを言えるのは、尚志しか居なかったようである。

三月十八日京都の左内に宛てた書状で、中根は水野の最近の談話として、次のように伝えている。海防掛のうちでも「永井玄蕃へ極密相謀り見候より外は御座無く候」（三月十日）。「西城〔西丸に入る将軍継嗣〕の事も海防掛よりは頻りに申立て候様子、何分内勅等之れ無き以前の建言を主張致し候え共、上〔上田藩主老中松平忠固〕・関〔関宿藩主老中久世広周〕両閣は、何分桜閣〔佐倉藩主堀田正睦〕帰府の上ならでは、決して定義之れ無き趣にて、海防掛の面々愈以て憤激す。先日も永玄余りに極言して、上閣卿怒気を含み候程の事の由、……右の如く切迫に上言致し候え共、壅滞《ようたい》依然の由」（三月十四日）（『橋本景岳全集』二）。

尚志は、京都情勢が厳しいがゆえに、内勅など朝廷の介入のないうちに継嗣を早急に決めることを幕閣に迫り、堀田留守中最も発言力のある老中松平忠固を怒らせるほどであった。忠固は言い出したらきかないという意味で発言力の強いタイプの老中であったが、その方向は必ずしも一定ではなかったとも言われる。いずれにせよ幕閣は、何事も堀田帰府待ちの態度で過ごしていたのである。

尚志の対朝廷強硬論

水野は十五日、春嶽に次のような尚志の意見を伝えた。朝廷に対して強硬な態度を取っては、というのである。

〔朝廷が〕二百年来御渡切りの政権へ御手を入れられ、時会の遷延も御頓着之れ無き様にては、以来共関東において処置致し難く候間、将軍の職御断り申上度しと棒を出すか、又は備中殿は能《よ》い加減にして引取られ、勅使下向の節、諸件持参之れ有る様にいたし、此表営中に於て諸侯列座にて、実禄の武威を以て圧縮しては如何（同前左内宛中根書状）。

朝廷が幕府に横槍を入れるなら、征夷の将軍職を辞めると居直ってみるとか、勅使を江戸城に呼んで武威でもって圧倒するといった、激しい案を提言しているという。これを聞いた中根は、良い策とは思えないが、尚志も無理を承知の意見であろうと推測している（『橋本景岳全集』二）。

「威権強盛の有司」尚志の心配

一方、中根は三月十八日、初めて尚志を訪問したが、「一面旧識の如くにて、底意なく物語らるる洒落温藉の風采」で、噂通りの人物である。飛ぶ鳥も落とすような「威権強盛の有司」であるのに、自分などにこのように接してもらい感激した、と記している。大変な実権を持っていながら、いかにも穏やかに接する人物だと見たのである。

その尚志が二十二日水野に宛てた書状がある。京都情勢が不安で、「京師の一条建儲の大事、此の両事は深夜思い定め候節は、思わず胸中に存し継げ、安眠も仕らず心中熱する如し」。条約勅許と継嗣の両問題が心配で、夜も眠れないと言うのである（『昨夢紀事』第三）。なおこれより二カ月前の一月十四日、中根に対して水野は継嗣について語り、尚志は「無二の同志」だと述べていた（同前、第二）。

勅答と継嗣問題

京都の朝廷では、もともと「夷狄」を忌み嫌う空気が強かったのに加えて、様々な方面、様々な立場からの働きかけがなされていた。そのあげく、三月二十日に参内した堀田に対して、通商条約については、御三家・諸大名の意見を徴したうえで改めて勅裁を求めよとの、事実上却下の勅諚が下されたのである。また、将軍継嗣については、英明な者をとの内勅を得ようとする雄藩関係者などの工作も、結局は実らなかった。

四月四日の早朝、中根は、左内からの京都朝廷情報を伝えに尚志を訪れた。尚志は、貴重な情報を伝えてもらった春嶽「公の御厚志」に感嘆したと言い、今夜岩瀬と相談するとのことである。在府の閣老はとかく京都を軽んじているので、情報を知らせても逆効果であろう、と尚志は語った（『昨夢紀事』第三）。京都に同行した岩瀬は雄弁家であったが、その官位が低いことから朝廷の上層部に直接会うことはできず、厳しい状況を幕閣に伝えよとの堀田の指示によって、さきに帰府していたのである。

3　思いもよらぬ井伊の登場

春嶽への期待

幕閣が混迷するなか、事態を挽回する担い手として尚志らが最後に期待したのは、家門大藩の福井（越前）藩主松平春嶽であった。

尚志は、四月六日付水野宛書状で、勅答を受けたうえは「道義当然」、それへの対処が必要なことは、帰府した岩瀬とも同意見であると記す。しかし肝心の「閣老尚因循……此の節の景況、毎々天下も是切りと存じ、御承知の酒量も実に減じ候」。閣老は全く頼りにならず、頼みは越前侯である。自分としては、「只々斃《たおれ》て止むを一生の御奉公と存じ候計りに御座候」。なお尚志の酒好きは当時から有名だったようだが、好きな酒もあまり飲む気がしないと言う。

水野は、すでに触れたように漸進的開国論者であり、岩瀬らのハリスとの条約交渉の方針にも急進的すぎると批判的であった。水野の部下であった福地源一郎は、「水野は常に嘆息していわく、今日外交の困難なるは、岩瀬・永井等が、内国の事情を察知せずして、米国条約草案において、多くハリスの要求を容れたるがゆえなり」（『幕末政治家』）と回顧している。ただし、日米修好通商条約の内容が固まった時点においても、水野と尚志との交流は続いており、継嗣問題では同志の関係だったのである。

この日尚志は、訪問した中根に次のように依頼した。勅答への対応諮問に際して、最近攘夷論を建白しようとしている（朝廷に工作していた）父斉昭の暴論を、慶喜が引き継がぬよう抑えてほしい。また溜間（彦根・会津・高松藩ほか）・大広間（十万石以上外様ほか）詰諸侯も「一致同論」になるよう、越前公に尽力をお願いしたい。尚志は、勅答に対して条約締結の一致した意見で返答できるよう計らいたいと考えていたのである。

岩瀬も春嶽に期待していた。十四日左内に対して、幕閣もやや目覚めたようで、まずは賢明君を立て、宰相を越前侯とする態勢が必要であると語った。岩瀬について左内は、「才幹知略当世の選にて、雄弁懸河の如く、しかも禁懐洒落」と評していた。なお、この翌日春嶽は登城の折り、初めて岩瀬に会っている。

中根が十七日尚志を訪うが、斉昭の動静に不安を語りつつも、この時点でも尚志は両事とも春嶽の尽力で実現できることを期待していた（『昨夢紀事』第三）。ほかに選択肢がなかったと言える。しかし間もなく、この期待はともに裏切られることになる。

井伊登場に「抗言詰問」

対外問題が差し迫るなか、四月二十日に帰府した堀田は、二十二日、将軍家定に対して、厳しい状況に対処するため大老に松平春嶽を推すことを進言した。それは継嗣に慶喜を据えるという含みであった（『日本開国史』）。

ところがその翌日の二十三日朝、老中で最も発言力のあった松平忠固の推挙により、将軍は、慶福擁立で動いていた譜代筆頭彦根藩の井伊掃部守《かもんのかみ》直弼《なおすけ》を大老に任じた。これは尚志達にとって全く意外な人事であった。この日、これに猛反発した永井尚志・鵜殿長鋭・岩瀬忠震の三人は、閣老に対して直接抗議した。

情勢の厳しいこの時期に大老を置くことは必要であるが、しかし、「掃部守は其器《うつわ》にあらず……何等の御定見何等の御趣意哉《や》と抗言詰問」した。これに対して閣老からは「果敢《はか》々々敷き返答もなく、彼の人は員《かず》に具《そな》うるのみなりと遁辞せられ」という状況であった（『昨夢紀事』第三）。なぜ凡庸な人物を大老に推薦したのかと難詰したが、閣老は逃げ口上しか言わなかったという。幕臣が直接老中に公然と異論を申し立てるのは異例のことであったが、この人事に対して尚志らは強硬に閣老に抗議したのである。

目付筆頭鵜殿について尚志は、「性来活発にて、小事に区々たらず、是又人材登庸を重んじ、職掌を辱しめず、多事の折、海防事件を総て担任す」（「尚志人物評」）と評し、木村は、「少しく軽躁の風ありといえども、意気活発能く衆善を納れて躊躇せず」と言っている（「幕府名士小伝」）。また岩瀬につき尚志は、「学識あり、才力あり、明敏にして、事に当りて遅緩ならず、勇往撓まず、一身の利害を顧みず、目付勤務中、砲台建築、大砲鋳造、其他海防事務に任じ、外国奉行に転じ、各国条約締結の委任を受く」（「尚志人物評」）と記している。

継嗣内定、有司左遷始まる

井伊は影の薄い存在のように見られていたが、尚志らの見方はどうやら甘かったようである。就任すると、大老職という権力を笠に着て異論を押さえ込みにかかり、堀田の抗弁も封じ込め、継嗣問題で慶喜推戴で活発に活動してきた大名や有司の取締りを始めた。家定との関係が良好であるということもその前提になったようである。直弼は、何よりも上下の秩序を最優先する態度を押し通すことになる。

五月一日、極秘として大老・老中に対して家定から、慶福を世子に定めるとの申し渡しがあった。五月六日、大目付土岐頼旨が大番頭、勘定奉行川路聖謨が西丸留守居に左遷され、一橋派海防掛有司処分の手始めと受け取られた。十二日、岩瀬は、親しい間柄であった長崎伝習所総監木村芥舟に書状を送った。土岐左遷を伝え、「追々大司農〔勘定奉行永井〕・箱館〔堀〕・小生輩へも波及の様子に之れ有り」、「自己の屈辱」は厭わないが、「時事」がどうなるかが問題だ、と記している（「木村喜毅（芥舟）宛岩瀬忠震書簡」、『岩瀬忠震書簡注解』）。

十五日、春嶽は堀田と会談し、形勢は一転し、「足下の御先途」も危ぶまれるが、差し違えの覚悟で臨むべきではないかと問いかけた。これに対して堀田は、慶喜擁立派の「其党類の張本は僕にて、土岐丹波〔頼旨〕・同摂津〔朝昌〕・民部〔鵜殿〕・肥後〔岩瀬〕・玄蕃〔永井〕等其列にて」、「大名にて第一尊公、薩州・土州・宇和島等徒党」とされているが、仮に将軍に直言しても、「御涕泣《ていきゅう》」されるばかりで是非の返答がもらえない有様である、と嘆いている。

その数日後の二十二日、左内に岩瀬は次のように述べている。「近来の形勢朋党は根を断ち葉を枯らさんとの勢にて危険の時となりて、肥州〔岩瀬〕も条約調印済迄も在職覚束無く、永井・堀も近々外転にも成るべき歟《か》。土岐摂津は未だ波及の沙汰なきよし。当時の人心正論家は朝に立つを愧《はじ》る勢」いである。

一方尚志は、継嗣問題で不満を持ちつつも、その不満を条約調印延引に絡める事には反対で、冷静に区別して対処すべきだと考えていた。六月六日、尚志は中根を呼び出し、次のように質した。「此度、一橋公御養君〔継嗣〕に立たせられぬ故、国持〔大名〕の衆中不平を抱き、条約の事御聞済み在らせられぬ様、宇和島〔伊達宗城〕侯始め京都へ申上げられたりとの風聞あり。大守公〔春嶽〕抔も御同意の事にや、如何」。継嗣問題の仕返しに、条約不勅許を朝廷に働きかける動きがあると聞くが、春嶽公も同意かとの問いに、中根がそんなことはありえないと答えると、尚志は、大広間衆中を春嶽公から宥めてほしい、と希望を伝えている（『昨夢紀事』第四）。

4　諸通商条約交渉

尚志はこの間、次々と迫られる対外折衝に当たっていた。

ハリスの出府を知ったオランダ駐日理事官クルチウスは、安政五年（一八五八）一月下旬江戸に向け長崎を出発した。前年八月長崎で水野忠徳・岩瀬忠震・荒尾成允《しげまさ》との間で、「脇荷商法」拡大などを内容とする日蘭追加条約を結んだものの、クルチウスはさらに本格的な通商条約締結を目指していた。

クルチウス出府

二月十九日蘭国理事官参府用掛が、大目付土岐頼旨、勘定奉行土岐朝昌・永井玄蕃頭、目付鵜殿長鋭、勘定吟味役塚越元邦に命じられた（『綱要』巻二）。三月十日クルチウスは江戸に到着、芝愛宕下の真福寺を旅宿とし、十五日、旧知の尚志邸を訪ね、江戸での市中遊歩・国旗掲揚を求めた。在府長崎奉行の岡部長常は病中であることから、尚志が十六、十八日と真福寺で折衝に当たり、その結果、老中は、その要求をほぼ認めた（「稿本」）。また二十二日には、尚志と長崎伝習・拝礼の件で折衝している（『幕外』十九）。

クルチウスは、折しも在府中であったハリスと接触して情報を得るとともに、四月一日ハリスに倣って将軍に謁見、次に老中松平忠固に条約草案を提示した（十三日）。これに対して永井・岡部がクルチウスを旅宿に訪い、条約改定について協議した（十五日）。五月十六日から二十七日にかけて、岩瀬を加えた三人で折衝を繰り返し、結局日米修好通商条約が調印されれば、同内容の条約を同日付で調印したことにする、との約束が成立した。クルチウスは六月四日江戸を発ち、条約は七月十日「調印」されたのである（『日本開国史』）。

プチャーチンとの交渉

日米修好通商条約調印問題が、ハリスの厳しい督促を受けるなか、かねて断続的に折衝していたロシアのプチャーチンが、天津条約締結を終えて下田に入港したとの報が入った。清国はアロー戦争中の一八五八年六月、安政五年五月三日〜十七日に、英仏露米の各国と、外交官の北京常駐、十一港の開港、内地旅行・キリスト教布教の自由、英仏両国への賠償金支払い、などを内容とする天津条約に調印したのである。これは幕府にとって、その内容において、また今度は各国が幕府に迫って来るであろうという、両方の意味で衝撃的な情報であった。

六月十八日、勘定奉行永井玄蕃頭、下田奉行井上信濃守（清直）、箱館奉行堀織部正（利熙《としひろ》）、目付岩瀬肥後守（忠震）・津田半三郎（正路《まさみち》）は、プチャーチンが神奈川沖に渡来の場合には応接掛を勤めよと命じられ、これは英仏使節渡来の場合も同様とされた（「稿本」）。ただし、井上と岩瀬は折しもハリスとの折衝にかかりきりであったので、二十一日、永井・堀・津田が神奈川沖に停泊中のプチャーチンの乗艦パルラダ号に赴いて会談し、日米条約の内容を説明した。

日米・日露修好通商条約の調印

この間、六月十九日には神奈川沖のポーハタン号上で、懸案の日米修好通商条約が、井上清直・岩瀬忠震とハリスとの間で、ついに調印された。勅許を得ないままでの、いわゆる「違勅調印」である。井伊直弼は、嘉永のペリー来航直後の諮問への回答では、当時としては例外ともいうべき通商容認論であったが、だからといってこの時に断固として決断したという訳ではない。そもそも通商承認は当面避戦のため余儀ないものとの判断で、軍備充実のうえは鎖国に戻すことが想定されていたのである（母利美和『井伊直弼』）。その後も井伊の異国嫌いは一貫していたようである。

実際の交渉に際しても、あくまでも調印を引き延ばせというのが井伊の指示であった。どうしても延引し切れなくなった場合は調印してもよいかと、ハリスと折衝中の井上・岩瀬に詰め寄られて、やむをえないという言質を与えたのである（『史料　公用方秘録』）。ロシア、さらに英仏使節の近々の来航が予想される緊迫した情勢のもとで、両人は、英仏との交渉の際に、ハリスが好意的仲介を図るという約束を取り付けたうえで、ついに調印したのであった。

木村芥舟は両人について次のように評している。井上清直は、下田奉行時代に、ハリスがこちらを威圧するような態度を取るのに屈せず交渉して、「終に彼をして深く其言を信じ、海外一好友を得たりと云うに至らしめたり」。実兄川路ほど知られていないが「功業才力」ともに劣らない。岩瀬は、この条約調印に異論が頻出の時、城内で諸侯相手に説得し、「雄弁滔々極めて明暢剴切《めいちょうがいせつ》にして些《いささ》かの渋滞なかりしかば、聴く者皆其処置の適当なるを認め、悦服して退きたり」（「幕府名士小伝」）。

日米修好通商条約同様で基本的に異存のないプチャーチンは、七月出府し九日老中太田資始《すけもと》・間部《まなべ》詮勝《あきかつ》に会見したうえで、十一日、さきの五人との間で日露修好通商条約に調印した。この三日前、尚志は外国奉行に任じられていた。

5　井伊政権下の外国奉行

井伊の強圧

日米修好通商条約調印は大きな波紋を招いたが、これに対して井伊は強圧で臨んだ。調印の直後、当時の二大問題の決着を公表するとともに、人事に大鉈を振るったのである。

調印二日後の六月二十一日、手順が軽すぎるとの批判を振り切って、京都朝廷には宿継飛脚便で報告するにとどめ、二十三日には、対朝廷工作に失敗した老中堀田とともに、自分を推薦した老中松平忠固をも罷免、代えて太田資始・間部詮勝・松平乗全《のりやす》を老中に任命、二十五日には家定の継嗣を紀州の徳川慶福とすることを公表した。

その間の二十三日、慶喜が井伊に会って朝廷への報告の仕方が礼を失していると非難し、二十四日には、徳川斉昭・水戸藩主徳川慶篤・尾張藩主徳川慶勝《よしかつ》が突然登城し、松平春嶽も事前に私邸を訪ね、井伊に対して遺勅調印を厳しく詰問したが、井伊は適当に受け流す態度であった。そして、七月六日家定が急死するが、その前日の五日に、将軍の意向であるとして、「不時登城」した一橋派の彼らを厳罰に処した。斉昭は「急度《きっと》慎《つつしみ》」、慶勝・春嶽は「隠居・急度慎」、慶篤・慶喜は「登城停止」であった。「慎」とは門戸を閉じて昼間の出入りを禁じる処分である。安政の大獄の始まりである。

処分は当然、継嗣問題で動いた有司に及ぶことが、その前から予想されていた。尚志も無事に済むかどうか、春嶽や伊達宗城も心配していた。

春嶽・宗城の心配

六月下旬、条約調印を、担当の井上・岩瀬の責任に押しつける井伊派の動きが伝えられるなか、親戚関係のある井伊に二十三日に会った宗城は、翌日春嶽宛てに書状を送った。井伊に対して「今にして両人へ罪を負わせ候は沙汰の限り……且つ両人此の上除去相成り候ては、第一応接に今日より差支うべき段も申し置き、僕が心力丈は相救い置き候」。そして最後に、次のように記した。「昨夜来関心は永井・岩瀬抔が冤罪を得申すべき哉と痛憂仕り申し候、愛牛（井伊）を説得は仕り置き候え共、確乎たる人に之れ無く候故、甚だ案思申し候」（『昨夢紀事』第四）。

宗城の言にもあるように、列国との通商条約締結問題が差し迫っており、その対処が一段落するまでは、彼ら有司の経験と力量に頼らねばならないという現実があり、本格的な処分は当面見送られることになった。なお、井伊とは親戚関係にあった宗城も、十一月二十三日、弟宗徳に藩主の地位を譲り隠居することになる。

外国奉行に新任

七月八日、外国奉行が新設され、水野忠徳・永井尚志・井上清直（下田奉行兼務）・堀利煕（箱館奉行兼務）・岩瀬忠震の五人が任じられた。老中達書は外国奉行の任務を、「外国応接の儀は勿論、貿易筋の御用、其外都《すべ》て外国へ関係致し候儀は、引請け取扱い候様致さるべく候事」（『幕外』二十）としていた。

対外折衝担当職が常設職として設けられたことは、制度上は画期的なことであった。また、任命された五人は全員がこれまで対外折衝の最前線に立ってきた者達であり、このうち井上以外の四人はいずれも学問所吟味合格者であった。

ただし、それと同時に海防掛が廃止された。海防掛は、対外折衝実務に限らず対外政策に発言することを認められていたのに対して、これに代わる外国奉行は、折衝実務に任務を限定されることになったのである（『明治維新とナショナリズム』）。またこの時、尚志は勘定奉行の任を解かれ、外国奉行専任となった。

外国奉行は、場所高二千石、諸大夫席、遠国奉行上座と位置づけられたが（『綱要』巻三）、老中申渡しにより、水野・永井は「只今迄御足高其儘之を下さる」（「稿本」）、つまり尚志は勘定奉行当時の三千石を給されたのである。

日英修好通商条約調印

外国奉行拝命の前後、尚志は前述の通りオランダ、ロシアとの応接に追われていた。七月八日に拝命、十日に日蘭修好通商条約に「調印」、十一日には日露修好通商条約に調印しているが、引き続き十三日から十五日にかけては、英使節エルギンと、水野・岩瀬らとともに折衝に当たった。

エルギンは、アロー戦争処理のため特派大使として清国に派遣され、天津条約を締結したあと、上海での関税率協議との間の時間を利用して来日したのであった。ただし、あらかじめ武力行使を禁じられていたうえ、随行予定の司令長官シイモアは広東反乱対処に追われていた。途中、下田でハリスと会い協議したエルギンは、当面、日米修好通商条約並で条約を結ぶことを決断して江戸に向かい、いきなり品川沖に現れた。予期していた幕府側は、既締結条約を前提として交渉に臨んだ。使節の旅宿である芝西応寺町の西応寺において行われた交渉は、極めて順調に進んだ。

エルギンに随行していたオリファントは、「委員たちが、細目の要旨を論議するのに最大の英智を示し、提示されたあらゆる疑点の論理的説明を完全に理解するまでは決して了承しないことが、すぐにわかった」、「提督〔永井〕は一行のうちで、もっとも聡明で能動的な一員だった。彼と前長崎奉行〔水野〕とが同意すれば、他の者はほとんどその例にならった」と回想している。

日英修好通商条約調印の日本側代表
（Victoria and Albert Museum 蔵，横浜開港資料館提供）

日英協約締結交渉の経験のあった尚志が、水野とともに折衝を主導したのである。オリファントは尚志のことを提督と呼んでいるが、尚志が英艦を視察した際に、「この機会に彼は振動シリンダーの長所について論議し、機械について造詣の深いところを示した」とも記している（オリファント、岡田章雄訳『エルギン卿遣日使節録』）。

七月十八日、エルギンと水野・永井ら外国奉行五人と目付津田正路は、日本側代表として、西応寺において日英修好通商条約に調印した。この時秘書のジョスリンが写した写真が残されている。前列左から森山多吉郎（通訳）・井上清直・堀利熙・永井尚志、後列左から岩瀬忠震・水野忠徳（以上外国奉行）・津田正路（目付）である。二十二日、彼らはその労を賞されている（『綱要』巻三）。

榎本と再会、勝への便り

七月十八日には、日英条約調印に続いてエンペラー号が英女王から贈呈され、その式典には五奉行らが立ち会った。六十馬力、スクルーフ仕掛けで、のち蟠龍《ばんりょう》丸と名付けられたが、戊辰戦争の際に榎本艦隊で活躍し、尚志とも浅からぬ因縁を持つことになる。実はこの式典には海軍所出役榎本武揚《たけあき》も出席し、尚志にも会っていた。永井・岡部・岩瀬と長崎のことなどしばし話したが、彼らが多忙で、榎本は長崎行きの希望を訴える時間がなかったと、長崎の勝への書簡（二十六日付）で記している（『海舟書簡・海舟宛書簡』）。

二十七日、勝宛に玄蕃頭（尚志）は近況を書き送っている。ここ数カ月間に米蘭露英四カ国と条約を調印とは「一大奇事には之れ無き哉」。自分も思いがけず新規の外国奉行を仰せ付けられたのは有難いが、「両強国（露英）渡来、舌戦中の転役、大狼狽致し候」。江戸の情勢につき色々不安であろうが、「大体の御趣意に於ては御移動は之れ有る間敷《まじ》くと存じ候間」、憂慮しすぎないように。ただ、海軍建設については「兎角今に因循癖は止み申さず候」。しかし「一両年間稍国光を生じ候様致し度し」。長崎在留も長きに及んで御苦労であるが「国家の御為」に頑張ってほしい（『来簡と資料』）。

遣米副使の命

次に述べるフランスを含めると、尚志は四カ国との修好通商条約の締結交渉と調印に加わり、あと一つのアメリカとの条約交渉には関わらなかったのであるが、しかしこの頃、批准のための遣米使節派遣問題が持ち上がっていた。八月二十三日、条約批准のため、外国奉行水野筑後守を正使、永井玄蕃頭を副使としてアメリカに派遣するので用意せよ、との老中達が発せられたのである（「稿本」）。海外に赴くことは、かねて尚志の希望するところであった。

数日後の三十日、水野忠徳・永井尚志ら派米予定者は、渡航に際して別船を仕立てることを上申した。それなりに供や荷を積むには米船一隻だけでは無理があり、かといって現地で外国人を雇うのはまずい。こちらにも海軍三年の経験があり、費用は掛かるが別船をも仕立てるべきである（『幕外』二十二）。前半はいわば説得のための議論で、この際、日本人による太平洋横断を実現したいというのが本音であった。

かねて勝が渡米を切望していることを承知していた尚志は、勝宛書状（十一月二十一日付）で、「是非御同行之積」りであるが、乗組人員について各方面から色々要請があったりして、いま言い出すとかえって難しくなるので、水野にだけはひそかに伝えてあると記している（『来簡と資料』）。

十二月三十日には、大船製造修復で尚志らに賞賜があり、尚志は「大船其外御船製造並御修復御用相勤め候に付」金三枚・時服三を下賜された（「稿本」）。

しかし皮肉なことに現実には、尚志の渡米は取り消され、勝の渡米は実現することになる。尚志の渡米は派遣延期と罷免により潰されるが、しかし別船派遣の上申は、咸臨丸派遣として実現、周知のように後任の伝習所総監であった木村が勝と乗り組むことになるのである。

日仏修好通商条約調印

尚志は、四カ国目の修好通商条約締結交渉にも関わった。

フランスの特派全権大使グロ男爵は、天津条約締結のあと、イギリスに準じた条約を締結すべく、八月十三日ラプラス号で品川沖に到着し、翌日、五外国奉行が応接した。二十日にはグロは上陸して、芝愛宕下の真福寺に宿泊した。交渉は順調で九月三日、グロと五奉行・目付野山兼寛が、真福寺で日仏修好通商条約に調印した（『日本開国史』）。ここに、いわゆる安政の五カ国条約が揃うことになったのである。

6 左遷のうえ厳罰処分

神奈川問題と岩瀬左遷

安政五年（一八五八）八月四日尚志は、外国奉行岩瀬・井上・堀、目付津田正路らと、日米修好通商条約で取り決めた開港予定地である神奈川付近を視察した（『綱要』巻三）。そのうえで井伊大老らへの報告がなされた。

その際岩瀬は、「横浜辺を開き候義は迚《とて》も出来難し」と申し立てたのに対して、井伊は、「海道筋異人居留を候ては、通行も差支え申すべく候間、居留場は向地の方然るべし」と述べた。宿場であるが故に神奈川は、内外人衝突やキリシタン進入の可能性が大で不適切としたのは、よく知られたことである。ただ注目されるのは、岩瀬が繰り返し神奈川が条約上の約束であると主張したのに対して、井伊が「神奈川の方は遠浅にて船着宜しからず、横浜の方は船着宜敷」く、この点を指摘して相手を説得すべきだと述べていることである（「稿本」のうち「井伊家秘書集録」）。港湾としての適不適に関しては、井伊の指摘が正当であった。

岩瀬は横浜開港の先覚者と言われることがある。安政四年、長崎でオランダ、ロシアとの追加条約締結の任を終え、帰府の途上で横浜開港の建言書（十一月六日付）を老中に書き送ったからである。ただし、その内容を改めて読み返すと、各国の望む大坂開港では貿易の利益が西日本の商人や大名に吸収されてしまうので、幕府が貿易を掌握しやすい江戸近くの横浜を開くべしという意見である（『幕外』十八）。つまり、神奈川か横浜か、いずれかを選択しての議論ではなかった。この時点では岩瀬は、井伊らの了解のもとに自らが調印した条約での神奈川開港という対外的約束を守るべきだ、と繰り返し主張したのである。

この論争の一カ月後の九月五日、岩瀬は作事奉行という、対外関係とは縁のない営繕関係の閑職に左遷された。上司にあくまでも抗弁したことが、井伊の逆鱗に触れたということであろう。これはまだ序の口であったが、有司左遷の風が吹き始めたのである。

神奈川奉行兼務心得の命

十月二十三日、外国奉行水野・永井・井上・堀と岩瀬の後任となった村垣範正《のりまさ》の五人に、神奈川奉行兼務の心得で勤めるよう命が下った（『綱要』巻三）。正規の神奈川奉行が置かれるのは、開港直後の六年六月四日である。

安政六年（一八五九）一月十五日には、初期の横浜商人として著名になる中居重兵衛の使いが、永井役所で、横浜出店願書は印鑑を添えて出すべしと、仰せ渡されている（「昇平日録」佐佐木杜太郎『開国の先覚者　中居屋重兵衛』）。尚志が開港準備実務に関わっていたことがわかる。

開港場位置をめぐるハリスとの交渉

二月一日、神奈川宿本陣で、永井・井上・堀らはハリスと会見し、幕閣の指示に基づき開港場を横浜と定め、条約批准使節派遣を延期すると告げ、この二点をめぐって四日、五日、八日と再三の長い協議を続けた。出島化を図っていると見たハリスは、条約の文言通り神奈川を開港することを要求し、横浜案に強硬に反対した。幕府側は神奈川の湾一円を含むことを主張し続けた。

ハリスは、横浜村について、現に人の往来の多いところでなければ外国商人は商業の魅力を感じないこと、広さはさして問題ではなく、東海道と八キロも離れていて間に丘や川があるようでは、とても見込みがないと主張した。どうやらハリスは、大規模な貿易は想定していなかったようである。これに対して幕府側は、横浜は、地形と水深で船着きがよく、広い土地を確保できる点で神奈川よりも優れ、また川には橋を架け、一部は埋め立てるうえ舟運も利用できるとし、さらに出島とは条件が異なると主張した。

ハリスはまた、使節派遣延期についての政府間覚書作成に関し、その一節に信教の自由を書き入れることを求めた。幕府側は、居留外国人の信仰には介入しないが、日本人については国内問題だとして拒絶した。ハリスは、この信教問題と横浜案取り下げとを取引しようとしたことから、二つの件の議論が錯綜し長引くことになった。開港場位置については、結局ハリス側が開港当日まで未定にすることを提案したが、一方では英仏がこの件で強硬な動きをする可能性を示唆しており、それを期待していた節もあった（『幕外』二十二）。

尚志らの上申と応接者交代

その結果、議論の場では外国奉行達はあくまで横浜を主張したものの、永井・井上は政策変更伺いを上申したのである。井伊側近長野主膳に宛てた彦根藩側用人兼公用人宇津木六之丞書状（二月二十六日付）によれば、永井・井上は、各国が申し合わせて神奈川開港を強硬に迫り、それによって態度を変更するようになっては不体裁であり、その前にここで神奈川を容認しては、との伺いを幕閣に上申した。

これに対して二月十日の評議では多くが賛成し、老中太田資始らも同意した。しかし井伊大老だけは反対し、水野・村垣・堀の三外国奉行が応接方に指名され、永井・井上には帰府命令が出された。井伊は水野らに、「軍艦差向け剛訴致すべき訳も之れ無く」、「兎角彼がいうなり次第に致し置き候様、京都の思召しも之れ有り」、外に対して弱腰だとの朝廷の非難を避けるためにも、既定方針通り横浜案で交渉するよう指示した（「稿本」のうち「公用方秘録」、『横浜市史』二）。

ただし、代わりの応接担当三奉行は、十日太田宛に、神奈川に赴く途中、東海道付替えの場所の見分をすると伝えており、なお神奈川開港の可能性を考慮に入れていたことが分かる。十二日と十四日の交渉の時間の大半は信教問題に費やされたが、この問題は覚書から削除することで合意が成立した。開港場の位置は、やはり開港の期日までは未定とする了解が成立した（『幕外』二十二）。

以後、ハリスが承知しないまま横浜での開港場建設が急ピッチで進められることになる。

軍艦奉行への左遷

安政六年（一八五九）二月二十四日、軍艦奉行が新たに設けられ、初代奉行に尚志が任じられた（『綱要』巻三）。幕府艦船運用を統括する職で、その意味では海軍が恒常的組織として公認されたと言える。ただし尚志に関して言えば、海軍統括はかつて任務の一部として務めていた事柄であり、役高二千石、外国奉行次席という位置は、明らかに格下げで左遷であった。

要するに、対外交渉を担う外国奉行から外されたということであった。開港場をめぐって井伊の指示に抵抗した岩瀬と同じく、井伊の指示に従いつつも、異論を差し挟んだ者は排除されたと言うべきであろう。事実、同じ日、やはり開港場の件で尚志とともに上申した井上清直も、外国奉行と下田奉行双方を免じられ、小普請奉行に左遷されたのである（『幕外』二十二）。さらに五月十二日、尚志は遣米使節から外され、外国奉行加藤正三郎に代えられた（『幕外』二十三）。

ところで勝海舟（麟太郎）は長く長崎伝習所に勤務していたが、六年一月初め、近い渡米を期待しつつ伝習生らを乗せた朝陽丸（オランダ建造のエド号）の艦長として長崎を発ち、中旬に江戸に到着した。それと入れ違いに、長崎奉行と伝習所総監木村喜毅《よしたけ》（芥舟）らに宛てて幕閣からは十三日、遠隔の地で不都合もあるという理由で伝習所廃止の指示が出されていた（『幕外』二十二）。

帰府した勝は、一月二十八日軍艦操練所教授方頭取を務める事になった。尚志の軍艦奉行就任に伴って、その部下という地位になったのであるが、その尚志から四月二十一日勝に宛てた書状がある。「一昨日は運転御苦労様存じ奉り候、天気合、猿嶋迄へも罷越さず、遺憾に候」（『来簡と資料』）。勝の指揮する艦で江戸湾内を航行したのである。

「邪智奸佞の者」

もともと一橋派は、井伊からは宿敵と見られていたのであるが、井伊家の探索方は、各人の動静を探査して報告を繰り返していた。外国奉行職が設けられた五年七月には、江戸風聞として、岩瀬・永井につき「右両人は邪智奸佞《かんねい》の者一印の徒に之れ有り、御要心の事」、「堀田同類異国風をこのみ、彼れに諂《へつら》い候由の事」（『井伊家史料　幕末風聞探索書』上）、最も邪《よこしま》な者で異国にへつらっていると報じていた。

今回の人事はその処分の手始めと言ってもよいであろう。宇津木六之丞は、長野主膳に宛てた六年二月二十六日付書状で、永井・井上両名の二日前の転役を伝え、「是にて弊風一洗いたし応接方正路に相成り、追々御国威も相立ち候様相成ると有難く存じ奉り候」、これで対外折衝が正道に立ち戻るであろうと記している（「稿本」）。

さらに本格的な一橋派一掃の動きは、尚志近辺に及びつつあった。すでに五年七月の春嶽らの処分の頃から、幕臣内の多数派ともいうべき保守派からは、井伊側に対して、岩瀬や永井が夷狄にへつらい一橋擁立で動いていたという情報が盛んに伝えられていた。

例えば、五年七月十日、講武所頭取窪田助太郎が宇津木に宛てたと見られる密告書がある。二日前に外国奉行に任じられた五人のうち水野を除く四人は、「世に内の墨夷《ぼくい》と相唱え候者にて、夷狄に荷《か》担《たん》仕り候奸謀人にて御座候……何れも一方ならざる奸悪の者共にて」と密告している。尚志らはアメリカの手先だと言うのである。そして密告の見返りに、自身の処遇改善を要望していた（『井伊家史料

（大日本維新史料）』七）。こういう輩こそ、「奸佞の者」と言うべきではなかろうか。

そして次に述べる処分の内々の材料になったと思われるのが、六年八月付の徒《かち》目付二人の岩瀬探索報告である。岩瀬の身辺につき、非難の意味を込めて、各種風聞を詳細に伝えている。例えば七月一日、大番頭に左遷されていた土岐丹波守頼旨の大坂出張に際して、尚志とともに招かれて土岐邸で酒宴を催した。三人で密談を交わしたあげく、酔った岩瀬が、作事奉行よりも外国担当の方が金になると放言した。また二年前冬頃、土岐・鵜殿・永井・岩瀬は慶喜を継嗣にということで合意して、働きかけを行ってきた等々である（『井伊家史料　幕末風聞探索書』中）。

なお岩瀬については妾など私的なことが報じられているが、尚志に関してはその身辺に触れたものは見当たらない。探っても何も出てこなかったのであろう。

罷免・俸禄没収・差控え

安政六年八月二十七日、一橋派への本格的処分が断行された。水戸藩関係では、斉昭は国元永蟄居、慶篤は差控え、慶喜は隠居・慎み、また、有司では、永井・岩瀬らに厳罰が下された。川路にも免職・隠居・差控えが申し渡された（『綱要』巻三）。蟄居とは一室で謹慎することである。また差控えとは、逼塞・慎みとほぼ同じで、昼間出歩くことはできず、夜間に限り目立たないように出入りすることは許すという処分である。さらに十月には、よく知られているように、陪臣である橋本左内や吉田松陰らが死罪に処された。

井伊の覚書は、川路・岩瀬・土岐・鵜殿・永井について、「御養君御一義に付、以ての外成る事共之れ有り」、すでに将軍家定の「御不興を蒙り居り」、今回「思召し」により「御役御免、隠居仰せ出し之れ有り」と記している（『井伊家史料（大日本維新史料）』二十）。

尚志には、若年寄稲垣長門守（太知）から、「御役御免、部屋住・御切米召上げられ、差控仰せ付けらる」との申し渡しがあった（「稿本」）。免職のうえ、役高はもちろんのこととして、当人固有の切米三百俵の俸禄をも召し上げる。さらに西丸留守居として現役である養父尚徳の家督相続人である「部屋住」身分をも剥奪したうえで、差控えよという、まことに厳しく残酷な処罰であった。

幕臣としての収入はなくなり、養父との関係は、四十四歳にして単なる「厄介」者となった。岩瀬も全く同様で、養父の先手《さきて》組弓頭忠正の「厄介」とされた。

永井と岩瀬が、対外折衝において大きな功績のあったことは、井伊も認めざるをえなかったはずであるが、対外折衝が一段落すると、もはや利用し終わったと言わんばかりに、具体的理由も示さずに厳罰を下したのである。この一件は、継嗣問題関係者の処分のなかでも、自身の大老就任に際しての両人の「抗言」に対して報復したという印象が拭えない。なお、もう一人の「抗言」者鵜殿長鋭も、九月十日、駿府町奉行罷免・隠居・差控え処分を受けた（『綱要』巻三）。

そもそも井伊は、幕府本来の秩序を復旧しようとしただけではなかった。その通商容認論は全く受け身の状況論であって、この点でも本質は保守派で、西洋技術の導入にも、医術を例外として否定的であった。長崎伝習所を廃止し、講武所の銃隊訓練の洋式銃採用をやめて弓に戻すなどの政策を実施し、蕃書調所をも廃止しようとしたのであった（『幕末外交談』）。

以来三年、尚志は無禄の閉居という暮らしを強いられるのである。

木村芥舟（喜毅）（1868年頃）
（木村家蔵，横浜開港資料館保管）

咸臨丸出発

一方、尚志罷免後の軍艦操練所について、教授方であった沢太郎左衛門は次のように語っている。尚志が軍艦奉行となり、格がはっきりして面目が改まった。しかし御役御免になって「海軍教授方一同其外役々生徒の者までが非常に落胆」した。後任の水野忠徳は海軍の知識がないので「失望」していたが、木村芥舟になって「甚だ満足」した（『史談会速記録』第六十三輯）。なお操練所は、六年一月講武所移転で敷地一円支配となり、規模は大きくなった。

沢の回想にあるように、尚志罷免のあとは、水野忠徳が勘定奉行との兼務で軍艦奉行後任になったが、九月十日に木村芥舟が目付から転じて軍艦奉行並に任じられた。なお水野は間もなく十月二十八日西丸留守居を命じられ、十一月二十八日木村が軍艦奉行となり摂津守を名乗り、翌万延元年（一八六〇）一月咸臨丸提督としてアメリカに向けて出発することになる。

介堂（尚志）と鷗処（忠震）

木村は、岩瀬・永井の後輩で親しい間柄であったが、政治的動きを控え実務に徹する態度を取っていた。天山（岩瀬）は九月二十一日、楷堂（木村）に宛て、文通も憚られるなかひそかに届けられた書状に、返事を記している。「最早今世に用なきものと相成」ったので、「追ては濹上の村荘に潜居」のつもり。「俄に無禄」となったが「安分知足の四字を以て護身符」にして「一室蟄居」している。そして、「永は如何到し居り候哉。元より安否も承り兼ね居り候事に御坐候」と尚志の身を案じている（「木村喜毅（芥舟）宛岩瀬忠震書簡」）。

「墨上の村荘」とは、隅田川東側向島の寺島《てらじま》村に、汐入池のある約五百坪の地に建てられていた岐《き》雲園《うんえん》と称する別荘風建物である。川崎紫山『幕末三傑』は、その第三編「岩瀬鷗処《おうしょ》」の最後に、「介堂（尚志）と鷗処（忠震）」という一節を置いている。「介堂と鷗処とは各特殊の胸襟あり。一方は、質実、一方は、練達、一方は俊敏、一方は、聡明。しかも其開国論に於て、世子論に於て、将《は》た又海軍創設、陸軍編成、其他、改革主義を実行するに於て、其主義本領、未だ嘗《かつ》て一ならずんばあらず」と評している。

岩瀬は、漢詩・書画に秀で、川路に東洋の蘇東坡《そとうば》（宋の四大書家の一人）と言わしめたという。明の文人魯岐雲《ろきうん》の画をわずか二両二朱で手に入れていたが、姫路藩の重臣に是非にと言われ、それを譲る条件として外祖林家の別宅を手に入れ、岐雲園と名付けていた。

なお、さきに触れた六年八月の徒目付探索書は、岩瀬は長崎勤務中に手に入れた異国の物品を売って多額の金を入手しており、「拘《かかえ》屋敷の儀は向島白髭より三町余隔て、浅野備前守（長祚《ながよし》）拘隣家八百五十坪余之れ有り、野間寿昌院より金三百五拾両にて譲り受け、追々手入致し、未だ皆出来には相成らず候え共、相応の屋敷に之れ有り候由」と記している。

のちに（第十章）触れるが、寺島村の浅野長祚所有地の半分に当たり、浅野とは親しい間柄であった。浅野は、浦賀奉行を務め早くから通商論を唱え、堀田上京の際には京都町奉行として川路・岩瀬らと連携して尽力した。安政五年六月小普請奉行に左遷ののち、六年八月免職になった。岩瀬とは書画の友でもあった。

一方尚志は、この時期には隅田川を隔てた浜町に戻っていたが、相互に比較的近くに居たとはいえ、閉居の身では往き来する訳にはいかなかったのである。

第五章　雌伏三年、政争の京都へ

1　閉居の時

閉居数カ月が過ぎた万延元年（一八六〇）一月十三日、介堂（尚志）からひそかに「平謙」（平山謙次郎、敬忠《よしただ》）に宛てた書状がある。平山敬忠は、岩瀬忠震《ただなり》らと対外折衝に当たったこともある有司であるが、やはり大獄で書物奉行を免職・差控え処分を受けた。しかし前年末に許されて、甲府勝手方小普請として甲州へ派遣されることになったと聞き、書き送ったものである。

「当世の廃人」

家丁だけは公然と外出できるので届けさせる。甲府は自分も勤務したことがあるが、「峡中の寒気は別段」なので自重されよ。「失禄の隠士、固より余力も之れ無く」餞別も思うに任せない。実は、岩瀬蟾洲《せんしゅう》（忠震）も自分も、改名するよう内命が間接的に伝えられたので、自分は介堂、岩瀬は鷗《おう》処《しょ》と改めることにした。
岩瀬が名乗っていた蟾洲とは、住んでいた築地に因み月になぞらえたもの、鷗処は隠棲地近い隅田川に因んだものである。この内命について尚志は、近く「再勤」させるための計らいかと希望的に受け止めたようで、また、三、四月になれば岩瀬にも会えるかと記しているが、実際にはそうはならなかった。なお介堂は、以前から勝宛の書状などで用いており、復帰後に公的に用いたのは実父の名の主水正《もんどのしょう》であった。

「当世の廃人」にとって「風月の良友」はあるとはいえ、実際の「心事山の如く海の如く、楮毫《ちょごう》〔紙筆〕に尽し難し」。実は話したいことがいっぱいあって、筆先には尽くしえないほどである。

「黒暗世界」

さらに追伸では次のように記している。「三五年来夙夜拮据《しゅくやきっきょ》、御同様微力を尽し候事も、皆他人の嫁衣裳と相成る耳《のみ》ならず、他人心無く其錦衣繡裳《しゅうしょう》を追々破裂致し候様子」、数年来、日夜努力してきた成果（条約）が、他人の出世の種にされてしまい、さらにこの頃は攘夷論が強まって、その輝かしい成果を破棄しようとする動きが出てきている。このような「黒暗世界」に付き合わずに風月を友としたい。「只憂うる所は、天下爾後《じご》如何なるべき哉《や》」、ただ、これから天下がどうなるのかが心配である。（「永井介堂書翰」『江戸』第四巻第二号）。

ここには、当時の心境が正直に表明されていると言えよう。そのほぼ十日後の一月二十二日には、もともと自分が加わるはずであった遺米使節団が、米艦と咸臨丸とに乗船して浦賀を出帆している。

桜田門外の変と尚志

この万延元年三月三日雪の朝、桜田門外の変が起こった。安政の大獄で猛威を振るい専制権力を打ち立てたかに見えた井伊直弼《なおすけ》が、水戸浪士等によって斬殺されたのである。

この変に対する尚志の反応を伝えるものとして、奥谷文吉の回想がある。文吉（のち伴三）は、永井本家加納藩士であったが、文吉が書き残した「永井玄蕃頭《げんばのかみ》尚志随伴記」の要約が『加納町史』上に収録されている（以下「随伴記」）。

文吉によれば、尚志は閉居を命じられたことから、二十人の家臣全員に暇を出したという。それでは不自由だろうと、当時、外桜田御門番を務めていた本家の永井尚典《なおのり》は、文吉と杉浦新蔵・小林蕃吾の家臣三人を貸し人として、尚志に一時期仕えさせたという。

この事変の際には、文吉は、すでに本家江戸藩邸に戻っていたが、尚志の屋敷に駆け付けた。取次ぎの幸一右衛門と玄関で話していると、尚志が、「文吉の声がしたで来た」と出てきた。事変のことを伝えると、尚志は「この隠居、玉でも鋳ておくか」と言ったので、「万一それが御入用の時は、いずくまでも御供いたしましょう」と答えたという。のち、それは現実となる。

事変後の閏三月には、まだ甲府に出発していなかった平山宛に、尚志と忠震がそれぞれ漢詩、書状を送っている。

平山への詩と文

介堂（尚志）は平山に、岩瀬に贈ったものを含め、主に花を主題にした漢詩二十余点を贈っている（「介堂詩草」『江戸』第一巻第二〜三号）。時勢への思いを押し殺して、ここでは風流に徹しているかのようである。花を詠んだものは特に寓意があるとは言えず、例えば次の一首が、蘭の香りを美人の去ったあとの残り香に喩えているように、まさに花鳥風月を詠んだものである。

蘭

美人去不帰　遺佩向誰致
時一舒芳到　林中些白媚

美人去りて帰らず　遺佩誰に向ってか致さん
時に一舒芳到り　林中些か白媚

（読み下しは『幕末五人の外国奉行』）

一方、十六日付で岩瀬は、次のような書状を送っている。こちらは率直に復帰への思いを伝えたものである。冤罪が雪《すす》がれるか雪がれないかは分からない、しかし「其冤氷釋の時至らば、各旋乾転坤の力を天地の為に用ゆるに至るべし……勉めて雪の字を期すべき也」（「岩瀬鷗所書翰」『江戸』第三巻第三号）。

もし冤罪が雪がれる時がきたら、天下のために尽くしたいという志は、尚志も全く同じであったろう。またここには、先の文吉の回想同様、事変がきっかけで復帰の日が来ることを期待した様子もうかがえる。しかし現実には、それには時間がかかり、結局その時を待たず、岩瀬は死を迎えることになる。

なお尚志復帰後のことであるが、文久三年（一八六三）一月二十三日、京都町奉行として在職中、上京した前宇和島藩主伊達宗城《むねなり》の書状に対する返事のなかで、「西洋海陸戦図其外、洋画」を持っているなら見たいとの仰せであるが、「厳譴を蒙り候節、残らず売却、活計の一助に致し、当時は更に御坐無く候」、生活のためにすべて売り払ってしまったと、閉居時代の経済的苦境の一端を述べている（「伊達宗城とその周辺（続）」）。

岩瀬との詩の交流

桜田門外の変が起こった後は、いまだ許しは出なかったものの、これまでよりは交流の自由度は高まったようである。万延元年閏三月四日には岩瀬が隠棲する岐雲園《きうんえん》で描いた画と書を尚志に贈っており、これをきっかけに双方の漢詩の交換が繰り返されるようになった。両人を「莫逆《ばくぎゃく》の友」（親友）と評する『幕末三傑』は、いくつかの漢詩を紹介しているが、以下には八月に交換された介堂と鷗処の漢詩を紹介しよう。尚志の漢詩。

階前有芙蓉　婥妁秋未老
折之欲贈君　恐芳萎紅燥
居近不得晤　鬱陶心如擣
山鳥猶求友　何況断金好
乖離已周歳　孰不傷懐抱
人生天地間　汎若水上藻
離合無定期　棄置莫復道

階前に芙蓉有り　婥妁《しゃくしゃく》秋未だ老いず
之を折り君に贈らんと欲す　恐る芳萎《な》えて紅燥《かん》なるを
居《きょ》近きも晤《ご》するを得ず　鬱陶《うっとう》しく心は擣《とう》の如し
山鳥は猶《なお》友を求め　何ぞ況《いわ》んや断金の好みをや
乖離して已に周歳　孰《いずれ》か懐抱傷《いた》まざるや
人は天地の間に生ず　汎《うか》ぶこと水上の藻の若《ごと》し
離合定まる期無く　棄置けば復《ま》た道莫《な》し

〔擣《とう》＝叩く〕

庭前に芙蓉が咲いており、まだ瑞々しいので折って贈ろうと思うが、萎れ枯れそうでできない。近くに住んでいるのに会うことができず、鬱々とした心は叩かれるようだ。別れてから一年が経つ。人は天地の間に生まれ、水上の藻のように漂っているようで、離合は定まるところがない。これに対する忠震の返詩。

閏年候易催　八月秋已老
砌蛩声漸稀　井梧緑将燥
感此時物更　思君憂心擣
偶得鴻爪書　偏喜平安好
友誼溢楮毫　一読攄秋抱
不恨相見疎　心緒寓詩藻
休為維摩嘆　親交別有道

〔蛩＝こおろぎ。梧＝梧桐。鴻爪＝経路不明〕

閏年候催し易し　八月秋已に老いたり
砌蛩《せいきょう》声漸く稀なり　井梧《せいご》の緑将に燥《かわ》かんとす
此の時物の更るを感じ　君を思えば憂心擣《とう》なり
偶々鴻爪《こうそう》の書を得　偏えに喜ぶ平安の好を
友誼楮毫に溢れ　一読して秋抱を攄《の》べる
恨まず相見えて疎なるを　心緒詩藻に寓す
為すを休めよ維摩の嘆きを　親交別に道有り

（以上、読み下しは坂口筑母『稿本　向山黄村《むこうやまこうそん》伝』）

閏年は季節の変化を感じ易く、君の身を案じていたら、書が届いた。君の無事が分かり、溢れる友情を感じて憂いも拭われた。会えないとはいえ嘆くまい、別の交流の道もあるのだ。なお万延元年には閏三月があった。

岩瀬忠震の死

漢詩の交換は続いたが、閉居解禁の知らせがないまま翌文久元年（一八六一）になると、岩瀬の健康は悪化した。アメリカから帰国後も軍艦奉行を続けていた木村芥《かい》舟《しゅう》は、五月十七日に「午下り石川島造船敞を見廻る、帰路蟾洲を訪う、水腫盛張し危殆というべし」と記している（『木村摂津守喜毅日記』、以下『木村日記』）。胸郭水腫で危険な状態に陥っていたようである。六月に嗣子忠斌がわずか十六歳で病死したこともショックであったろう、その後を追うかのように、七月十一日死亡した。まだ四十四歳という壮年であった。

尚志との関係では、四月二十九日病中の鷗処から届けられた次の漢詩が絶筆になった。

呈永君　　病鷗
骨肉摧頽神未衰
養真有法我曽知
英雄存没天心在
不恃草根兼木皮

永君に呈す　　病鷗
骨肉摧頽するも神未だ衰えず
真を養うに法有り我曽て知る
英雄の存没は天心に在り
恃まず草根木皮を兼るを

（読み下しは『幕末三傑』）

肉体は衰えても精神はまだ衰えない、しかし英雄を生かすも殺すも天の心次第である。
徽典館《きてんかん》で教わったことが機縁になって岩瀬の用人になり、尚志への使者を務めてきた太田耕輔（のち白野夏雲）に乞われて、尚志は九月、この詩を複写して与えた際（『永井家所蔵岩瀬忠震遺墨集』）、「正是一躰分身之人」岩瀬とは一人が分身したような関係だったと惜しみ、漢詩を詠んだ。

膠漆交成無盛衰　　膠漆の交り成り盛衰無し
肺肝廿歳旧相知　　肺肝廿歳旧相知る
青山長臥終天恨　　青山長《とこし》えに臥す終天の恨み
腸断燈前竹皮題　　腸断燈前竹皮に題す

〔肺肝＝心の底。青山＝骨を埋める所〕　　（読み下しは『岩瀬忠震』）

二十年来の心からの友であったが、すでに君は亡くなってしまった。君を悼む思いは、もはや、ただ書き記すしかない、ということであろう。

2 一橋派復活、尚志復帰

動く情勢、一橋派復活

天皇の権威を利用しようとする動きが、条約勅許問題の頃から強まったことに対応して、朝廷が政治的存在として浮かび上がることになった。それに伴って、幕府・雄藩・志士など様々な勢力が、様々な立場から一層活発に働きかけるようになった結果、京都の政治的位置が高まってきた。

他方、専制権力を打ち立てたかに思われた井伊政権があえなく崩壊したことで、幕府の権威は大きく損なわれた。そこで、老中安藤信正（平藩主）を中心とする幕閣は、尊王攘夷論の高まりに対して公武合体で対処しようとした。朝廷を奉る態度を強めることで、傾きかけた幕府の権威を回復しようとしたのである。その手段として幕閣は、孝明天皇の妹和宮《かずのみや》を将軍家茂《いえもち》の室に迎えることを計った。孝明天皇は、近い将来の攘夷実行を条件にそれを認め、和宮は文久元年（一八六一）十月江戸に向かい、翌年二月婚儀が執り行われた。

しかしこれを欺瞞的とする強硬派志士に、安藤は文久二年（一八六二）一月坂下門外で襲撃されて負傷し、その後失脚した。久世広周《ひろちか》らの幕閣は、朝廷へのさらなる接近を模索して動揺した。

閑居の尚志の身辺にも、情勢変化を反映した動きが生まれていた。木村芥舟は、この年三月七日の日記に、「例刻平服　乗切、退出より介堂を訪う」と、乗艦勤務のあとで尚志を訪ねたと記している。

何らかの情報を伝えたのではないかと思われるが、不明である。

この頃には行動の自由度も増していたようであり、五月には亡友岩瀬の岐雲園を訪ねている。大槻玄沢の子磐渓《ばんけい》（一八〇一～七八）は、仙台藩儒者で江戸藩邸で侍講を務め、親露開国論者であったが、岩瀬と親しく、その死の翌年の五月十一日岐雲園を訪ねた。そこで、たまたま旧知の尚志と出会い、ともに語り酒を酌み交わしたという（工藤宜『江戸文人のスクラップブック』）。磐渓はこの年仙台に移って藩校養賢堂学頭になっている。

四月二十五日には、松平春嶽《しゅんがく》・一橋慶喜《よしのぶ》らに対して、他者との面会・文書交換が解禁された。そして五月十三日からは、春嶽が幕閣の評議に参加することが求められた。この頃京都の朝廷では、兵を率いて入京した薩摩藩主島津忠義の父久光（故斉彬《なりあきら》の異母弟）の建言を容れて、久光随行のもとで幕政改革を求める勅使を江戸に送ることに決していた。

六月二日には、安藤後の幕閣の中心であった久世が老中を辞任した。六月十日勅使大原（左衛門督）重徳《しげとみ》が登城、その結果、七月六日には慶喜が将軍後見職、九日には春嶽が政治総裁職に就任した。家定継嗣問題時点での一橋派の構想が、ようやく実現したとも言えよう。しかし当時と比較して、幕府が認めた貿易開始に伴う物価高への庶民の不満を背景に、尊王攘夷の叫びは、朝廷を拠り所にして急速に高揚に向かっていた。新体制は、それへの対処に追われることになっていくのである。

尚志公職復帰、介堂から主水正に

閉居が三年近くになった文久二年七月、ついに公職への復帰が実現した。時期から見ても、春嶽の要職就任と関係があったと考えられる。

木村芥舟は、七月四日、軍艦操練所頭取に向井将監《しょうげん》と勝麟太郎（海舟）が任じられるとともに、「永井介堂義、操練所御用仰せ付けられ候」と日記に記している。なお向井は、船手組廃止までは世襲で頭の筆頭を務めていた人物である。尚志自身は「謹《つつしみ》御免、御軍艦役頭取仰せ付けらる」（「手記」二）と記しているが、公職に復帰させるのに、取り敢えずもとの職場付にしたということであろう。事実、直ぐ一カ月後には別の職に任じられている。

公的にはこの時、永井介堂として復帰したのであるが、それは一時的なことであった。七月二十九日には、「永井介堂改名伺相済み、玄蕃頭は見合せ候様、明日相伺い候積り申達す」、八月一日「永井介堂伺の通り主水正と改名いたし候、両月御番へ御礼に相廻るよし」と、木村は記している。

この時を以て旧名玄蕃頭、現名介堂に代えて、実父の名であった主水正を公的に名乗ることが認められたのである。ただしその後も、介堂は漢詩などでは雅号として用いており、また公的にも少しあとからは玄蕃頭と名乗っている場合がある。

復帰間もなくであろうか、日付不明の七月付で勝宛に次のような書状を出している。当時麻疹で療養中であった勝に見舞いの言葉を記したあと、

昨日操練局へ参り、略《ほぼ》様子一見致し候処、先ず格別かわり候儀も之れ無き様に候え共、追々承り候わば、埒《らち》もなき事だらけ成るべしと存じ候。一昨日、昨日も続いて他行且つ来客応接も之れ有り、山中の人一時に急忙、是は実に閉口委頓致し候。

（『来簡と資料』）

にわかに多忙になり来客も増えたことをぼやいてはいるが、現場に復帰した喜びがにじみ出ている文面である。

身分復活と継嗣

次に述べる京都町奉行任命に際して、剝奪されていた身分も復活が認められた。八月八日付で、切米三百俵、「追て家督下さるべく、嫡孫承祖謙之介〔謹之助〕儀は主水正総領に相立て候用致さるべく候」(「稿本」)と達せられた。自身の俸禄と、養父尚徳《なおのり》の継嗣「部屋住」であることが、改めて認められ、長男謹之助が尚志継嗣として公認された。

尚志は、永井尚徳の娘婿として養子になったのであるが、第一章で述べたように、妻病死のため筧助兵衛娘と再婚し、弘化二年(一八四五)には尚信(謹之助)が生まれていた。尚信は、安政四年十二月二十一日には登城して将軍に初謁見を済ませており、父閉居のもとでも勉学に励み、文久二年春丙科に合格していた(『伝記』)。

この間の事情について、国立公文書館蔵「多聞櫓文書」に次のようなメモ書きが残されている。

右鎌之助〔謹之助〕儀、私実子惣領に御座候処、私事安政六未年八月廿七日思召之れ有り御役御免、家督は下され間敷《まじ》き旨仰せ渡さるるに付、鎌之助儀私養父永井能登守嫡孫取組に仕り度き旨相願い候処、同年十月廿九日願いの通り仰せ渡され候。其後私儀京都町奉行仰せ付けに付、追々家督下さるべく、鎌之助儀は私惣領に相立て候様仕るべき旨、文久二戌年八月七日遠山美濃守殿御書付を以て仰せ渡され候に付、鎌之助儀惣領に仕り候。

(「(永井主水正)実子惣領鎌之助之儀ニ付申上候」)

処分された際に尚志の「部屋住」身分が否定されたため、永井尚徳に即して言えば後継者が居なくなった。そこで、尚志長男謹之助（鎌之助）を「嫡孫」として家督相続人とすることを願い出て認められた。しかし今回、尚志復帰が認められて家督相続人たることを再認されたので、謹之助を尚志の跡取りとして認めてもらったと言うのである。

幕政改革の動き

慶喜・春嶽が要職に就いたことから、幕政改革の動きが進むことになる。主導したのは熊本藩士横井小楠を政治顧問としていた春嶽であった。改革の柱になったのは、参勤交代制の緩和であり、参勤を隔年から三年に一度それも短期とし、大名妻子の国元居住を許すことにし、各藩財政に余裕をつくり対外軍備の増強を促進しようとしたのであった。また衣服を簡素化し、殿中儀礼・献上物廃止によって、虚礼を取り止めて簡素質実を図った。さらに、海軍の制度の整備、歩兵・騎兵・砲兵の三兵と陸軍奉行の新設など、軍制改革が実行された。ただし、海軍整備に尚志が直接に関わることはもはやなかった。

尚志の復帰は、政治情勢の変化によるものであるが、具体的には、かつて慶喜擁立で緊密に提携していた春嶽の意向を踏まえたものと考えられる。次のような事実がそれを裏付けている。

島津久光が上京し、さらに江戸に下ってきて国事に関与したのには前提があった。それは、その子である藩主忠義が在国だということである。実はこの年は、忠義は参勤交代で上府する予定であった。もしそうなると、「国父」久光は動けない。藩主に代わって在国すべき立場だからである。前年末に、江戸の藩邸が焼失する事件があり、これを理由に忠義の上府延期が認められ、見舞金まで与えられた。

そこで、久光が対外的に活動することが可能になったのである。

しかし、実はこの火事は、江戸藩邸に在った堀小太郎（次郎、壮之丞、伊地知貞馨）が、大久保利通（一蔵）ら藩内有志の指示のもとに実行した放火による仕業であった。尚志はこの情報を入手し、七月二十八日春嶽に伝えたのである。情報源は当時薩摩と張り合っていた長州らしい（『再夢紀事・丁卯日記』、以下『再夢紀事』）。春嶽と尚志との緊密な関係が復活したことがうかがえよう。八月一日尚志が御用部屋で閣老に直接説明、その結果、三日老中脇坂安宅《やすおり》（竜野藩主）が薩摩藩留守居西筑右衛門に善処を申し入れた。この一件が尚志の薩摩への反発の原体験になったのかもしれない。以後にも久光との交流は生じなかったのである。

3 京都町奉行に

京都町奉行に任命

尊王攘夷の渦巻く京都に対して、いかに対処するかは、新体制にとって最も重要な問題であった。従来の所司代・京都町奉行だけでは、混乱する治安状況に十分対応できないのが実情であり、中規模譜代大名の所司代の上に、強力な武力を擁する大名を念頭に京都守護職を新設するとされたが、所司代・町奉行の人選も重要であった。

八月五日、尚志は総裁春嶽に「御用」ありと呼び出され、七日「五半時（九時）御用召、京尹仰せ付けられ候」と『木村日記』は記している。尚志は、復帰早々に、京都町奉行という火中の栗を拾う役目を課されたのである。これ以後尚志は、最幕末にかけて、従来の対外関係ではなく、権威を失墜しつつある幕府にとって重要な内政問題を、最前線において担う役割を背負わされることになって行く。

春嶽は八月十一日、尚志に、「今般の御歓び且つ上京の用途旁《かたがた》一千金御贈」（『再夢紀事』）、復職祝いと上京費用として、側近中根雪江を使いとして、なんと大枚一千両を贈っている。期待の大きさが知られる。十三日には春嶽から呼び出されて、横井小楠に引き合わされ、久光の動向について意見交換している。

十六日には、浜御殿での勅使大原の饗応に、春嶽や閣老らに付き従って加わっている。当時、無位無官であった久光の叙位問題が持ち上がっていた。叙位はもちろん朝廷から発せられるのであるが、幕府からの内奏が前提となる。二十日には尚志が幕府側の意向を大原に、従四位くらいの可能性はあると伝えている。久光一行が江戸を出立した二十一日、薩摩藩士がイギリス人を殺傷する生麦《なまむぎ》事件が発生した。これを幕閣に急報したのは尚志であったというが、幕閣は対応を決することができず、イギリスに抗議されるまで無為に過ごした。

慶喜・春嶽は毎日のように登城したが、幕閣や有司の多くは当たり障りなく距離を置く態度であった。「皮相は幕府官吏は有難く感服すといえども、内実は京都の方取持するの、水戸老公の生れ替り抔《など》と窃に狐疑するもの多し」（「逸事史補」『松平春嶽全集』第一巻）。

松平容保
(国立国会図書館蔵)

「一橋・越間……周旋取持」

京都情勢の緊迫に対処すべく、京都守護職を新設することになったが、白羽の矢を立てられたのが会津藩主松平容保《かたもり》であった。しかし、当時の厳しい財政事情もあって藩幹部には返上論が強く、容保は固辞していた。八月十一日春嶽は登城して、慶喜・閣老・大小目付と協議の末、老中板倉勝静《かつきよ》(備中松山藩主)の意見で、尚志から会津藩重役に示談させるという方針に決した。

春嶽の呼び出しで、海手茶屋において、尚志と会津藩家老横山主税《ちから》・用人堀七太夫とで、容保提出の諸条件を詰めたが、内容不明ながらそのうち三件は未決に終わったという(『再夢紀事』)。翌「十二日越邸〔福井藩邸〕へ永井主水正罷り出、会津家老横山主税召出し、天下の形勢余儀無き情実等主水正に〔より〕相諭し、主税承諾候よし」(「稿本」のうち「新家雑記」)。結局、容保は閏八月一日に京都守護職を受諾した。

当時の消息通が記した上記の「新家雑記」は、尚志の人物評を次のように記している。「越春嶽殿御信用、会津にても同様の当今の人物の由、京師御模様一体御手薄故……外藩所司代且つ町奉行も一と通りの人物にては取締行届かずとの事にて、会津・永井主水奉行と申す事に相成り候」。

春嶽にも容保にも尚志は厚く信頼されていると言う。さらに、「永井統治に罷り在らず候ては、一橋・越御間離間の説抔入り候程も計り難く、右間の周旋取持は主水正に限るべしとの事」。慶喜と春嶽とがもし対立した場合、尚志がその調整役になると言うのである。京都でも江戸でも不可欠の人材だと見られていたのである。

養父の死、京都へ出立

しかし京都への出発は次のような事情もあって遅れた。閏八月十日「平塚清影日記」は「永井主水江戸出立、親父能州候卒中風につき相延び候由也」、養父の病のため延期になったと伝えている（「稿本」）。養父尚徳は西丸《にしのまる》留守居であったが、尚志復帰と同時に、七月四日現役を退いた。「御役御免、勤仕並寄合、時服五下さる」（『柳営補任』）。

養父の死亡は閏八月一日であり、葬儀等で出発が延期されたのであろう。日暮里の本行寺《ほんぎょうじ》には、尚志墓の左側に尚徳墓があり、「文久二年壬戌秋　正節院殿従五位下義翁日仁大居士　閏八月辛巳朔逝」と刻まれている。なお「尚徳室　天保十一年七月十一日卒」とあり、尚志が養子になった年である。尚志が尚徳の死により正式に家督を認められたのは、京都在任中の十一月七日であった（『柳営補任』）。

奥殿墓参

尚志が実際に上京の途についたのは閏八月下旬だったようである。その途中、生まれ故郷である三河国奥殿松平藩の奥殿陣屋に立ち寄った。善光寺街道の大沢山の大沢乗越（峠）を通って藩領に入り、間もなく街道から分かれて奥殿陣屋に向かった。陣屋に近い林宮寺にある実父松平乗尹《のりただ》の墓に詣でるためであった。そこで尚志は、「西上途次到生邑拝父公墓」と題して漢詩を詠んだ。

多年省墓在中心　衣錦即今到故林

清水一盃香一炷　汍瀾涕涙滴征襟

〔炷＝焚く。汍瀾＝涙顔。征＝旅〕

多年省墓中心に在り　衣錦即今故林に到る

清水一盃香一炷《しゅ》　汍瀾《かんらん》涕涙征襟に滴る

多年気に掛かっていた父の墓参に、ひとかどの地位ある人物として故郷を訪れた。一盃の水、一本の香を手向けると、涙が顔をそして旅の襟を濡らす。

慶応二年（一八六六）に奥殿領大庄屋に任じられた加藤善八郎は、その際のことを次のように回顧している。

大沢乗起（峠）を開削して、人馬の往来を便にしたのは父の時代で、幕府領細川村へ照会して独力山道を平にしたもので、先公（藩主松平乗謨《のりかた》）から紋付麻上下一具を賞与された。丁度その頃、永井玄蕃頭が京都町奉行で上洛の時、奥殿へ墓参されたが、当時割元庄屋であった父も、林宮寺において御目見を仰せ付けられた。幸い道路が開けて居て、大に面目を施した次第である（『大給《おぎゅう》亀崖《きがい》公伝』）。

奥殿陣屋には、藩主居館のほか、地方役所、学問所、藩士住居などがあり、現在は書院が復元されるなど公園として整備されている（現岡崎市奥殿町雑谷下）。

歓迎されない着任

文久二年（一八六二）九月十三日、尚志は京都に到着したが、待ち受けていたのはまことに厳しい情勢であった。安政の大獄は京都で猛威を振るったが、それに強く反発する勢力の旗印が尊王攘夷であり、急進的な藩士・浪士の朝廷への影響が強まっていた。

到着数日前の七日、尊王攘夷派が牛耳る朝廷は、当時在京の土佐藩主山内豊範《とよのり》に対して、中将三条実美《さねとみ》を介して、松平容保・永井主水正は開国派であり、このような人物の京都派遣は望ましくない、薩長と示談のうえ周旋するよう令達した（「稿本」のうち「国事私記」）。尚志自身安政の大獄の被害者であったが、攘夷強硬派は開国論者として忌避したのであり、尚志はいわば敵意のなかで迎えられたのである。

文久二年須原屋刊『文久武鑑』には「京都町奉行　芙蓉　千五百石高　役料現米六百石」として「父能登守　一千石　永井主水正尚志　本所林丁二丁メ」と記されている。本高は家督にともなって一千石となり、役高千五百石との差額の五百石は足し高、役料として六百石を給されているというのである。なお京都町奉行になって京都に居を移してからの『武鑑』では、所在の欄が本所林町二丁目となっている。留守宅として与えられたのであろうか。ここは竪川南岸に沿った片側町で組屋敷などの武家地であった（現墨田区立川一〜二丁目）。

所司代と京都町奉行

京都町奉行は、老中支配に属し所司代の統括のもと、京都市中の行政・治安維持を担うだけでなく、大坂町奉行と上方支配を二分する存在であり、東西二奉行が居て、尚志の着任したのは二条城南、神泉苑西を管轄する東町奉行所であった（現中京区押小路通神泉苑通西入南側）。東西各奉行所には与力各二十騎、同心各五十人が配属されていたが、当時においては、志士の横行で、所司代・町奉行では治安維持を図れず、そこで守護職が新設されたのであるから、その実情は推して知るべきであろう。

当時、所司代の権威も地に落ちていた。この年四月、島津久光上京の際、志士が京都に集結する動きを見せていたが、安政の大獄の京都における責任者を襲撃する計画を知って、所司代酒井若狭守忠義（小浜藩主）が二条城に逃げ込むという事件があった。「所司代の威令頓に挫け、町奉行も亦殆ど徒職となり、与力・同心等畏縮して手を拱するのみ」（『徳川慶喜公伝』2）。六月末に、酒井に代わって松平（本荘）伯耆守宗秀（宮津藩主）が任命されたものの、同人も大獄の関係者であったとして排斥され、朝臣大原重徳から更迭が要望され、八月二十四日に牧野備前守忠恭（長岡藩主）が任命されるという状況であった。

尚志が九月に赴任した時、守護職はまだ不在であり、所司代牧野も未到着、要するに西町奉行の滝川播磨守具挙《ともたか》とともに、いきなり、京都の治安維持の事実上の最高責任者としての判断が求められることになったのである。

勅使三条の来府を前にして警告

尚志が着任した頃、朝廷の幕府に対する姿勢はさらに強硬になっていた。九月二十日攘夷督促のため、別勅使として三条実美、副使として姉小路《あねがこうじ》公知《きんとも》を派遣することが決定され、土佐藩主山内豊範が随行することになった。

十月下旬の勅使三条実美の来府を前に、幕府は、攘夷実行要求への返答と一行に対する処遇・儀礼のあり方をめぐって紛糾し、迷走していた。慶喜と春嶽は、それぞれが開国と攘夷勅命との間を動揺して主張を変え、主張が通らないと相互に辞意を表明した。閣老も動揺を繰り返し、一部有司は「征夷」任務返上を主張するなど、来府の直前まで混沌とした状況に陥っていた。

新しい所司代牧野忠恭は、尚志到着半月後の九月二十九日着京し、十月一日参内した。十月中旬、着任間もない牧野の意を体して目付松平信敏（勘太郎）が江戸に到着、京都情勢の険悪さと勅使処遇への深甚な配慮の必要を伝えた。その際松平は、永井・滝川らの言として、「今や京都の形勢を熟察するに、事尤〔最〕も危機に迫るものあり。万一御請の踟躇する如きあらば、実に徳川家の滅亡を招くの端緒を開く者と謂わざるを得ず」と事態の切迫と重大さを報じた（『晩香堂雑纂』維新史料編纂会『維新史』第三巻）。そして松平は、いったん勅諚を請けたうえで、将軍が上洛して、攘夷の不可を説得すべきだと伝えた（『徳川慶喜公伝』2）。

やはりこの頃であろうか、尚志は江戸への書状で攘夷派の激しい動きの風評を伝えた。特に以前京都町奉行であった大目付大久保忠寛《ただひろ》（一翁）、もと長崎奉行の岡部長常、江戸町奉行の小栗忠順《ただまさ》（上野介《こうずけのすけ》）の三人は、「関東に於て専ら開国論を唱え居るよし故、勅使東着の上は暗殺すべしとの風聞あり」と内報したのである。そこで勅使到着数日前には、万一のことがあると「政府の大汚点」となるので、岡部は引き籠もり、大久保は辞職を申し出たという（『続再夢紀事』第一）。

さらに、これは十一月であろうか、幕府に尚志は次のような警告を伝えていた。今や所司代と朝廷とは全く隔絶し、他方外藩の意向は容易に朝廷に容れられる状況にある。重職一同が速やかに上京して朝廷尊崇の態度を取らなければ、天下は四分五裂に陥るであろう（『維新史』第三巻）。

別勅使三条・副使姉小路は十一月二十七日に至り正式に入城、幕府側は丁重な儀礼をもって迎え入れ、将軍家茂が勅語を拝受した。そのうえで十二月四日、家茂は、勅旨を拝承、委細は上京のうえ奏聞すると奉答した。将軍上洛を約することで、取り敢えず当座の対応をしたのである。

容保、京都守護職着任

容保は、来春の将軍上洛を前にして、ようやく十二月九日に江戸を発ち、二十四日に京都に到着した。永井・滝川の両奉行が三条大橋東で一里以上続く大行列を出迎え、一行は黒谷金戒光明寺《こんかいこうみょうじ》に入った。所司代牧野忠恭はじめ伏見奉行・奈良奉行など多数が挨拶に訪れた。

容保側近の会津藩公用人広沢安任《やすとう》がまとめた京都時代の記録「鞅掌録《おうしょうろく》」は、次のように記している。酒井若狭守が引き退いて以来、所司代の権威は失墜した。「町奉行も亦徒職となり、与力・同心等畏縮して事を為す能《あた》わず」、「我公の着京し玉えるに及びて朝廷命じて即時に其〔諸侯〕守衛を除かせられ、人心稍《やや》安きに就けり」。

容保は、大獄で幽閉された者を解放した。「両町奉行にも其人を得、永井主水正には、思慮精察にして且つ敏捷、殊に吏才ありとす。只事を為すを重んぜられし故、当時因循に近しと称す。〔滝川〕播磨守には、気ありて敢勇の武将の風あり、亦得易からざるの才なり。相待ちて用を為す事多し」（『会津藩庁記録』第三）。尚志は思慮深く、滝川は行動力があるという評のようである。「因循」と見られたのは、立場上、自身の開国論とはまったく対立する対応を迫られての苦渋の言動をうかがわせる。

伊達宗城への書状

十二月十八日、前宇和島藩主の伊達宗城が内勅を受けて上京して来たが、その知らせへの返事を、尚志は二十二日に送った。旅宿について助言するとともに、「公武御大変革、真に御合体」が実現するよう、親藩・外様藩諸侯が同心協力することを懇望している。

宗城とは継嗣問題の頃からの知り合いであり、町奉行として着京して間もなくにも、「西洋大小船価」を尋ねる書状を受け取っていたようである。十月六日付返書では、以前自分が所持していた「六響砲」を岩瀬を介して受け取って貰っていたことを感謝するとともに、「製鉄略記」を進呈すると記している。尚志の経験から、洋式軍備整備についての助言が期待されていたのであろう。「六響砲」とは、前に拝領した「ホーウイッツル筒」のことであろう（「伊達宗城とその周辺（続）」）。

文久三年（一八六三）一月には、尚志は兼務として禁裏「御用懸」を命じられているが（『綱要』巻四）、宗城宛一月二十三日付返書では、「朝廷・諸侯も御混雑」と京都の複雑な様相を伝え、「橋公〔慶喜〕御宿寺〔東本願寺〕へも、折々罷り出、御物語も伺い、御気力も宜敷く、丹誠御勉励、有難く存じ奉り候」と、上京した将軍後見職一橋慶喜と密接に話し合っていることを伝えている。

伊達宗城
（福井市立郷土歴史博物館蔵）

一方、宗城の宿寺門に貼り札があったと聞いたが、三条大橋脇高札に記した自分の名前も先夜剥ぎ取られ、何者の仕業か分からないと言う。禁裏付になったことで、急進派からさらに眼を付けられるようになっていたのであろう。嫌疑を避け面会していないが、一橋邸ででも出会えればと記している。

4 攘夷の嵐

木像曝し首事件

二月二十二日夜、尊王攘夷急進派の草莽《そうもう》等が、等持院に安置されていた足利三将軍の木像を持ち出して、三条河原で曝《さら》し首にする事件が生じた。会津藩の密偵の情報で犯人達の所在が分かった。『鞅掌録』によれば、町奉行は、捕縛はかえって事を大きくすると守護職に伝えたが、容保は二十六日、慶喜と春嶽の同意のもと、会津藩士を派遣して九人を捕縛し、同行した町奉行配下も二人を捕縛した。

翌日、犯人は町奉行に引き渡されたが、しかし守護職の指示によって出された町触れは、「天朝に至り宥免《ゆうめん》相成り難く」とする一方で、「精忠正義実々尊壌を志し候者は、朝廷に於いて固より御満足遊ばされ」という曖昧なものであった（『京都町触集成』第十二巻）。急進派志士や朝臣からは、「誠忠の士」処罰反対の声が強く、結局はごく形式的な軽い罰に終わった（『徳川慶喜公伝』2）。

この木像事件の際、仙台藩国元に次のように状況が伝えられている。会津藩が町奉行所に犯人逮捕を命じたが、会津人数が見守るなか、「只にふるいわななき居り、追々遠方より、ふるえ声にて漸く上意と申す声をかけ候由」、結局会津兵によって召し捕った（『官武通紀』）。身柄は町奉行に引き渡したが、会津藩の人数で警衛している状態だという。また、逮捕を町奉行に命じ、与力・同心以外に、賊一人に上士二人・下士二人、足軽三人の藩士を付けたともいう（山川浩『京都守護職始末』）。

町奉行配下の実情はこのようなものであり、政治的にも京都守護職指示のもとにあって、独自の判断と実力で京都の治安維持に当たれる状況にはなかった。守護職としても、そうかといって、事件の度に会津藩士を毎度出動させる訳にもいかない。そこで登場したのが、かの有名な新選組である。

新選組の誕生

この文久三年三月、江戸で徴集して京都に派遣された壬生《みぶ》浪士近藤勇ら十七人が、京都守護職から「預り」の身分を許されることになった。八月十八日の政変に際して五十余人が守護職の命で御所警備に当たり、正式に市中見回りを開始するのが八月二十一日であった。同日、町代に宛てて、「松平肥後守殿御預り浪士、市中昼夜見廻り候様、肥後守殿より仰付けられ候条、心得の為、持場限り相違し置き候様致すべき事」と触れ出された（『京都町触集成』第十二巻）。新選組を称するようになるのは十月である。

この間、壬生浪士芹沢鴨ら三十数人が八月十二日から十三日にかけて、京都で二、三を争う生糸商大和屋庄兵衛宅を、「異国交易」で儲けているとして焼討ちにした。「火消役并所司代、両町奉行、其外諸屋敷々々より馳付け候処、……寄せ付け申さず」、「取鎮めの御役人馬上にて駆付け候処、一向治り申さず」（『新選組日誌』上）。新たな治安部隊自体が狼藉を働き、既存の治安維持機関は機能できなかったのである。

攘夷期日の奉答

朝廷の強い要請に応じて、二月十三日将軍家茂は江戸を発し、三代将軍以来の上洛を行った。幕府の目論見は三千余人を率いた上洛で将軍の威光を示し、攘夷は先送りしつつ大政委任という建前の確認を求めることにあった。

しかし朝廷では二月、国事参政・国事寄人《よりゅうど》が設けられており、急進派の発言力は一層強くなっていた。三月七日参内した家茂に下された沙汰書は、征夷は委任するが国事は場合により直接諸藩に沙汰を下すこともあるとの内容であり、十一日攘夷祈願の賀茂社行幸に随行させられる羽目になった。

さらに東帰の前提として攘夷実行の期限を明示することを迫られ、ついに四月二十日には、五月十日を攘夷の期日と奉答するに至った。ただしそれは、闇雲に外国人を排撃するという趣旨ではなかった。一般への触れは、攘夷期日が五月十日と決したので、「自国海岸防禦筋いよいよ以て厳重に相備え、襲来候節は掃壌致し候様」としていた（『京都町触集成』第十二巻）。しかし報答を根拠に長州藩は、その日下関沖に停泊中の外国商船を砲撃するに至るのである。

朔平門外の変　五月二十日夜、御所の朔平《さくへい》門外で、三条実美と並ぶ攘夷急進派の中心人物であった国事参政姉小路公知が暗殺された。朝廷側の指示により、二十五日深夜、薩摩藩士田中新兵衛（雄平）を犯人だとして、会津藩士が捕縛した。

捕縛に同行した公用人広沢安任は、預かる場所がないので、「町奉行に命じて守護せしめ、其与力・同心を召して之を率いて去らしむ。与力・同心等畏怖せるが故に、我が士衆をして護して官所に詣らしむ。此〔二十六日〕の夕、雄平其帯ぶる処の刀を抜き、自ら刺して死す」（「鞅掌録」）と記している。当時会津藩士は「粗暴」という非難を受けていたので、この捕縛に際しては「士道を以て」臨んだと広沢は記しており、月番であった東町奉行所でも脇差は取り上げていなかったのであろう。

姉小路暗殺の真犯人は誰か。当時は公武合体派と見られていた薩摩藩の関与が疑われ、一時御所九門警備からも外された。真相は不明だが、近年には、姉小路が勝海舟の案内で大坂湾を軍艦で視察した際、勝の説得で軟化したのを知った急進派公家二人が黒幕であった、との推測がある（町田明広『島津久光　幕末政治の焦点』）。

ただし「軟化」はごく一部でしか知られていなかったので、急進派は憤激し、薩摩藩は窮地に立たされる一方、かねて開国派として白眼視されていた尚志は、犯人自害を防がなかったとして激しい憎悪の対象とされた。

尚志、二度目の処分「閉門」　二十七日、国事参政・国事寄人は連署で「永井以下懸りの与力・同心共……今日中に是非召捕り、拷問之れ有り候様」（「稿本」のうち「国事書記用掛雑誌」）との激烈な意見書を提出した。事件当日付で東西両町奉行は、「心付方不行届」（監視怠慢）につき「差控」の伺い書を守護職宛に提出していた。

これに対して幕府側は、半月以上あとの六月十九日、田中新兵衛自害事件で、尚志に対して「等閑の故」（「稿本」）をもって一時「閉門」（門・窓を閉ざし出入りを禁じる）処分を下した。尚志は二度目の処罰を幕府から受けたことになるが、今回は幕府が朝廷への申し訳として処分したという色が濃い。広沢は「朝廷より命じて閉居せしめられ」（「鞅掌録」）と記している。東町奉行は一時、目付の池田長発《ながおき》（修理《しゅり》）が担当した。

この事件の直後六月一日、老中格小笠原長行《ながみち》（唐津藩世子）が軍艦で大坂に上陸し、大兵を率いて上京を図る事態が生じた。攘夷決行の五月十日直前（九日）に自ら生麦事件償金をイギリスに支払った事情説明のためだとも、大兵を以て京都に足止め状態にある将軍を呼び戻すため、あるいは朝廷の急進派を圧伏するためとも噂された。朝廷に激震が生じ、その意を受け六日、在京の老中板倉周防守勝静が淀に赴いたが、逆に説得される事態となった（『徳川慶喜公伝』2）。

翌七日夜、前日上京した軍艦奉行並勝海舟は事態を憂慮して、処分未定ながら「閉居」中の尚志を訪問した。いま「争を起して何の能かある。我、行きて説解せんと決せり。若《も》し聞からざる時は、自から決意ありと云う。同人〔尚志〕も又同意」と勝は日記に記しているが、この夜将軍の下坂が伝えられたので、淀行きを取りやめたという（『海舟日記』I）。

将軍は六月三日に参内して「速に東下して外夷掃攘の功を遂げ」との勅を受けており、九日出京、十日大坂で小笠原の職を免じ大坂城代預けとした。小笠原上京の意図に関しては、暗殺された姉小路と黙計があったのではないかとも推測されている（『徳川慶喜公伝』2）。

惣領の死

閉居中の尚志を、悲運が襲った。前年、現役復帰に伴い養父の嫡孫という地位から、晴れて自身の家督相続人の地位に引き戻すことができた惣領の謹之助〔鎌之助〕が、十九歳で病死したのである。八月六日のことであった。

さきに引用したメモは最後に「鎌之助〔謹之助〕儀惣領に仕り候処、同三亥年八月六日病死仕り候」と記している。本行寺にある墓には、「永井尚信小字謹之助」は「十有九卒于京師葬本国寺墓地東山法華寺収遺髪乎此瑩連石」と記されている。

その少し前、次に述べるように、老中から尚志に出府せよとの奉書が達していた。これに対して七月二十六日、いったん出発して東海道に出たものの「時々眩暈気御座候間」、上府し難いと、西町奉行滝川具挙が、所司代稲葉正邦（淀藩主）の了解を得たうえで老中に上書している（「多聞櫓文書」のうち「永井主水正参府仕候段難儀ニ付申上候書付」）。惣領の病状が重いことを配慮して、同僚の滝川が思いやりを示したのではなかろうか。

川普請促進のため町奉行に復帰

八月十一日、たまたま政変の数日前であるが、尚志は、差控えを解かれ復職が認められた。

その前提には、江戸に必要な人材として閉居を解き出府させたい、という幕閣の意向があり、朝廷の内諾を打診していたようである。これに対して朝廷には、川筋普請推進のため京都で復職させるならとの意向があり、八月三日に、在府の老中板倉・酒井雅楽守《うたのかみ》忠績《ただしげ》（姫路藩主）が松平容保に宛てた書状では、江戸か京都かの判断はそちらに委ねるとしていた。

閉居中の尚志であったが、江戸と京都の双方から現場復帰を待望されていたのである。十日、武家伝奏（幕府折衝役の公卿）から所司代に対して、「川々御普請急速肝要の御用」があるので、差控え免除を認めるが、「西川筋開拓相成り成功迄、参府の儀止められ候事」との沙汰があり、翌十一日付で町奉行復帰が実現し、池田長発はもとの目付に復帰した（「稿本」）。

この川筋普請とは、次のような事柄である。異国船渡来以来の京都の物価高を解消するには、物資輸送路の整備が必要である。尚志は、そういう部下の意見を取り上げ、慶喜・春嶽に働きかけて許可を得て、与力三人、同心七人を選んで運漕掛として西川筋開通を図り、半ばができたところで、指揮する尚志の閉門によって、進行しなくなっていたのである(「稿本」)。

実は尚志は勘定奉行時代、すでに同様のことに関わった経験があった。江戸で物価対策として通船困難解消のための川浚《さら》えが実施されたが、安政五年二月、玄蕃頭は次のような達を町奉行衆に出していた。かねて本所竪川出口付近の浚渫のため、御用船・土船など日々通行する旨達してあったが、普請が完成したことを伝える(『東京市史稿 市街篇』第四十五巻)。

政変以前で、急進派が牛耳っていた朝廷ではあるが、尚志の行政手腕は立場を越えて評価されていたのであった。

5 政局動揺のなか、大目付に

八月十八日政変

朝廷においては、将軍東下後も、外国船砲撃の「実績」を踏まえた長州藩等が主張する攘夷急進論の勢いはいよいよ盛んで、攘夷のため天皇親征が唱えられ、朝議を牛耳った。八月に入ると、九日中川宮(尹宮《いんのみや》、朝彦親王)が西国鎮撫大将軍に任じられ、十三日には攘夷祈願・親征軍議のための大和行幸の詔が出された。中川宮・孝明天皇は、自身の行動を強要されることになり、追いつめられた。

攘夷急進派に反発する薩摩藩在京関係者は、ひそかに会津藩と中川宮に、朝廷からの急進派追放を働き掛けた。内密に中川宮を通じて天皇の了解を得て、八月十八日早朝、会津・薩摩両藩兵が御所門を固めるなか、親征慎重派だけの朝議が開かれた。大和行幸中止、急進派朝臣の参内・他行・面会禁止が決定され、国事参政・国事寄人は廃止された。

これに対して長州藩兵は、全く予期せぬ勅命が出されたうえ、在京諸藩が攘夷論ではあるものの急進派には与しなかったので、武力対決を控えて、三条実美ら急進派七公卿を擁して京都から帰国せざるをえなかった。この日以後の勅こそが真の勅だとの宸翰《しんかん》が発せられ、七卿の官位は剝奪され、長州藩主父子の入京は禁止された。

この政変での尚志の具体的な動きは不明であるが、十月二十九日、幕府から、多くの関係者とともに禁裏守衛の労を慰して品を賜っている（『綱要』巻四）。

諸侯の上京

政変で攘夷急進派朝臣は京都から追われたが、朝廷の態勢がそれで安定した訳ではない。中川宮が天皇の信任のもとで朝廷のトップに立ったが、天皇同様、幕府による攘夷の決行つまり「鎖港」を期待していた。その点は在京の備前（岡山）・鳥取（因幡）等の諸侯も同じで、大名の多数を占める譜代の大勢も同様であった。このような状況に対応して、一種の折衷案のつもりで、幕閣は九月、横浜港鎖港の方針を決した。

長州藩再上京が噂されるなか、「公武一和」が口々に唱えられ、天皇は事態収拾のリーダーとして島津久光に期待し、上京した久光の呼びかけもあって、雄藩諸侯が今後の政治方針を議すべく上京して来た。

松平春嶽はこの年三月、急進派の勢いが高進するなか、政事総裁職の辞表を提出して許可を得ないままに帰国し、そのため五月までは逼塞を命じられていたが、京都の情勢変化を見て、十月十八日上京した。

それに先立つ九月二十九日、側用人島田近江が、尚志を訪れた。在京時世話になったことと政変情報を伝えてくれたことへの、春嶽の礼状を持参してのことであった。関東情勢についての質問に尚志は、将軍上洛の予定であるが、準備はまだと聞く、と答えている（『続再夢紀事』第二）。春嶽上京の翌日、島田はその書状を持って挨拶に来たが、二十三日には再訪し「面談数刻に及べり」という（「京華日録」『福井市史　資料編』五）。政治情勢について種々意見を交換したのであろう。

将軍上洛督促役

久光、春嶽に続き、朝命に応じて伊達宗城が十一月三日上京、慶喜も二十一日に大坂城に到着した。将軍の上洛も十月十日付で勅命が出されていた。当初幕閣は消極的であったが、十一月五日になって「用意次第」上洛すると約束した。上京した雄藩諸侯はこの際、将軍上洛のうえ、天皇を前に諸侯会議を開いて国の当面の重要問題を決すべきだと、将軍上洛督促を図った。

十一月十九日、去る十五日に江戸城本丸が炎上したとの報が届くと、これを理由とする上洛延引を恐れた春嶽は、宗城・久光に呼びかけて、松平容保の旅宿施薬院に集まり、所司代稲葉正邦と尚志も呼び寄せて協議した。

朝廷との関係を良好に保つためには、この際上洛は是非必要であると「衆議一決、永井主水正弥《いよいよ》順動火船にて東下の手筈に取極める」（「京華日録」）。翌日、宗城を尚志が申刻（四時）過ぎ訪れたが、

「昨夜の事に付きて心得参り度く、参カ条密に示す故、説破致し候事」（『伊達宗城在京日記』）。幕閣を説得するために尚志が何らかの条件を提案したが、容れられなかったらしい。なお順動丸は慶喜が乗船してきた汽船である。

またこの二十日には、薩摩藩士高崎猪太郎が、尚志一人では「不安心」だという理由で、福井・薩摩・肥後（熊本）・会津・福岡・宇和島各藩士を同行させることを提案、春嶽・宗城の同意で会津藩公用人小野権之丞らが同行することになった。お目付役多数とともに出府することになったのである。なお不在の間、禁裏取締は滝川の任になった（『綱要』巻五）。

将軍上洛の説得

出府した尚志は、二十六日真夜中の子刻（二十七日午前零時）に、京都の諸侯に伝えるべく、二条城の宗城に宛てた書状を記している。尚志は二十一日夕に出京し、翌日大坂城で慶喜に拝謁してその賛同を得、また慶喜二十四日上京予定に念を押した。二十四日早朝兵庫を発って二十六日早朝に品川に到着し、寸時帰宅のうえ登城しようとした。

しかし、将軍は火災後一時在った清水邸から移動中であり、結局田安邸で、将軍と居合わせた老中とに、趣旨を説明した。「上様」は直ぐにでも触れ出すとのご意向で「感涙の外之れ無」く、閣老にも異存がない。ただ有司のなかに、春の二の舞になる恐れ、あるいは幕府は横浜鎖港の方針なのに朝廷は開国論に転じるのではという懸念があり、一決とはいかない。五日間のうちに決定をと閣老に求めたが、老中板倉の要請もあり、明日にも登営して「京地の事情」などを話し、有司を説得するつもりである。

実はこの二十七日に横浜鎖港の交渉使節が任命されており、この方針の既成事実化が急がれたことがうかがわれる。

次に十二月二日付の宗城宛書状は、決着を伝えている。有司を説得した結果、「最早差しての異論も之れ無く」、殊に「上様」の決意が固いので、板倉から十八〜二十一日に軍艦で御出発に内定したと知らせがあった。自分は軍艦方に掛け合った結果、五、六日頃に出帆の予定である（『続再夢紀事』第二）。

この間、十二月三日には、慶喜側近の平岡円四郎が春嶽を訪い、尚志でうまく行かねば諸侯の一人を派遣してはと言ってきていたが（「京華日録」）、それを待つことなく、尚志は使命を果たしたのである。その後十五日には帰京している（『綱要』巻五）。なおその二日前の十三日付で、幕府から、前所司代らとともに、今春の将軍上洛の際の「勤労」を賞されている。横浜鎖港のための遣外使節は二十七日に出発したが、その交渉は、当然のことながら無惨な失敗に終わる。

参予会議のなか大目付に

大晦日の十二月三十日、在京の慶喜・容保・春嶽・宗城と山内容堂《ようどう》（豊信《とよしげ》）が、朝議に「参予」せよとの沙汰を受け、久光も従四位下左近衛権少将に叙任のうえ一月十三日に参予に任じられ、将軍も二十一日参内した。

朝廷において参予会議が開催され、元治元年（一八六四）一月二回、二月三回、三月三回の計八回催されたが、そのうち二回には天皇臨御があった。主な議題は長州藩処分問題と鎖港問題であった（佐々木克『幕末政治と薩摩藩』）。

この間の二月九日、尚志は大目付に任じられた。大目付は大名の監察を本務とする重職で、この時点での先任は大久保忠恕《ただよし》ら六人であった。十四日町奉行後任には禁裏付小栗政寧が任じられたが、尚志はそのまま京都に留まった。元治二年須原屋刊『元治武鑑』には、「大御目付　芙蓉　並兼御役付三千石高　永井主水正尚志　千石　本所林丁二丁メ」とあり、役高は三千石、足し高二千石の処遇となったのである。

なお、将軍家茂は二度目の上洛後、東下に際して「昭徳公は花開万国春の親筆を君〔尚志〕に賜い、猶ほ京都に留り奉職懈《おこた》る勿《なか》れとの懇命あり」（「永井玄蕃頭伝」『旧幕府』第五号）という。

参予会議瓦解

参予会議の主な議題であった長州藩処分問題については、征討という久光の強硬論もあったが、結局、責任者を大坂に呼び出すということで合意ができた。鎖港問題については、今さら鎖港など到底できないと雄藩諸侯側は考えていたが、幕府は朝廷や諸大名の多くの期待に応える姿勢を示したいとの考えから、横浜一港に限っての鎖港交渉の使節を派遣中であった。結局、その経緯を見守るということで「横浜鎖港」が「国是」とされた。

このように一応合意は成立したものの、慶喜と諸侯とりわけ久光との主導権争いは感情的な対立に

「花開万国春」（家茂書）（『江戸』第1巻第3号より）

まで進んだ。当時孝明天皇は久光に深く依存しており、その勅書も実は薩摩が草案を提供したことを慶喜が知ったことが、決定的であった。会議は次第に間遠になり、三月六日の久光を初めとして諸侯の参予辞退が表明され、十五日全員の辞退が受け入れられた（『幕末政治と薩摩藩』）。「公議政体」の最初の試みは失敗に終わったのである。

「一会桑」勢力

このように、参予会議が行き詰まるなか、三月二日、春嶽側近中根雪江が尚志を訪い、あるべき「政体」を問うたが、改革の意見は出ず、「此際、幕府に於て政躰を一新せられずては、再び太平の治を観る事難かるべしと申しゝに、永井稍《やや》其理に屈しけれど、真に了解には至らざりし」と記している（『続再夢紀事』第三）。参予会議時点で、自らの意見を明らかにしなかったのである。慶喜中心に幕政を立て直したい、という考えだったのであろう。

横浜鎖港方針が「国是」と認められたことは、慶喜にとって当面は政治的勝利であった。天皇と中川宮の信任は久光から慶喜に移った。一橋慶喜は三月二十五日、将軍後見職を辞し、自らの希望で禁裏守衛総督・摂海防御指揮の職に任じられた。次に四月七日京都守護職は春嶽に代わってもとの容保が再任され、十一日には所司代にその弟の松平越中守定敬《さだあき》（桑名藩主）が任じられた。

将軍家茂は四月二十日参内し、「国家の大政大議」は奏聞せよとの条件付きながら、「庶政」は「一切御委任」するとの勅書が下された。将軍は五月七日東下の途についた。

将軍東下後は、幕府を代表して京都に常駐する一橋・会津・桑名の「一会桑」勢力が成立し、以後、保守化を強める江戸の幕閣とは必ずしも一致しない、独自の動きを示すようになっていくのである

（家近良樹『孝明天皇と「一会桑」』、同『徳川慶喜』）。尚志は、その慶喜のもとに動いていた。

長州藩が陳情を名目に大兵を上京させようとしているとの噂は、五月から流れていたが、京都市中に潜伏している藩士らがひそかに集合するとの情報を得て、六月五日、京都河原町池田屋を、会津・桑名藩兵と新選組が急襲した。

池田屋事件

この池田屋事件が起こると、在京老中稲葉美濃守正邦の七日付指示で、尚志は目付戸川鉾三郎（安《やす》愛《なる》）らと連名で、帰府のため京都を出発した講武所剣槍方師範役らに対して、京都警衛のため引き返せとの命を出し、それは八日石部宿に伝えられている（『京都守護職日誌』第二巻）。

六月九日には、旧知で三月に上京し海陸御備向手付御雇になっていた佐久間象山《しょうざん》が、訪問している。「午後、司密に永井氏を壬生に訪う。主人病あり、相見ずして帰る」、改めて十一日「午後、再び永井氏を訪い、薄暮帰る」（『佐久間象山公務日記』）。数時間に及び何を話し合ったのであろうか。その前日の十日、象山は中川宮とともに朝議に加わっていた山階宮《やましなのみや》に、時事意見を具していた。しかし、その一カ月後の七月十一日、三条木屋町筋で洋装で乗馬中の象山は、攘夷急進派に惨殺された。

長州藩兵上京

池田屋事件の報が達すると、長州藩は大挙出兵を決意し、六月二十六日から二十七日にかけて長州兵は、京都西南の天龍寺・山崎・石清水一帯に布陣した。これに対して京都の情勢は微妙であった。

攘夷断行を唱える長州藩に対して、天皇の否定的意志は明確であったが、朝臣には融和的な者が相当多く、また鳥取藩など在京六藩の留守居が長州支援の建言を行っていた。こういう状況のもと、禁裏守衛総督である慶喜は長州藩への対応に慎重な態度を取っていた。

七月二日、慶喜も参内して朝議が小御所で開かれ、伏見に在る藩家老福原越後に対して、少数の兵を留めて他は帰還させるよう申し渡すことに決したが、夜戌半刻（九時）に尚志が呼び出され、申し渡し役を命じられた（『京都守護職日誌』第二巻）。慶喜は後年、「永井主水正・戸川鉾三郎、これらともよく談じて、どこまでも説諭するということにしたのだ」と述べている（『昔夢会筆記』）。

三日、尚志は戸川とともに伏見に至ったが、福原は病気と称して会わず、翌日再度赴いて福原に伝達した。しかし福原は、多数がこれに従わずと答えて、逆に藩主父子の建白書提出を図った（『徳川慶喜公伝』3）。この間、薩摩藩在京幹部は土佐・福井・久留米など諸藩の在京者に呼びかけ、十六日の会合で朝廷に征討の決断を迫ることで合意を取り付け、翌日には関白二条斉敬《なりゆき》や慶喜に働きかけた。

七月十六日再び慶喜の命で、永井と戸川は伏見に至り、伏見奉行所に福原を呼び出し、十七日を期して退去するよう説諭しようとした。これは慶喜としては五度目の説得であり、慶喜はこの時点まで、なお説得による解決を目指していた。この時には会津と桑名の藩士が同行していたが、この両藩はもはや決戦しかないと判断し、慶喜の煮え切らない態度に不満であった。この日も福原は、病と称して出て来なかったが、翌十七日、二十人ほどの従士を従えて現れた。尚志は兵を引くように伝え、福原はそれを承けて引き上げようとした。

この時のことを尚志は次のように回顧している。

先づ一段の談判を済まして退けしに、会津の面々申すに、今の談判は甚だ手緩し、十分手強く御談示あるべしとて迫るにより、再び長士等を呼び返し、今回は厳談せしに、余程困惑して遂には顔色を変ずるまでに至りし。因って、程よく結局を付けて放ち去らしむ。会津藩士は大いに満足し、十分に堪えたり……夕刻に伏見を立ちて夜を込めて京都に帰れり。翌日慶喜公へも事情を言上致し、その結果、御所警備の令が下されたという（「故永井尚志君ノ談話」『史談会速記録』第百七十二輯）。

禁門の変

十八日には長州藩京都留守居の乃美《のみ》織江が説得に伏見に赴いているが、すでに前日山崎での軍議は、松平容保討伐を掲げて進軍することを決していた。その日夜半を期して、長州藩士達は行動を起こし、十九日未明から御所近くで戦闘が始まった。前夜半から慶喜が参内して、なおも長州宥和を唱える朝臣と激しく論争していたが、未明に至って天皇が直接慶喜に口頭で征討の意を伝えた（『徳川慶喜公伝』3）。禁門の変が勃発したのである。

戦闘が始まる直前に、尚志は御所に在った慶喜のもとに至ったようである。さきの回顧では、市中動揺と聞き旅宿を出て、途中蛤門外で部下の持参した軍服に着替え、門前に至ったが、兵士に留められ、他門に回る途中薩摩藩兵とすれ違ったが、直ぐあとに背後で戦闘が始まり、あわや双方の間に挟まれるところで、定紋（三莢《きょう》）が毛利と似ているので怪しまれたが、やっと門内に入った。

「予は南門の内にありし故に現に戦を目撃せざりき、只砲声のみを聞けり」（「故永井尚志君ノ談話」）。

「余、兵衆と追随し入闕《けつ》（門）、則ち砲声門外に起こる」（「手記」一三）。

「手記」一は「会津兵蛤門を守り、越前兵堺町門を守り、奮戦之を退く。余奔走し、一橋公の命を諸藩兵に伝う」と記しており、全体を指揮する慶喜の命を現場に伝達する役割を果たしていた。戦闘は会津藩が守備する蛤門の攻防から始まり、砲声は御所にも轟いたが、慶喜の総指揮のもと、会津・桑名そして薩摩などの諸藩兵が反撃し、長州藩兵は激戦の末に撃退された。しかし、市中の大半は火災で焼失する結果となったのである。

第六章　対長州の最前線で

1　禁門の変後

征長への動き

元治元年（一八六四）七月二十四日、禁裏守衛総督一橋慶喜《よしのぶ》に対して、禁門への発砲、藩主父子の黒印の軍令状の存在を許せないとして、長州藩追討の勅命が下された。会津とともに戦った薩摩藩家老小松帯刀《たてわき》の将軍進発の進言もあって、慶喜は「直ちに永井主水正《もんどのしょう》を東下せしめて、将軍家の御上洛を勧めまいらせ」、次に上京した老中阿部正外《まさとう》（白河藩主）を東下させたという（『昔夢会筆記』）。ただし尚志の発着日時など、具体的なことは明らかではない。あるいは前年の尚志東下と、慶喜の記憶が混同していたのかもしれない。

それはいずれにせよ、江戸の幕閣は早くも八月二日、将軍進発を予告しており、七日には征長総督を当初の紀州藩主徳川茂承《もちつぐ》に代えて尾張前藩主徳川慶勝《よしかつ》に命じ、十三日には諸藩に対して五つの攻め口の分担をも指令する、という素早い対応振りを示した。

この早い反応は、必ずしも尚志の説得の効果とは言えない。実は、江戸の幕閣は、禁門の変で幕府の権威が回復したとすっかり自信を回復し、将軍進発は掛け声だけで十分と信じていた。さらに、長州藩が八月五日からの四国連合艦隊砲撃で大敗したと聞き、すっかり過信して、九月一日には、文久改革での参勤交代緩和を取り止めて、交代復旧を令するという有様であった。

徳川慶勝は、藩財政の窮迫と藩内部での方針対立という事情もあって総督就任を辞退していたが、諸侯からの強い働きかけを受けて、将軍の指揮を要請したうえで九月二十一日入京し、知恩院に宿した。江戸幕閣からは老中稲葉正邦が京都に派遣され、軍中臨機の専断など、「追討の議は万事委任したれば、将軍進発なくとも聊《いささか》も斟酌なく、急速誅滅《ちゅうめつ》の功を奏すべし」と幕命を伝えた（『徳川慶喜公伝』3）。

この前後、さきにも少し触れたように、尚志は慶喜のごく近くにあってその意向に沿って動いていたようである。

尚志、養子を願い出

奥谷文吉によれば、美濃国の加納藩に居て禁門の変を聞いた文吉は、分家永井尚志の安否伺いに上京することを願い出たところ、二月に初入部していた主君永井尚服《なおこと》はそれを許し、仲間二人を付けてくれた。尚志に藩からの口上を伝えた後、居残ることを申し出、仲間は帰して自分は近習として日勤した。尚志は大目付として壬生《みぶ》村医師大村方を宿所として、毎日慶喜の旅宿に出勤していたと言う（「随伴記」）。

これよりさき、嫡子謹之助が文久三年病死して後継者をなくした尚志は、養子を迎えようとしていた。次に述べるように広島行きを命じられるのであるが、それを前に十月、永井主水正（尚志）は、次のような理由で、養子願いを提出している。

この度、長州藩主父子征討のための御用を仰せつかったが、万一の場合も予想される。そこで、「男子御座無く候間、不慮の儀御座候わば、右健之丞儀、続は御座無く候得共、養子仰せ付け下され、跡式相違無き様下し置かれ候様」出願するというのである。命を懸けて任務を果したい、との意思表示でもある。養子候補は、縁戚ではないが勤仕並寄合三好阿波守次男健之丞二十三歳である（「多聞櫓文書」のうち「大目付永井主水正仮養子願覚」）。

ところが、すぐには認められなかった。親類縁者から候補を探せということであった。改めて慶応元年九月、同一人物であろうが、三好阿波守三男鍵之丞二十四歳を、「同姓異姓親類遠類の内にも」適任者が居ないという理由を付して、願い出ている（同「養子奉願候覚（三好鍵之丞儀養子被仰付候様）」）。今回は認められたようである。

三好鍵之丞は養子になって、かつて義父の名であった永井岩之丞を名乗ることになる。本行寺《ほんぎょうじ》の墓には「判事従四位勲三等　永井岩之丞　室高子」「幼名鍵之丞」とある。

征長を前に

さて、征長を前にした動きであるが、八月十二日夕、海軍操練所指揮のため神戸に在った勝海舟（麟太郎）のもとに、在京の大目付永井主水正・目付戸川鉾三郎（安愛《やすなる》）連名の前日付書状が届いた。豊前国姫島（現大分県東国東郡姫島村）に、前年の砲撃戦以降関門海峡を封鎖している長州藩を攻撃するため、外国軍艦十六、七隻が停泊している。幕府が征長を予定しているのに、「其前に外国人より戦争仕出し候ては御不都合」なので、現地に行き戦闘開始をやめさせよとの慶喜の沙汰を伝えた（『来簡と資料』）。

外国の介入を避けたいという慶喜の判断は、外国の砲撃をむしろ期待していた江戸の幕閣とは違っていたのである。難題を命じられた勝は、「唯一死を以て彼に説かむ」と返答し、急航して十四日姫島に到着したが、すでに外国艦隊は出発していた（『勝海舟』）。

またこの時期、肥後（熊本）藩の京都留守居上田久兵衛が、しばしば尚志に接近して、情報収集を図っていた。八月二十六日、「壬生の永井様へ罷出候処、二条御城辺に御引移りとの事に付、徒《いたずら》に罷帰り申し候」と書状に記している（『幕末京都の政局と朝廷』）。慶喜の執務の場である二条城への出勤の便宜のためであろうが、この時は仮の移転だったようである。

九月十日に上田に会った尚志の話では、大目付大久保忠宣・目付井上義斐が、尾張公（徳川慶勝）を征長総督引き出しに行くはずのところ、老中稲葉正邦に尾張公から、病気快方ゆえ近く上京との報があったので、総督役を請けるのであろう。会津藩手代木《てしろぎ》直右衛門の談では、尾張藩付家老の犬山城主成瀬隼人正《はやとのしょう》正肥《まさみつ》が尽力したとのことである。

九月中旬には、上田は尚志にかねて書画を依頼していたところ、扇面をもらった。「夜雨重衾暖池塘夢欲成　偏憐竹簾下　滴作養花声　介堂」と記され、「書中々見事」と評している。

2　長州藩詰問使

詰問使として広島へ

上京した慶勝は十月三日、旅宿の知恩院で副総督福井（越前）藩主松平茂昭《もちあき》、老中稲葉および永井・戸川らと軍議を開いた。相談は征長の趣意など八項目についてであった。七日尚志は慶勝から呼ばれ、稲葉に伝えるべき書付けを渡された。それは、七卿処置、毛利家への申し渡し時期、攻め手の五手に渡すべき制札、長防状態探索等についての問い合わせであった（「稿本」のうち「永井尚志手記」）。

十日、尚志は征長総督府から、戸川とともに詰問使を命じられた。また十一日には、諸藩に対して十一月十一日までに命令を受けた地に参着するよう達しが出された。

総督慶勝は十月十二日に参内し、勅諚と馬・剣を賜ったが、その際、重要なことを、天皇に勤仕する議奏正親町《おおぎまち》三条実愛《さねなる》との間で合意していた。「長州に於て悔悟伏罪降帰し候わば、臨機応変寛大の所置之れ有るべし」（三条実愛「続愚林記」、久住真也『長州戦争と徳川将軍』）。慶勝としては、さきに述べた藩内事情とともに、動員を命じられた諸藩の多くが、財政的窮迫もあって戦意があまりないという実情を認識していたと見られる。詰問使として先発するに当たり、尚志は慶勝のこのような基本方針を心得たうえで広島に向かったと思われる。

十八日副総督松平茂昭とともに尚志は京都を発し、大坂に着いた。二十二日、大坂城内で、総督を中心に幕藩の重臣を集めて軍議が開催され、十一月十八日を以て総攻撃の日と定められた。

藩内急進派と恭順派

実は、禁門の変と四国連合艦隊の砲撃以後、長州藩内では、急進派に対して恭順派が発言力を高めつつあった。軍議に参謀として参加していた薩摩藩の西郷隆盛（吉之助）は、「長人を以て長人を制す」べきだと、長州藩の内部分裂を図って穏和恭順派主導で戦闘に至らない解決を主張したが、これは慶勝の意向に合致するものであった。

総督慶勝は十一月一日大坂を発って、三日明石で、寛大な処置をとの長州側の嘆願書を安芸（広島）藩経由で受け取り、十六日広島に到着した。この間、四日に長州支藩岩国藩に至った西郷は、藩主吉川経幹《きっかわつねまさ》（監物《けんもつ》）に会い、責任者の厳格な処分を要求しており、それは本藩に伝えられた。慶勝からの密使を通じての工作もあり、吉川が主導して藩論は恭順に向かい、責任ある三家老を自害させ、藩主父子は謹慎して待罪のことに決したので、寛大な処置を願うとの嘆願書が、総督宛に発せられた。

尚志、広島へ

これに先立って尚志は、着坂した十月十八日当日、家来に門限や合い言葉などを申し渡した（「稿本」のうち「永井尚志手記」）。そのうえで尚志らは総督に先行して広島入りした。上京したまま、尚志の近習として仕えていた文吉は、広島行きを次のように伝えている。

玄蕃頭《げんばのかみ》（尚志）は桑名藩から武士八人、足軽六人、仲間三人を借り、加納藩から前記三人（文吉、高井岡七、篠田賢六）と吉沢芋二、酒井勝太郎、小寺市之丞らお馬脇十四人、公用人酒井謙左衛門、給人鈴木蠖進、その外足軽小者らを含めて主従三十人、淀川を船で下り、大阪の某寺に宿泊した。玄蕃頭は鎧ひたたれに、慶喜より贈られた大鹿毛の南部駒に打乗り、お供の面々は陣笠・陣羽織に各々手鎗・小銃を肩に、大阪を出発して山陽道を十余日で広島に到着した。（「随伴記」）

家来の数の計算が合わないが、本来の家来が少なかったことは確かであろう。なんとも古典的なスタイルの一行は、十一月十四日広島に到着した。

長州藩は三家老を切腹させる（十一～十二日）など責任者の処分を行い、謹慎の態度を取っていた。

国泰寺での詰問

十六日、征長総督徳川慶勝名代成瀬と永井・戸川は、広島国泰寺において長州藩を代表した岩国藩主吉川経幹を詰問した。すでに慶勝から総攻撃延期の令が内々伝えられていたが、長州藩恭順の態度をはっきりさせる意図から、尚志は吉川に、家老が藩主の軍令状を持っていたこと、世子が軍装で上坂を図ったこと、など六カ条について厳しく詰問した。次室では、安芸藩辻将曹・薩摩藩西郷が様子をうかがっていた（末松謙澄『防長回天史』第四編下）。吉川は詰問に対して、事変は専ら暴臣の逸脱としてひたすら陳弁に努め、山口城破却の命については即答を避けたが、総攻撃回避を乞うた。翌十七日西郷は、すでに総督が決していた総攻撃延期の旨を吉川に内々伝えた（『徳川慶喜公伝』3）。

十八日、慶勝・老中稲葉・永井・戸川らによって、三家老の首級実検がなされた。これを踏まえて慶勝は、進撃猶予を朝廷・幕府に建議した（『綱要』巻五）。翌日、藩主父子の伏罪書提出、山口城の破却、五卿（七卿のうち一人は死亡、一人は脱走）の福岡（筑前）など五藩への引き渡し、という三カ条の総督命が吉川に伝えられた。

伏罪書は十二月五日総督府に届けられ、十九日から二十三日に戸川らが山口・萩を巡検したが、形式的なものであった。そして、副総督松平茂昭の福井藩など撤兵反対の藩も少なくなかったが、年末の二十七日総督は追討諸軍に撤兵を命じた。

しかし、長州藩内では、解散を命じられていた急進派の諸隊が、十五日夜以降動き始め、藩の主導権を奪回しようとしていたのである。

西郷と尚志の連携

尚志は後年「西郷吉之助与《あずか》って力有り」と記しているが（「手記」一）、随行していた文吉は、「この陣中に西郷吉之助は両軍の間をあっせんして和睦させようとし、度々玄蕃頭に面会に来たことがあった」（「随伴記」）と述べている。

尚志の十六日の詰問は厳しく、特に、出京した家老が藩主の軍令状を持っていたことにつき、印を押していないから正規のものではないと吉川が弁解したのに対して、印があろうがなかろうが、家老に持たせせた以上は責任があると追及した。

西郷は十九日付小松帯刀宛書状で、昨日、永井・戸川に、在陣が長引くことの損失を説き、藩主父子隠居、十万石削減、山口城破却など、当時としては緩やかな処分を提案したと伝えている。また、詰問が厳しかったことに関して西郷は、尚志から、「此方にても……席柄と云い、言の圭角も出候事、其の方の手心を以て、和気を以て押合い候様にと、永井殿申し付けられ、依って、亦監物へ応接」、場所柄ゆえ角張ったことも言ったが、柔らかく斡旋してくれと依頼され、三条件を呑むように説得に当たったと、副総督の滞陣していた小倉で報告していた（『西郷隆盛全集』第一巻）。

「手記」一で尚志は、軍令状について吉川に厳しく詰問したあと、「翌朝薩臣西郷吉之助・芸臣辻将曹来り問う。昨日監物に問う所の者は、職権を以てか否や。余答えて曰く、昨日の事、成瀬山城守其職を以て已《すで》に審問す、余は吾が私を以て之を問うのみ。二人諾して帰る」と記している。公的な詰問は慶勝を代理した成瀬によるもので、自分の詰問は私的なものだったと答えたという。詰問の場での建前論と本音とを使い分けた、という柔軟な対応振りがうかがえる。それは、西郷の説得によって意見を変えたというよりも、もともと慶勝の基本姿勢を踏まえてのものであったと言うべきであろう。

伊達宗城への書状

尚志が広島に在る時、宇和島藩家老松根図書《ずしょ》が、伊達宗城《むねなり》の意を受けて訪ねてきた。それに対して、宗城宛に書状を送っている（十一月二十五日付）。「今般征長御出征の儀に付ては、千万御配慮在らせられ候段」を聞き、感激したと記している。これは、宗城と藩主宗徳が、徳山藩主に恭順勧告の使者を派遣したことを指しているのであろう。

そして、かねて願っていた「杜甫出塞曲御揮毫」について感謝し、山内容堂《ようどう》（豊信《とよしげ》）にも頼んであるが、まだ入手していないと記している。先代の春山公（伊達宗紀）にもお願いできればと記す（「伊達宗城とその周辺（続）」）。さきの参予会議を通じてであろうか、山内容堂とも揮毫を依頼するような交流が生じていることが分かる。ただし、雄藩諸侯のうち薩摩の島津久光とだけは、この後も接触した様子がない。

容堂について尚志は後年、次のように回想している。「慶喜公には話相手は常に伊達（宗城）山内（容堂）両公なり。種々の相談もありしよし。特に山内侯と親しかりき。同侯は性質快活にして隠匿の風なかりしに由る」（「故永井尚志君ノ談話」『史談会速記録』第百七十三輯）。

出府

十二月二十七日、さきに述べたように征討総督慶勝は解兵を令した。年末押し詰まった二十九日、慶勝は永井・戸川に、状況の報告と長州藩処分についての慶勝の建議を江戸の幕閣に伝えるよう命じた（『綱要』巻五）。両人は、宇品から大江丸で海路兵庫に着き、桑名兵を降ろしたあと、再び海路により慶応元年（一八六五）一月十一日江戸に到着した（「随伴記」）。

慶勝自身は、一月四日広島の陣を撤し、途中、長州藩主父子と五卿の江戸護送を命じた江戸幕閣の十二月二十四日付の命が伝えられたが、そのまま一月二十四日入京した。

長州藩に対する慶勝の処分案は、父子隠居、十万石削減を中心とするものであった。慶勝の撤兵・寛大説には、薩摩藩や、かねて長州に同情的であった備前（岡山）・鳥取（因幡）藩などは別にして、小倉に布陣していた副総督茂昭の福井藩など戦意旺盛な藩は反対であった。慶喜はじめ松平春嶽《しゅんがく》・宗城・容堂らも、総督の処置と意見には強く反発していた（『徳川慶喜公伝』3）。

江戸の幕閣はそれ以上であり、このところ慶喜の独走に疑念を持っていたことから、寛大説の出所は慶喜ではないかとさえ疑った。状況に疎いまま、幕府の威光のために、この際徹底的に長州を叩くべしとの強硬論が、そこでは支配的であった。

一方長州藩内では、主導権が大きく代わっていた。一月七日から、急進派が組織した諸隊と鎮静軍との間に激しい戦闘が十六日まで行われ、諸隊が勝利した。そこで藩主毛利敬親《たかちか》は事態収拾に乗り出し、恭順派幹部の更迭を進めた。

大目付免職、三度目の処分

江戸では、長州藩恭順降伏にすっかり自信を回復した幕閣が、正月二十五日には諸藩に参勤交代復旧を改めて令し、二月には大目付塚原昌義に長州派遣を命じ、長州藩主父子を尾張藩の警護で、五卿は五藩の警護で江戸に監送させようと図る有様であった（『徳川慶喜公伝』3）。

このような情勢であったから、尚志らは、説得どころか幕閣に厳しく詰問される結果になった。総督慶勝は、御三家でもあり全権を委任したという経緯もあって、公には糾弾しにくいことから、いわば身代わりにされたとも言える。これに対して尚志は、病気を理由に引き籠もり、辞職を申し出たようである。

五月六日になって、大目付永井主水正に対して、「右病気に付願の通り御役御免の旨、御右筆部屋縁類に於いて、雅楽頭《うたのかみ》〔大老酒井忠績《ただしげ》〕、老中列座、水野和泉守〔忠精《ただきよ》、山形藩主〕之を申し渡」された（「稿本」）。尚志は、依願免職つまり自身の申し出が認められる形を取って大目付を罷免され、寄合入りとなったのである。寄合とは三千石以上の無役の旗本のことである。閉居こそ課されなかったものの、役職が奪われ、幕臣として三度目の処分を受けたのである。戸川安愛も九日罷免された。

これよりさき、立場は江戸とは異なるものの、長州藩内での急進派復権の情報をも踏まえて、再征を主張する春嶽らの意向を受け、四月三十日、松平茂昭は側近毛受《めんじゅ》鹿之助を江戸に派遣し、幕閣や有司に、再征に先立って将軍が上洛してその勅許を受けるべきだと説かせたが、その説得相手には尚志も含まれていた（『綱要』巻六）。

五月十二日に江戸を発って十八日帰着した毛受は、春嶽書簡に対する尚志の返書を持ち帰ったが、それは次のようなものであった。尊意には同感である。しかし一月十一日軍艦で帰府、以来病気引き籠もり、退職を願い六日許され、七日に毛受に会ったのも内々のことである。近く将軍進発とのことであるが、「実に天下の御至大事、病中徒に杞憂罷在り候事に御座候」（『続再夢紀事』第四）。春嶽に同感とは本音とは思えないが、将軍進発であとに引けなくなることを憂慮していることを、暗に伝えたのであろう。

五月二十三日に秋月右京亮種樹《たねたつ》の書状が福井の春嶽に届いた。秋月は高鍋藩世子で秀才の誉れ高かったが、若年寄格を前年病気を理由に辞していた。秋月は、林大学頭と尚志の漢詩を紹介するとともに、次のように嘆いている。「当時非常の人物、大抵不平を抱え、引込もり申し候」、「稲葉〔正邦〕閣老引込もり、永井主水正も引込もり、気の毒に御座候。当時、閣老皆小吏より上り、一同軽視仕り候歟《か》に承り申し候」（『続再夢紀事』第四）。

3　長州問題と条約勅許問題

将軍進発

朝廷の求める上洛は拒みつつも幕府は、慶応元年（一八六五）三月二十九日、長州藩主父子が江戸召致を拒む際には将軍が直ちに進発するので、諸藩に対して予め準備するよう命じた。次に四月五日、進発準備として老中本荘宗秀・阿部正外・松前崇広《たかひろ》（松前藩主）に随行を命じ、十三日、諸藩の出陣場所を定めた。そして十九日、長州に「容易ならざる企て之れ有り」との理由で、征討のため五月十六日を期して将軍が江戸を進発することを布達した。

新設の歩兵隊と旗本とからなる幕府軍諸隊は、五月五日を最初に大隊列で出発、将軍家茂《いえもち》は五月十六日江戸城を出発し、途中名所旧跡に立ち寄ったりして一カ月以上をかけて閏五月二十二日上洛した。即日参内したうえで、二十五日大坂城に入った。大部隊が大坂に滞陣したものの、実際に長州に攻め込むつもりはなく、進発によって長州側が屈服することを期待していたのである。いかにも当時主流の幕閣保守派らしい気楽な見通しだったが、しかしその思惑はまったくはずれた。

武備恭順と再征勅許

長州藩では、急進派が政権を握るに至っており、三月二十三日には藩主毛利敬親が支藩主に対して、「武備恭順」つまり一応恭順の態度を取るが、幕府側が攻撃してきた場合は戦いを辞さないとの基本方針を提示しており、閏五月二十日には、岩国藩を含む全藩挙げての態勢が成立していた。そしてできるだけ時間を稼いで、戦備を強化しようとしていたのである。

幕府は六月二十三日安芸藩に、徳山藩主毛利元蕃《もとみつ》・岩国藩主吉川経幹の大坂出頭を長州藩に伝達するよう命じ、それは七月九日同藩に伝えられたが、長州側は応じなかった。そこで幕府は、征討の名目を確かにするため勅許を求めたが、薩摩藩の働きかけもあり、朝議は容易に決しなかった。

実は薩摩藩は、第一次征長以後、幕府に対してほぼ見切りをつけ、独自に「割拠」する態勢を固めつつあり、幕府に対抗する長州藩をむしろ支援する方向に大きく態度を変え、接近しつつあった。七月以降、長州藩の求める新型銃や汽船のイギリスからの購入を、長崎で仲介するようになっていた。表面的にはともかく、実質において、幕府対長州藩の対立に関する薩摩藩の位置は、禁門の変の際とは全く違ってきていたのである。

したがって朝廷に対しても、関係の深い近衛忠熙《ただひろ》・忠房父子などを通じて薩摩藩は、長州懲罰の動きを牽制するように工作していた。朝廷には、もともと親長州の勢力もあり朝議は難航したが、ようやく九月二十一日に至って、参内した家茂に長州再征勅許が下された。ところがその直後、今度は対外問題が深刻な幕府内対立を呼びおこすことになる。

大坂表呼び出し

九月一日、勤仕並寄合つまり失職状態にあった永井尚志と戸川安愛に対して、上坂の用意をするよう幕命が下った。在坂の将軍のもとに呼び出されたのである。

「大坂表に於て御用之れ有り候間、早々罷越し候様、用意致さるべく候」(「稿本」)。

因みに、御役御免言い渡しの五月六日から上坂用意命の九月一日までの間には老中の異動はなく、水野忠精・阿部正外・本荘宗秀・本多忠民（岡崎藩主）・松前崇広・松平康直（棚倉藩主）の六人である。免職も再役予定も同じ老中達によって決められたのである。まことに御都合主義的な人事であったと言うべきであろう。

さて長州問題であるが、六月に幕府は、吉川らの上坂を命じていたが病と称して応じず、八月十八日には再度安芸藩を通じて代人の九月二十七日までの上坂を命じていた。長州側は、やはり理由を設けて応じなかった。この時期に永井と戸川が大坂に呼び出されたのは、その顔ぶれから見ても対長州関係の用務を命じるためであったろう。十月初め、尚志は大目付、戸川は使番山田十太夫・同井戸良弘とともに目付に任じられた（『綱要』巻六）。両人ともに前職への再任である。

英公使の威嚇に幕府大混乱

しかし実は、上坂命から大目付再任の一カ月間に、上方に在った幕閣にとっては対外的大事件が発生し、対応をめぐって大混乱に陥っていた。前年九月、下関攻撃後の四国公使は幕府に長州処分と条約勅許を要求していた。幕府側がそれに応じる動きを示さないとして、在坂の将軍の返答を求めて一年後の九月十六日、四国公使が九隻の軍艦を率いて兵庫沖に現れた。老中阿部正外が二十三日、英公使パークスらと折衝したが、四カ国は、長州征討の不実施を非難するとともに、下関事件償金の減額を条件に兵庫開港の時期を早めること、修好通商条約の勅許を得ることを、期限を切って要求した。そしてパークスらは、期限を過ぎれば京都に押しかけ、直接朝廷に折衝すると威嚇した。

窮地に立った在坂幕閣は二十六日、外国側に要求を呑むので、勅許を得るため十日間の猶予がほしいとして了解を得た。しかし、とても認められそうもない案件を朝廷に掛け合うことには躊躇していた。急遽下坂した慶喜ら在京の「一会桑」側が、何としてでも勅許をと主張したのに対して、朝命を得ることなく対応を決しようとする強硬論が大坂で強まってくる。

将軍職返上の動き

すでに文久二年の三条・姉小路勅使東下頃から、有司のなかには、朝廷が無理難題を言うなら将軍職を返上してしまえという声が一部にあったが、いまやそれが阿部・松前はじめ在坂幕閣の大勢となったのである。

横浜鎖港交渉挫折が明らかになるとともに、禁門の変が発生した頃からは、小栗忠順《ただまさ》（上野介《こうずけのすけ》）はじめ開国派有司の多くは、開国路線を貫徹するためにも幕権の回復を強く主張するようになった。攘夷という無理難題を言い続ける朝廷や、それに接近して幕政への発言力を増そうとする雄藩の動きを、封じるべきであると主張した。

また、慶喜が天皇・中川宮（賀陽宮《かやのみや》、尹宮《いんのみや》、朝彦親王）の信任を得て朝廷を動かしているという疑惑を持ち、この際、幕府軍制改革に積極的に協力してくれているフランスの軍事力を借りてでも、長州藩を屈服させ、将軍の権威を回復しようとする説が台頭していたのである（『長州戦争と徳川将軍』、『明治維新と世界認識体系』）。

老中阿部正外・松前崇広らはそれに共鳴し、また幕権回復では一致する、定見のない単純な保守派閣老が多かった。開国派と保守派とが幕府専制回復の点で一致していたのである。

大坂においては再三の協議紛糾ののち、将軍家茂は、このような声に応じる決断をし、十月一日付で、条約勅許を求めるとともに、将軍職を慶喜に譲るとの奏上書を書き、朝廷に伝えさせるに至った。将軍は、できもしない攘夷を要求し続ける朝廷に対して、いわば開き直ったのである。

幕権論とその面々

当時の大坂の内情について在京の秋月種樹は、十月十三日付春嶽（在福井）宛書状で、「大坂一大変事」は「二閣老の過挙と存じ奉り候」として、次のように記している。情報は備前藩探索方によるという。

全く二閣老〔阿部・松前〕大君を壅蔽《ようへい》し奉り候仕方重々恐れ入り候次第、唯々仰天仕り候……松前抔《など》の説は、夷人へ頼み天下を亡し諸侯を亡し天下郡県の世となし、大樹公を以て天下大統領となし、才知あるもの政を執る可きの論を建て候由。夫《それ》故、事を誤り候と存じ申し候。併し是は松前のみならず、幕府諸吏（当今要路の者は皆此説なり。就中二閣老、酒井飛騨守〔忠毗《ただます》、若年寄、敦賀藩主〕、御勘定奉行小栗上総介〔上野介〕、御用取次竹本隼人正は其魁《さきがけ》なりという）皆其説にて夷人と親密に事を取計い候由（『続再夢紀事』第四）。

徳川家茂肖像画
（福井市立郷土歴史博物館蔵）

諸藩を屈服させて封建の制度を郡県制に変え、天皇には実権を与えず将軍を大統領にする、そのためには親幕の外国であるフランスの力を借りるのも厭わない、という構想である。将軍職返上の背後には、突き詰めれば、このような考えがあったと言うのである。

慶喜の奮戦と条約勅許

一方の京都では、大坂側の対外折衝の情報が伝わると朝廷は硬化し、九月二十九日老中阿部・松前を罷免し、国元謹慎を命じた。朝命で直接幕閣を罷免するとは、かつてなかった出来事であった。このような朝命が十月一日に伝わると、大坂城内の憤懣は爆発した。家茂は三日大坂城を発し陸路東下に向かった。朝廷に対して開き直り、関東に盤踞する姿勢を示そうとしたものであろう。また、もし仮に奏上が認められたとすると、将軍慶喜・大御所家茂という事態が出現した可能性も否定できないかもしれない（『長州戦争と徳川将軍』）。

京都で家茂出発を知った慶喜は大いに驚き、四日早朝伏見で家茂を掴まえて、決死の覚悟で勅許を得るので将軍職辞職・東下を思い止まるように、松平容保らとともに説得に努めた。家茂は結局、その説得に応じてこの夜二条城に入った。

慶喜は四日から五日にかけて、家茂の上奏をめぐる朝議の場で文字通り懸命の説得を重ねた。認められなければ自害するが、その結果朝臣がどう報復されるかわからないとまで極言し、結局のところ、夜になって、条約は勅許、兵庫の先期開港は不可との朝命が下された。ここに七年越しに安政の諸条約は勅許されたのである。

条約勅許は七日、老中本荘によって、勅書を読み上げる形で四国公使に伝えられ、これに対して、不満はあるが兵庫開港は江戸で折衝するという条件を付けて、各国軍艦は兵庫沖から八日夜引き揚げることになる。辞職を思いとどまった将軍は、二十六日参内して、辞職嘆願召し止めの勅を受けた。

大目付復帰の日付

このような大混乱のなか、尚志は戸川と同時に復役を命じられたのである。それは十月何日なのであろうか。典拠を原文のまま記す。『柳営補任』は四日として「四日於京都寄合より、再役」と記している。「稿本」も四日とするが、そこで根拠として挙げられている『連城紀聞』二は、一通の書状の内容として三日とも六日とも記している。つまり六日に「左之通」として両人の任命を記した最後に「去ル三日於大坂被仰付旨京都江御呼登事」と記しているのである。

尚志は前月末までには大坂に到着していたはずであるが、大目付復帰の命が何日だったか、いずれとも決めがたい。三日なら午刻（正午頃）に将軍は大坂城を発っており、四日は騒動中であり、六日は勅許が下りた翌日である。もともと上坂命は大目付再役を予定したと思われるが、申し渡されたのはいつどこであったのか。上記の史料から、無理の少ない推定をすると、三日大坂で急遽内命とともに上京を指示され、六日京都で正式に申し渡されたのではないか。また、大坂行きが戸川とともに命じられた時点を考えると、大目付に復帰させる目的は、その時点では専ら対長州問題であったことは確かである。

なお大目付復帰後の『武鑑』では、その居所はもとの浜町となっている。

外国奉行兼帯

もう一つ厄介なのは、外国奉行兼帯の時点である。実は尚志は、大目付に復帰した頃に外国奉行兼帯を命じられていた。『続通信全覧』付録にある役職者一覧によると、慶応三年二月まで外国奉行を兼帯したとしている。しかし任命の時点についてはただ慶応元年とだけ記し、月日はない。『柳営補任』にはそもそも記されていない。

大目付復役以前ということはありえないから、復役と同時かそれ以降ということになる。十一月六日には広島に向けて大坂を出発しており、以後年末までは長州問題で外国と折衝したことはなかった。しかし十月初旬から年内において、急迫した対外対応に人材が必要とされ、兼帯を命じられたのであろう。

唯一推定の手掛かりとなるのが、奥谷文吉の回想である。文吉は尚志謹慎の間、別の永井家分家である小姓組永井保之丞の貸し人として将軍上洛に随行して京都に来ていたが、尚志復帰に伴って尚志の貸し人に復帰した。小姓組と違って、大目付となると、城門を駕籠で通る時には番頭以下の門番が一同土下座するなど気分がよい。「十一月〔ママ〕」に入って兵庫沖の外国軍艦に、一応退去するよう尚志が交渉するのに随行し、尚志が交渉中はその刀を持って甲板で待機していたが、英兵が刀を見て珍しがって、「大将見事、大将見事」と言ったが、交渉はうまくいったと述べている（「随伴記」）。

時期はともかく、兵庫沖で外国船の甲板で待機していたという記憶は事実だと思われる。だとすれば、考えられるのは、十月七日に老中本荘宗秀と外国奉

老中本荘に同行か

行・大目付山口直毅《なおかつ》（駿河守）が勅書を四カ国公使に伝えた際に、外国奉行として尚志も同行していたということである。推定を重ねることになるが、将軍職辞職を翻意した家茂が二条城に在った京都で、十月六日に大目付と同時に外国奉行兼帯を命じられ、急遽下坂して七日の外国側との折衝に加わ

ったということである。

問題が安政の諸条約に関わる事柄であり、かつて四条約の調印に加わった尚志は、当時の経緯に最も通じている人材であった。このことについては、当時の史料には見当たらない。ただし、後年の記述ではあるが、『京都守護職始末』には、「条約の勅許があったので、すなわち老中松平宗秀朝臣、大目付永井玄蕃頭、大坂町奉行井上主水正（初名元七郎）を兵庫にやって、三国の公使にその旨を通じ」とある。

秋月はさきの書状において、フランスの援助期待の動きについて、小笠原・永井が異人に折衝の際に判明したとし、このような動きをあばいた「小笠原・永井の評判甚だ宜し」と伝えている。両者が対外折衝に当たったのは同時とは思えないが、尚志が対外折衝に関係していたこと、幕府専制主義に関与していなかったことは確認できよう。小笠原長行《ながみち》は、文久三年六月、率兵上京で老中格を罷免されていたが、慶喜の推挙で九月四日老中格に復し、さらに十月九日老中に任じられていた。小笠原・永井の両者はこの時期、むしろ慶喜に近かったと言ってよい。また元治元年家茂に随行して京都から江戸に戻り、江戸幕閣と意見が合わず、六月に老中を免じられていた板倉勝静《かつきよ》も、十月二十二日老中に再任された。

4　またも広島へ

長州再征へ

さて長州問題である。呼び付け策が反応を見ないなか、九月二十一日長州再征の勅命が下されていた。幕府としては、長州再征という掛け声を引っ込める訳にもいかず、ことを進めざるをえない立場になった。

大目付復帰後の尚志の動向が当時の史料で分かるのが十月十日である。目付として将軍進発に随行し、当時在京であった木村芥舟《かいしゅう》は、「永介堂今日上京面会」（『木村日記』）と記している。再度、尚志は大坂から上京してきたのである。二十二日付春嶽宛の尚志書状は（二十八日到着）、十一日付書状への返書である。

十日上京を命じられ繁忙で、大監察（大目付）に戻ったが、「長防一条へ御取掛の御手順に相成る」と記す。さきの条約勅許について、「尊示の如く実に皇国生民の幸福」、修好通商条約の交渉と調印に関わった者としての感慨を漏らしている。このうえはますますの公武一和に向かうことを期待している。慶喜宛書状の写しを拝読したが、条約取調の件は同感で、すでに同僚や監察（目付）の建言もあり、近く諸侯の見込みを問うことになりそうである。開鎖論議よりも武備強化を前に出した方が合意を得やすい（『続再夢紀事』第四）。

十六日尚志は、肥後藩留守居の上田久兵衛を二条城に呼び出し、幕府首脳会議（慶喜病欠）は「処詮運を天に任せ討入り候外之れ有る間敷《まじ》く、諸藩の向背は敢て御構い之れ無し」と決定したと伝えた。尚志は、再征に成算があるとは思っていなかったようである。これに対して、中川宮を介して朝廷工作をしていた上田は、軍は進めるとして、討入り前に詰問の使者を派遣すべきだと述べた。

尚志はそれに同意して、頭瘡で療養中の慶喜のもとに向かった。十八日、尚志が上田に、今日会桑と小笠原長行が参内するが、その内容は上田の案通りになろう、進発時期は今は決めないことになったと伝えた（『幕末京都の政局と朝廷』）。

再度詰問使として広島へ

開戦に先立つ現地詰問使の役目が、またしても尚志に託される。十月二十四日、「永井主水正・戸川鉾三郎・松野孫八郎〔目付〕、広嶋表御用仰せ付けられ候」（『木村日記』）。幕政の焦点になっている現場に再度立ち向かう役割を命じられ、その成果が期待されたのである。十一月七日征長軍諸藩の攻撃部署が指示されて、出陣が命じられたが、一方で尚志らによる詰問が実行されることになった。

十月二十七日、在京の老中小笠原から安芸藩留守居に対して、長州藩の責任者三、四人を広島に呼び出すように命じた（『防長回天史』第五編上）。十一月一日、将軍家茂は、尚志らを召見し物を賜った。翌日、尚志は上田と同じ舟で下坂した。この日肥後藩在京の浅井新九郎は、会桑公用人を訪ね、詰問は正激両派を一体化させるのではとの不安を述べたが、会桑側は、「永井侯御出に候えば、御順熟の御方故其辺は篤と御心得にて、軽挙決して之れ有る間敷く、二藩共に安心の様子」であったという（『改訂肥後藩国事史料』巻六）。

三日に家茂は下坂するが、「御先立永井主水正、同役者（使番山田）十大夫」が出迎えている（『木村日記』）。五日には小笠原も下坂した。六日、永井・戸川・松野は大坂を出立し、一行は、新選組隊長近藤勇らを従えて十六日広島に到着した。近藤は、会津藩の許可を得て伊東甲子太郎ら組員八人を率いて随行したが、決死の覚悟で長州藩の内情を探索するつもりであったようで、遺書を残している。「主水正一人は乗馬にて従卒三拾三人付添」、戸川は輿で二十九人、松野も輿で十六人ほど連れ、「供方の者都《すべ》て陣傘、小袴着服」という軽装であったという（『新選組日誌』上）。

広島での詰問

二十日、広島国泰寺において尚志らは、長州藩宍戸備後助（山県半蔵）に対して、「謹慎」の実情につき八カ条にわたって詰問した。応答は午後二〜七時にわたってなされたが、尋問はおおむね穏やかなものであった（『綱要』巻六）。実は十八、十九日、尚志と宍戸側との間には、安芸藩士を通じてやりとりがあった。尚志は「罪人扱にいたしては相済まず」、「衷情底意、腹蔵無く中立て候様」と伝えていた（『防長回天史』第五編上）。八カ条の追及は、返答をそのまま認めるという妥協に終始したものであるが、これは大坂の小笠原らと連携したものであった（『長州戦争と徳川将軍』）。

尚志は、さきの肥後藩士情報にあったように、第一次同様、建前はともかくとして実際は穏やかな対応をすることで、長州内の保守派を引き寄せ、急進派を孤立させることを図っていた。前回同様の「正激分離」論だが、しかし、長州はもはや戦争を辞さずということで一致しており、ただ武備強化のための時間稼ぎを図っていたのである。そのため、双方は一見歩み寄りつつあるように見えたのであろう。

さらに三十日、木梨彦右衛門らに同様の詰問をしたが、その返答を了解し、「自判書」を要求した。文面について数回も応答が繰り返された。十二月九日長州側は、藩主父子・士民とも謹慎の状は申し述べた通りであり、早々に何分の沙汰を願いたいとの「自判書」を尚志に提出した。ただしこの間、尚志は、現地で再三、近藤らの長州藩内視察を要求したが、もちろんこれは固く拒否された（『防長回天史』第五編上）。

十二月十三日尚志は、幕府側の態度決定に疑念を持つ木梨・宍戸両人が、沙汰を待って広島に滞在することも了解し、十六日、広島を発して海路安芸藩汽船震天号で十七日帰坂した。

5　長州処分をめぐる紛糾

長州処分の意見対立

帰坂した尚志は、十八日登城して詰問の結果を復命した。在坂の老中板倉勝静・小笠原長行らは、藩主毛利敬親隠居、世子元徳《もとのり》相続、十万石削減との長州処分案を決めた。長い在坂で幕府の財政は窮迫しており、幕兵には厭戦気分が強く、動員諸藩にも疲弊の色濃い状況であった。開戦しても勝利が確信できないという現実を踏まえて、一年前の慶勝の建白の線に立ち戻った案であった。

二十二日帰京した近藤勇は、会津藩に長州情勢を伝え、次のように述べたという。「君臣陽に謹慎恭順を表すと雖も、陰に戦闘の準備に汲々たる事。……芸州出張の旗下の兵、及び彦根・榊原等の諸藩兵、勇気阻喪甚しく、之をして戦わしむるも勝算覚束なき事。……伏罪の形之れ有るに付ては、此上深く取詰るに及ばず、寛大の御処置之れ有る方然るべしと存じ候事」(『京都守護職始末』)。かなり正確な情勢分析をし、現実的で穏健な対応を主張しているが、この点、尚志も同意見だったであろう。

二十三日、尚志は在坂老中の案を携えて上京、それをめぐって一会桑が協議するが、慶喜をはじめ、その案は生ぬるいとの意見が多かった。前提として今一度、厳しく詰問すべきだと言うのである。大坂と京都との間で対立が生じたのだが、前回同様、現地に遠い側が筋論を主張し強硬論であった。

尚志の意見

二十五日付在京肥後藩士三宅藤右衛門の国元宛情報では、尚志の意見は、ここで寛大な処置を申し渡せば「正激相分」るであろうという。つまりこれを拒否する急進派は恭順派によって排除されるであろうとするのである。慶喜は、このままでは再征の名義が失われ「幕威も是限り」であり、再度詰問巡検をすべしと言う。尚志は、その場合、討入りの覚悟がなくてはと「御懸念の趣」で、まとまらない(『改訂肥後藩国事史料』巻六)。

二十五日にも対応が協議されたが、対立は解けなかった。慶喜は、今一度厳しく詰問することを主張、そのうえで恭順が明確であれば、一旦領地没収のうえ三十六万石のうち十五万石を与える。会・桑は半減の十八万石との説であった(北原雅長『七年史』下巻)。

尚志は、年末年始にしばしば京坂を往復して京都側の説得に当たったが、調整は難航した。慶応二年(一八六六)一月七日には、板倉らが上京し一橋慶喜と論争になった。板倉は、再征に批判的になった福井藩や今や公然と幕府を厳しく非難するようになった薩摩藩を、公議拡大とは行かなくとも、何とかつなぎ止めたいとしており、尚志を含めて「正激分離論」を前提にする寛大処分論であった。慶喜は幕府の面目が立たないとして糾問にこだわった（『長州戦争と徳川将軍』）。

この間、すでに隠居であった大久保一翁（忠寛《ただひろ》）が、大坂に呼び出され、十二月二十四日閣老に意見を問われた。大久保は、長州藩には軽い罰（防州取り上げ）で収める、薩摩藩に斡旋させるも一案である、雄藩の「公議」を取り入れる大政改革が必要である、と述べた（『続再夢紀事』第五）。幕臣のなかでは、幕府を取り巻く客観情勢の変化に敏感な尚志や大久保であったが、彼らにしてさえ、この時期になると、ひそかに進行している長州藩や薩摩藩の現実の動向に対して、認識の遅れが目立つようになってきていた。

処分の決定

一月十九日、また上京した板倉・小笠原は慶喜と協議、結局慶喜が折れて大坂側案に決した。「朝敵」表現は避け、慶喜の糾問説を抑えたのは、大坂に在る家茂の決裁であった。

内部の事前折衝のうえ二十二日、慶喜・板倉らは参内し、朝議は紛糾したが、ようやく勅許された。禁門の変後の朝廷の意志決定に責任のある者として、関白二条斉敬《なりゆき》・中川宮らは、長州藩側の反応を大いに恐れ動揺していた。矛盾しているが、「朝敵」の名を消した場合、逆に「寛大」と言いつつ予想以上の処分をした場合、いずれも長州藩士が襲ってくるのではないかと恐怖の念に駆られていたのである（『長州戦争と徳川将軍』）。

この日下された長州処分沙汰書は、「朝敵」表現は避けつつ父子の隠居、しかるべき者の相続、十万石削減、禁門の変首謀三家老家の家名断絶という内容であった。しかし、長州藩は、もはやこのような「寛大」処分を受け容れるような状況には、まったくなかった。

薩摩・長州の反応

まさにこの一月二十二日、在京の薩摩藩西郷隆盛・小松帯刀らと長州藩木戸孝允との間で、坂本龍馬立ち会いのもと、ひそかに薩長盟約が取り結ばれていた。それは、薩摩藩は長州藩の「冤罪」を雪ぐため最大限の努力をし、もしも幕府が長州藩を攻める事になれば、薩摩藩は兵を兵庫・大坂方面に出して牽制に当たるというものであった（高村直助『小松帯刀』）。

二十四日中根は、この日板倉らと下坂した尚志を訪い、朝議を聞いた。大久保利通（一蔵）が帰国らしいので、書翰で通知してはと言い、尚志も同意したという。彼らの状況認識は現実とは全くずれていたが、薩摩藩は幕府を公然と批判しつつも盟約一件は秘していたのである。

二月一日、中根は在京の薩摩藩家老小松を訪問した。幕府の処分内容を伝えたところ、「士民容易に承伏すまじ」、二年前とは違い「形勢一変」しているという小松の返答である。小松は最近、尚志と面会したようで、「過般、……寛典とある上は現時の儘にて御済しある様にと永井大監察へ申し出、大監察も聞き置くべしと答え」ていたのに、幕府は処分を請けなければ直ちに討ち入るつもりかと反問した。そして小松は、事態を収めるには、大久保一翁・勝の登用が必要だと述べた。（『続再夢紀事』第五）。

この頃から長州藩には、小笠原らの来芸の風聞が伝わり、処分の内容は、さきに尚志らが了解して寛典だと思っていたが、予想とは大きく相違していると受け取っていた（『防長回天史』第五編中）。朝廷側の原案はもっと寛大であったという様々な「没勅書」（没にされた勅書案）が出廻り、寛大な朝廷と厳酷な幕府と見立て、朝幕対立を煽る結果になっていた。関白・中川宮らが懊悩する一方、安芸藩世子・備前藩主らが上京して寛大処分を嘆願しようとするといった動きがあった。

三度広島へ

一方、この幕府の難局に対処する人材として、尚志に期待する声も強かった。二月四日、春嶽宛大久保一翁の書状は、「大小監察等はや、もすれば御威光論より上には出ず候。只々頼るは永井主水正計りと存じ候」と記している。また十日付春嶽の伊達宗城宛書状では、「只々有司人材頗る地を払うのよし。大監察にて永井主水正・室賀伊予守〔正容《まさかた》〕、此の二人を除き候えば、皆斗筲《とそう》〔小器量〕の人のみにて慨嘆に堪えず候」と、有司の人材払底を嘆いている（『続再夢紀事』第五）。

その尚志に、またしても難しい役目が回ってきたのである。一月二十六日、長州処分を通告し受け容れさせるため、小笠原長行に広島行きが、大目付永井・同室賀正容らに随行が命じられた（『綱要』巻六）。二月四日小笠原は、将軍家茂から処分通告について「全権」を付与されて、随行者とともに出発、七日広島に到着した。

一方長州側は、幕府の疑念は、さきの尚志の尋問の結果すべて解消したはずであり、廃削などの幕命は決して受け容れないと九日に藩政府が決議し、これを十一日に安芸藩に伝達していた。そして、処分の内容がはっきりと伝わってきた三月上旬には、その通りの通告であれば開戦しかないとの気運が藩内に充満してきた(『防長回天史』第五編中)。

二月二十二日小笠原は、処分申渡しのため三末家・吉川・本藩家老の広島出頭を命じたが、二十七日には、いずれも病気で出頭できないとの返答があった。小笠原は広島に在った宍戸備後助に出頭への尽力を命じた。長州側は極力時間を稼ぎ、戦備を整えようとしていたのである。

事態の膠着

三月二十八日と四月六日、永井・室賀らは、広島に安芸藩世子浅野長勲《ながこと》(茂勲)を訪い、長州藩代表の広島出頭の幕命を伝えるように依頼した。結局芸州からの使者は十日に山口で幕命を伝えたが、長州藩側が出頭することはなかった。

四月初め、幕府から別手組が広島に到着したが、これは、小笠原を督促する意味を持っていた。またこの間、京都においては、現地に影響を与えようとする様々な動きがあった。四月六日には、一会桑が参内したが、朝幕一致のセレモニーであった。他方、十四日には薩摩藩の大久保が、藩として出兵を拒否すると上申し、六カ条にわたりこれまでの幕府の朝意違反を追及した。このように難しい状況であったにも拘わらず、孝明天皇は再三酒宴を催し、魚鳥放生行事を眺めているという有様であった(『長州戦争と徳川将軍』)。

ようやく四月下旬に至って、長州藩主父子らの名代宍戸備後助と支藩・岩国藩主名代四人が広島に到着した。五月一日、広島国泰寺において、「病気」の宍戸を除く名代らに、小笠原が裁許を申し渡し、尚志が文書を交付した。それは基本的に一月二十二日の決定と同じであるが、家督を元徳の子興丸とし、別に、末家・吉川家による本藩の家政取締・領内管轄、高杉晋作・木戸孝允ら急進派幹部の広島出頭を命じていた（『長州戦争と徳川将軍』）。

これに対する請書提出期限を五月二十日とした。しかし、処分はもはや済んでいるとして請書提出を拒む宍戸を、小笠原は九日拘束し翌日安芸藩預けとし、ここに交渉は事実上断絶した。

宍戸拘束について、尚志は不可と言ったが聞かれなかったと言う。「父子代人宍戸備後介、其日病と称し出ず。壱岐守〔小笠原〕初め備後介を拘留せんと欲す。余、其不可を言う、而して聴かず」（「手記」一）。小笠原は、請書提出を二十九日までに延期したが、もちろん提出されることはなかった。むしろ長州側は幕府側から戦端を開くことを望んでいたのである。

6　幕長戦争

幕府開戦

もはや振り上げた拳を下げることのできなくなった幕府は、ついに開戦に踏み切り、六月五日を以て長州藩を攻撃するように命じ、七日には慶喜と松平定敬《さだあき》が参内し、裁許違反で長州藩を征討すると奏聞し、これを認める沙汰が下された。

その六月七日、幕府軍は周防大島付近を軍艦から砲撃し始め、十一日には歩兵隊を上陸させ、大島を一時期占領した。しかし、領内を占領したのはこのケースだけで、長州軍の頑強な抵抗で攻め込むには至らなかった。

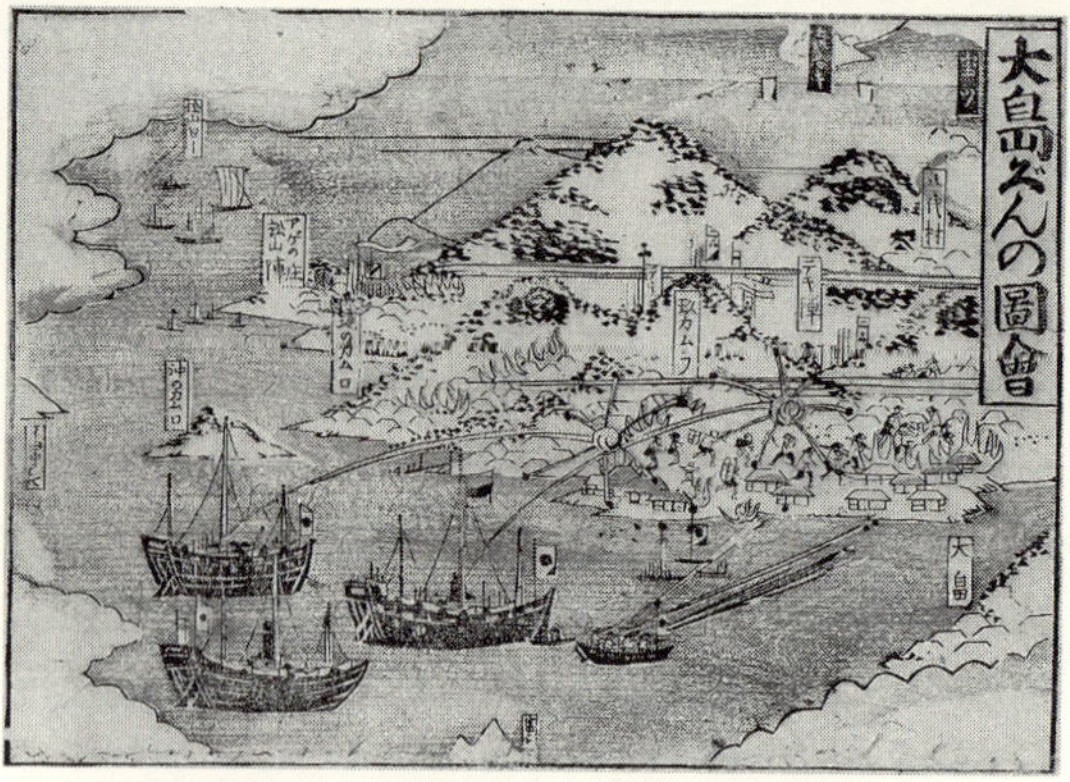

大島を砲撃する幕府軍艦（山口県立山口博物館蔵）

幕府側は、新設の幕府歩兵隊など一部は、新式銃を持ち練度も高く強力ではあったが、長州側も、いまではよく組織された新式銃装備の軍勢となっていただけではなく、戦意高く現地地理を知悉したうえで、地元住民の支持も得ながら、機敏な反撃を繰り返したのである。幕府側が、予想以上に攻めあぐむ状況が続いた（三宅紹宣『幕長戦争』）。

この戦争での尚志の役割は督戦役だったようで、随行した文吉は次のように、これまた古典的な行動振りを回顧している。

> 玄蕃頭は連日残暑のきびしい戦線を、馬でかけまわって督戦せられたが、お供の酒井、山田、芳沢、奥谷の四人は徒歩であるから、ついて走ることができない。ただ、本藩〔加納藩〕からつかわされた山田城太郎という十六才になる少年は、実に足の早い男で、玄蕃頭のおせわをした。この主従二人が陣へついてから、一時間もたって、あとの四人がふうふういって、玄蕃頭の陣についた。
>
> （「随伴記」）

戦況不振が伝えられるなか、大坂城の将軍家茂は脚気を悪化させていた。一方、現地では、先鋒副総督の老中本荘宗秀が、独断で長州藩懐柔を図った。六月二十二日、拘束していた宍戸備後助に、幕令受容と嘆願とがあれば戦争は収まるので周旋するよう伝え、長州に送り返したのである。

長州側はこの動きを受け容れることはなく、幕府側は指導部自壊の状況になってしまった。宍戸を拘束したのは小笠原の独断、解放したのも本荘の独断、幕府側の首脳部は、それぞれがばらばらに事態の収束を焦っていたのである。宍戸独断解放に対して先鋒総督紀州藩主徳川茂承は激怒し、七月四日、辞表を持たせて老臣を大坂に派遣した（『幕長戦争』）。

尚志上坂

十四日、在坂閣老から尚志に、急遽広島から上坂せよ、不在中は陸軍奉行竹中重固《しげかた》に大目付職を担当させるとの命が伝えられた（『綱要』巻六）。これは、現地の状況を確認して大坂で善後策を決するためであったろうが、さらに差し迫った将軍の病状に関する件の相談も受けることになった。

尚志は十六日に着坂したが、登城したのは十七日であった。茂承について、辞意が正式に認められるまでは、当面総督を続けてもらわないと現地諸藩の意気が挫けてしまう、と伝えたのである。福井藩の記録には、次のようにある。「永井主水正一日引籠り、翌日より出勤にて、紀州殿へ御総督御免、願通り仰せ出され候迄は、此儘御勤め成られ候様、左様之れ無く候えば、諸藩勇気挫折相成り候趣申し上げ候よし」（「登坂心覚」『松平春嶽全集』第四巻）。

一方、本荘は出頭を命じられており、十五日広島を発して大坂に向かい、二十五日に罷免された

（『幕長戦争』）。

将軍家茂没す

十八日、尚志は老中板倉らから、家茂がもはや危篤状態であり、後継者を早急に考える必要に迫られているとの相談を受けた。尚志は早速、下坂していた慶喜に面会した。征長で幕府が一致団結して当たらなければならない極めて大事な時期でもあり、万一の場合の後継者は慶喜以外にはありえないと打診した。しかし、慶喜は黙然とするだけであったという（『続再夢紀事』第五）。尚志は、幕府の最高機密に関与していたのである。

十九日、前日大坂に到着した春嶽が登城、尚志に会った。尚志は、内々の相談だとして、前日慶喜に会ったいきさつを話した。春嶽は、尚志と同じ意見であるが、慶喜は容易には受けまい、「御遺命歟、又は朝命か、なるべし」と述べた。尚志は、その件については、大目付川勝美作守広運《みまさかのかみひろかず》が帰京の上は「決死尽力」のつもりである、と伝えた。

春嶽は次に板倉とも会い、同様のやりとりをした。板倉は「御遺命」は容態から見て「迚《とて》も左様には至るまじ」と将軍遺命は無理と言い、万一の場合しばらくは秘しておくつもりだと語った。その後春嶽が、障子の隙間から家茂苦悶の様子を覗き見、落涙したという（『続再夢紀事』第五）。

将軍家茂は翌七月二十日、わずか二十一歳で死亡した。そのことは当分秘せられ、後継者決定の工作が進められた。慶喜自身のちに「昭徳公〔家茂〕薨《こう》じ給いし時、板倉伊賀守・永井主水正は御遺命と称し、予に相続を勧めてやまず。……それより後は日ごとに来りて、「今日はいかに、今日はいかに」と迫るのみなりき」（『昔夢会筆記』）と述べている。すでにこの頃からこの二人は、幕府幹部のうちで慶喜に最も近い存在になっていた。

板倉勝静は、松平定信の孫で備中松山藩主となり、儒者山田方谷を政治顧問とし三島中洲を藩校学頭とし、文久二年以後断続的に老中を務め、のち中洲に「忠誠の人」と評された人物である（「板倉伊賀守伝」『旧幕府』第四号）。

慶喜は容易に承諾しなかったが、最後まで家茂の側にあった板倉が、家茂の期待は慶喜にあったと繰り返し説得した結果、七月二十七日になって慶喜は、徳川宗家相続のみを承諾した。

慶喜、出陣取り消し撤兵

徳川宗家を相続することにした慶喜は、家茂死去が公表される八月二十日に先立って、自ら長州追討のために出陣すると決断した。将軍死去を理由に兵を退く選択肢もあったはずだが、どういう目算があったのだろうか。慶喜は、八月八日出陣暇乞いのため参内し、追討の勅と剣を賜ったうえで、芸州口を自身が指揮し、茂承は石州口に回る予定を定めた。ところが、小倉口の幕府方が壊滅したとの報が入ると、一転して慶喜は腰砕けとなった。

軍艦奉行勝海舟は十六日、慶喜から呼ばれ、直接に長州との停戦交渉を命じられた。二十一日には将軍の死を理由に休戦の勅命が下された。勝の談判は九月二日、厳島で広沢真臣らとの間で行われたが難航、幕府の撤兵を追撃しないということで、ようやく了解が成り立った（『勝海舟』）。

それまでに尚志は広島に戻っていた。勝は三日広島で総督徳川茂承と尚志に会って報告したのち、即夜広島を発して帰坂の途についた（『防長回天史』第五編中）。茂承は四日解兵令を発し、自身直ぐ出発して六日に大坂に戻った。第二次長州征討は、誰の目にも幕府側劣勢のなか、うやむやのうちに終わったのである。

九月十九日「永井等へ書状」と在京の木村芥舟は日記に記している。木村は七月下旬に、かってより格下だが軍艦奉行並に任じられ、上京して九月十一日若州屋敷の陸軍局の一角に海軍局を設けた。このようなことを報告したのではあるまいか。八日付けで海軍奉行並小栗忠順と木村の連名で、海軍の階級・歳俸を実力本位とする建白が出されており、尚志への手紙も、海軍整備に関することであったろう。

尚志、広島退去

慶喜が将軍職を継ぐ意志を内々に明らかにするなか、九月二十二日春嶽は慶喜を訪問した。春嶽は、過日大小監察等の人選は大事だと言っておいたが、どうなったかと問うた。これに対して慶喜は、次のように語った。「永井主水正近日上京すべし。其他には浅野美作守（氏祐《うじすけ》、陸軍奉行並）・大久保主膳正（忠恕《ただよし》、もと大目付で京都町奉行）等至極然るべきか」。これに対して春嶽は、勝海舟は「一奇人」だが軍艦奉行のまま諸侯相手に使えよう、大久保一翁も「強情」だが隠居のまま使うのが良いと言った（『続再夢紀事』第六）。慶喜は、将軍になったら抜擢すべき人材として最初に尚志の名を挙げていたのである。

十月五日尚志は、広島を発し帰坂の途につき、十八日着京した。『木村日記』には、二十三日尚志の「水主同心五十壱人陸路帰府」とある。

将軍空位のなか、様々な動きが生じていたが、九月七日朝廷は慶喜の建言を容れて、「衆議」を聞くべく二十四藩主を召集した（『徳川慶喜公伝』3）。これに対応する幕府側の態勢作りも進められていった。十月二十一日には、板倉と若年寄大河内豊前守正質《まさただ》（大多喜藩主）に京都在住が命じられた。また二十四日、尚志の実家の当主である老中格松平縫殿頭《ぬいのかみ》乗謨《のりかた》が上京し（『京都守護職日誌』第四巻）、十二月四日には陸軍総裁に任じられた。

第七章　大政奉還に奔走

1　将軍慶喜のもとで

十五代将軍の誕生

長州再征が戦況不振のうちにあって、将軍薨去を理由に慶応二年（一八六六）八月、あいまいに収束されようとしたことは、朝廷内にも大きな波紋を呼び起こした。孝明天皇は慶喜《よしのぶ》の出陣中止に激怒したといわれるが、八月三十日、親長州派の朝臣大原重徳《しげとみ》ら二十二人が「列参」して、国事扶助中川宮（尹宮《いんのみや》、朝彦親王）・関白二条斉敬《なりゆき》を集団的に弾劾し、征長軍解兵、朝政改革、文久・元治の処分朝臣の赦免などを要求し、これに対して中川宮や関白は辞意を示した。

一方徳川宗家を継いだ慶喜は、将軍空位のなか、長州処分や将軍職をめぐる様々な動きにも関連して、「衆議」を聴取するために有力藩の召集を要請し、さきに触れたように、これを容れて九月七日、

徳川慶喜
（福井市立郷土歴史博物館蔵）

朝廷から二十四藩主に対して上京の召命が下った。しかし、これを受けて上京した藩は半数に満たなかった。多くの藩は模様見を決め込んでいたのである。

このように、行き詰まり混沌とした政治状況のなか、天皇は新将軍の早期就任による政治秩序回復を望んだ。家茂《いえもち》の喪が明けた九月二十六日、天皇は慶喜に除服出仕（喪服を脱いで公の活動をすること）の勅を下し、十月十六日慶喜はこれに応えて参内し、ついに十二月五日、正二位征夷大将軍の宣下《せんげ》を受けた。十五代将軍徳川慶喜の誕生である（久住真也『幕末の将軍』）。

玄蕃頭に戻る

宣下前日の四日、新将軍と外国公使との接見を予定して、永井玄蕃頭《げんばのかみ》尚志・川勝美《みま》作守《さかのかみ》広運《ひろかず》の両大目付はじめ、勘定奉行・外国奉行・大坂町奉行らに対し、「近々外国公使大坂へ御呼寄せ、御目見仰せ付けられ候に付、右御用懸相勤めらるべく候事」、と対外応接準備が命じられた（「稿本」）。将軍の公使引見は、結局翌年三月に実現することになる。

どうやら、この対外任務の命が出されたのを期に、尚志の公称はこれまでの「主水正《もんどのしょう》」から「玄蕃頭」に戻ったようである。『維新史料綱要』巻六での呼称も、この十二月四日以降は玄蕃頭になっている。前に述べたように、長崎表取締御用目付として対外折衝に当たることになったのを期に、

「玄蕃頭」を認められていたが、安政六年八月罷免・俸禄剝奪以降、用いなくなっていたものである。外国奉行兼務の大目付であることが再認識されたとも言えよう。

在京の軍艦奉行並木村芥舟《かいしゅう》の日記は、十二月六日、「本日永井玄蕃頭より、旭日丸大砲方等の問合せ之れ有り」、二十五日、「永井玄蕃頭より、御船家来御賄料持たせ来る。音八へ相渡す」と、これまでの「主水正」ではなく、いずれも「玄蕃頭」と記している。

幕府は一八六七年のパリ万国博覧会に出品する予定であり、幕府代表として慶喜の弟徳川（清水）昭武《あきたけ》を渡仏させることになった。以下は、ともに在京であった外国奉行兼務大目付尚志と軍艦奉行並木村との、それに関連した動きである。年も押し詰まった十二月二十九日「永井玄蕃頭より、民部〔昭武〕様御乗船の義に付、相談之れ有り」。慶応三年（一八六七）一月一日「同断の儀〔民部帰浜〕に付、永井玄蕃談之れ有り、前文一同、浪華へ急御用状を以て、貞蔵へ一封遣す」（『木村日記』）。当時在京していた昭武の帰浜乗船の手配のことであろう。

昭武は京都を一月三日に発って五日兵庫を出帆、九日横浜に到着し、十一日に随員を従えてフランスに向かって出発した。よく知られているように、これには渋沢栄一らが随行していた。

新将軍慶喜の課題

徳川慶喜の将軍職就任は、孝明天皇の強い要請に応え、その支持を期待してのものであったが、しかし就任わずか二十日で天皇崩御という予期せぬ事態のもとで、慶応三年を迎えることになった。極めて活動的で決断力のある、政治家とも言える将軍慶喜の前には、様々な難しい課題が立ちはだかっていた。

まず、新天皇（一月九日十六歳の睦仁《むつひと》親王践祚《せんそ》）をいただく朝廷との良好な関係をつくり、自らの権威を裏付けることである。長州処分問題で反発を買った会津藩・桑名藩とはもはや「一会桑」という結束は無理になったが、自己を権威づけるためには、幼少の新天皇の側近である反幕的な外祖父中山忠能《ただやす》らを含め、朝臣との関係を良好にし、朝廷を背後に擁する必要があった。

長州処分については、この件で距離のできた会桑はさておいても、親長州的な朝臣や寛大処分を強く求める薩摩藩・福井（越前）藩など雄藩との関係を考慮しつつ、決断することを迫られていた。この問題を含めて、慶喜に批判的になった前福井藩主松平春嶽《しゅんがく》や反発する薩摩藩「国父」島津久光を何とかつなぎ止め、雄藩と朝廷とを仲介する将軍の姿を示す必要があった。

さらに、対外約束である兵庫開港期限まで一年を切り、イギリスはじめ各国が強硬にこれを要求していた。それに応え、新将軍が開国路線であることを対外的に明確に示すことが求められていた。

その一方で、慶喜自身の基盤は固いとは言えなかった。御三家とはいえ水戸藩から将軍が出るのは異例であったうえ、父斉昭《なりあき》の強烈な個性の記憶からその「英明」さに警戒心を抱く者も少なくなかった。また一橋家出身であることから、支えとなる直接の家臣はごく少なかった。

慶喜は江戸の開国派有司らの動きと連携を図りつつ、幕制の合理化・簡素化を図る。軍制改革をさらに進め、人材の抜擢を行い、フランス公使ロッシュの助言を容れて老中合議制に代えて五局専任制（外国・国内事務・会計・海軍・陸軍各総裁）を採用した。慶喜は、江戸に戻れない政治状況のなかで、二条城にも敢えて入らず、従来通り「若州屋敷」（旧酒井若狭守邸）に在って、様々な改革の指示を出していた。

慶喜はまた、これらの難しい諸問題に、対応を模索しつつ極めて能動的な動きを示すが、事態は複雑化し、結局はこの年半ばには行き詰まっていくことになる（『幕末の将軍』、『徳川慶喜』）。

閑叟引き出しに九州へ

長州処分と兵庫開港をめぐって、元治元年の参予会議のように、雄藩諸侯が天皇のもとで将軍とともに協議する形の再現を目論んで、島津久光を主唱者として、雄藩諸侯が上京する動きを示していた。慶喜はそれを受け入れる態度を取りながら、自身の味方と期待して、佐賀（肥前）藩の鍋島閑叟《かんそう》（直正）の上京を待ち望んだ。その引き出し役を命じられたのが尚志であった。

一月十八日尚志に、閑叟呼び出しの命が下り、尚志は則日京都を発した。これは数日前から予定されており、木村は、十三日「浪華へ御用状三時限にて差出し、神速丸へ永井玄蕃頭乗せ九州行の儀」、次に十八日「永井玄蕃頭へ、神速の儀打合せ」、さらに二十二日には「神速丸へ永井玄蕃頭乗組（兵庫か）、一昨廿日出帆の旨、浪華より御用状今朝来る」と記している（『木村日記』）。尚志は、幕府の汽船神速丸で九州に向かったのである。

尚志は二十八日佐賀に到着した。早速この日欄干荘（御茶屋）で閑叟に面会、「実々皇国の大変」なので、上京して御高見を伺いたいという慶喜の直書を渡している。尚志は閑叟とは、長崎時代から旧知の関係にあった。翌々日にも面会したが、しかし閑叟は病気を理由になかなか腰を上げようとはしなかった。その後再三の催促により、ようやく着京したのは、すでに四侯会議が事実上解体した六月二十七日のことであった（中野礼四郎編『鍋島直正公伝』第六編）。

九州を久しぶりに訪れた尚志のその後であるが、奥谷文吉の回想では、佐賀に随行し「同地方で日本一の製鉄所を見たり、長崎にいて異人の居留地や病院というものを見て、帰りは土州侯の蒸気船で九州南端を迂回して兵庫に上陸し」たという（「随伴記」）。

後藤象二郎
（高知県立歴史民俗資料館蔵）

長崎で誰に会ったかは不明だが、在崎の土佐藩執政後藤象二郎には会っていた。尚志の回顧では前年と記憶違いしているが、長崎からの帰途、長州領下関を通るのは危険なので、「後藤氏を招きて借船を託し其船に乗りて土佐へ廻り」帰った、と述べている（「故永井尚志君ノ談話」）。ここで後藤と親交を結んだことは、間もなく重要な意味を持ってくることになる。そのことを含めて、西国諸藩の動きを知り、長崎で様々な情報を入手したことは確かであろう。

旗本初の若年寄格に

帰京間もない二月三十日、永井玄蕃頭は御座の間において将軍から、「若年寄格仰せ付けらる。七千石の高に御足高下され、若年寄の通り相勤めるべき旨仰せ出され」た（「稿本」）。若年寄は大名から選ばれる役職であり、旗本からの若年寄起用は前例がなく、尚志が初めてのことで、大抜擢であった。また本高一千石のところ足し高六千石で七千石とされたのである。

後年慶喜は、幕府内では人材抜擢に身分の壁が障害になっていたことを嘆き、次のように述べている。「余の力にては玄蕃を若年寄に用いたるが精一杯なりき」。「ずいぶん諸藩には非常に抜擢したのがある。まず幕府の方では非常に抜擢といったところが、永井主水正が若年寄になったというくらいのものだ。それで幕府には人がない、人がないじゃない、採る途がないのだ」（『昔夢会筆記』）。

幕制の古い慣行を打破するのは容易なことではなかったと回想しており、尚志の抜擢は当時大変思い切った人事であったことが語られている。なお、これに続いて四月には、浅野氏祐《うじすけ》が、陸軍奉行並兼勘定奉行から若年寄並兼陸軍奉行に、平山敬忠《よしただ》（謙次郎）が外国奉行から若年寄並兼外国総奉行に、いずれも旗本身分から任じられているが、「格」は「並」よりも格上であった。

前年十月から在京を命じられていた老中板倉勝静《かつきよ》、若年寄格永井尚志、そして一橋時代からの腹心で目付に任じられた原市之進という「行動的な側近グループ」が形成され、ある意味で孤独な慶喜の政治活動を支えていくことになるのである（『幕末の将軍』）。

尚志の日常と家族呼び寄せ

奥谷文吉は、若年寄格になった尚志の日常とその家族について、次のように回想している。

尚志は毎日馬で出勤するようになり、馬に乗れない文吉も馬を買い与えられて乗馬の練習をした。四月には壬生《みぶ》から日暮《ひくらし》通り二條上る元郡山藩邸の役宅に移った。九月には妻女・養子岩之丞らが江戸から家来三十余人を引き連れて到着し、尚志は広い邸内を見せて回った。

玄蕃頭は馬術が得意で、剱術も達者であった。砲術は長崎で蘭人の直伝を受け器用であった。家来たちは昼間に武芸のけいこ、夜は漢学、洋学、数学などの講義をうけた。撃剱は大流行の時代で、近藤勇が自身で指導に来た。

（「随伴記」）

当時は京は物騒なので、尚志が外出の際、殊に夜は、お供のほかに非番の者全員が護衛に当たったという。

兵庫開港を四国公使に公約

英仏など四国が強硬に兵庫開港を求めていたことは前に述べた。将軍となった慶喜は、文久二年のロンドン覚書で約した兵庫開港期日である慶応三年十二月七日（洋一八六八年一月一日）が一年以内に迫り、その半年前に布告すべき時点が六月七日と迫ったことから、早急に対応する必要があった。この点で、ある意味で慶喜にとってプラスだったのは、兵庫開港に強く反対していた孝明天皇がもはや亡くなっていたことである。

慶喜は二月六、七日、大坂城でフランス公使ロッシュと会見した。その強硬な要求に対して慶喜は、期限通り兵庫を開港することを公約し、四国公使と将軍として正式に謁見することを伝えた。しかし一方では十九日、雄藩諸侯に上京を促すとともに、兵庫開港についての意見を三月二十日までに提出するよう求めた。そう言いながら他方で、次に述べるように三月五日には、兵庫開港を勅許するよう奏聞書を提出していた。これでは、二枚舌と言われても仕方のないやり方であった。

そして大坂城で三月二十八日には英仏公使・蘭総領事、四月一日には米公使を、将軍として引見し、期限通りの兵庫開港を公言し、新聞に報道してもよいとさえ伝えたのである（『徳川慶喜公伝』3）。

公使引見の裏方

慶喜が兵庫開港勅許を奏聞した三月五日、尚志は、帰国を求めて不勤中の京都守護職松平容保《かたもり》の側近外島機兵衛《としまきへえ》を呼び出し、外国公使らが近々また兵庫に到来する情勢で、もはや兵庫開港はやむをえない旨を説得し、板倉から容保に宛てた奏聞書写しを託した。なお同日、容保の一時帰国がいったんは許可されている。

慶喜の三月末・四月初めの四国公使・総領事引見に際して、尚志はじめ御用掛を命じられていた幕臣は、公使らの上陸に際しての祝砲、大坂城との間の警衛、城内での儀礼と接待など、その準備に追われた。なかでもハリス出府など、外国使節との応対の経験の多かった尚志の実質的な役割は極めて大きかったであろう。引見の場には、尚志は板倉とともに陪席し、その後四日に板倉とともに帰京し直ちに登城している（『京都守護職日誌』第四巻）。

2　孤立する慶喜

四侯上京

四月十二日の島津久光を初めとして、伊達宗城《むねなり》、松平春嶽、遅れて五月一日に山内容堂《ようどう》が上京し、ここに四侯が揃い、慶喜と協議する予定になった。諸侯上京は朝廷と将軍が求めたものであったが、一方では薩摩藩の反幕派西郷隆盛（吉之助）・大久保利通（一蔵）の働きかけにもよっていたのであり、それぞれの思惑は大きく違っていた。

主な問題は兵庫開港と長州処分であり、兵庫開港ではそれ自体には反対はなかった。また、長州藩の「寛大処分」ということでも一応相違はなかった。しかし、慶喜はこれらについて四侯の合意を取り付けたうえで、上奏して勅許を受け、将軍として天皇のもとで権威を確立したかった。長州藩に対しても、第二次征長における失敗など幕府のやりすぎは「反正」するが、最低限のけじめは必要としていた。

これに対して、四侯特に久光は、幕府の徹底的な反省と将軍の位置づけの改革が必要であると考えていた。兵庫開港自体はよいが、この際、幕府の条約締結権を天皇に回収すべきだとしていた。将軍が諸侯の意見を取りまとめて上奏して勅許を受けるのではなく、将軍・諸侯が横並びで協議した結果を踏まえて、天皇が決裁して勅を下すべきだと考えていたのである。

パークスは当時、本国への報告において、将軍と諸侯との会議では、外交について大きな相違は生じないだろうが、問題は将軍と天皇との関係であろう、と薩摩藩士らは述べたと伝えていた（萩原延寿『遠い崖』⑤）。

長州処分については、久光は、第一次征長で決着はついており、もはや無条件で長州藩の名誉を回復すべきだと考えていた。

このように、双方の思惑は、内実では全く相反していたのである。

慶喜と四侯

四侯が出揃った五月六日、春嶽の意を受けて中根雪江が、慶喜の腹心である原市之進を訪問した。四侯が上京して議論しているが、彼ら自身には邪念がないのに、薩摩藩士に企みを持つ者が居るようである。藩侯には慶喜公自身が当たられるとしても、これら藩士に腹を打ち割って話せる人材は誰かと問うた。これに対して原は次のように答えた。「誠に当惑の至り」であるが、そういう人材は居ない。「板倉閣老とて大名なれば下情に疎《うと》く、永井参政は老練なれども気力に乏し」（『続再夢紀事』第六）。

なお板倉について木村芥舟は次のように評している。「其思慮詳密に過ぎて、勇断を欠くの憾《うら》みなしとせず。太平の宰相としては猶綽々余裕あるべしといえり」（「幕府名士小伝」）。

五月十四日、四侯が二条城に登営、ここで両問題について若干の意見交換がなされた。その後慶喜の接待があり、その提案により庭で各侯の写真を撮影した。接待に相伴したのは、所司代松平定敬《さだあき》、老中板倉勝静・稲葉正邦、若年寄松平大河内守正質《まさただ》、若年寄格永井玄蕃頭であった。

十九日、山内以外の三侯が登営して、慶喜と協議した。御錠口内で尚志が島津久光の案内役を務めた。ここで久光らは両議題のうち、兵庫開港よりも長州処分先議を主張、要するに、時間に迫られている議題以前に、幕府反省の姿勢を示すことを先決としたのである。この時、板倉・稲葉・永井が侍座していたが、協議ののち、慶喜は、両議題同時に傾いたという。二十一日にも協議がなされ、春嶽は両議題同時で折り合いを付けようとしたが、難航した（「登京日記」）。

長州処分の溝

四侯と慶喜の会談において、長州処分「寛大」という点は一致に至った。つまり父子の官位復旧・領地安堵である。ただし四侯はこれを無条件でとしたのに対して、慶喜は前提として長州からの嘆願を求めるとして譲らなかった。久光・容堂は第一次征長で謝罪は済んでいる、春嶽は無罪とは言えないが幕府にも失態があり、改めて嘆願を要求すれば結局また戦わざるをえなくなる、と言うのである。

これに対して慶喜は、寛大はよいとして無条件としては、第二次征長がそもそも誤りだったことになり、幕府の権威が保てなくなると主張した。

これらの点をめぐっては、それぞれの側近間でも折衝が繰り返されたが、この時点では尚志も、慶喜の意向を通すべく、妥協あるいは慶喜説得の態度は示さなかった。

兵庫開港問題　さらに、実のところを言えば、兵庫開港に関しては、四侯も慶喜も、さらに朝臣の多くも、少なくともやむをえないと認めていた。しかし誰もが、自らそれを公然と唱えることを避けたいのが本音であった。というのは、庶民レベルを含めて「攘夷」が一般世論であり、物価上昇の動きが開港のためだとする意識が、むしろ高まっていたのである。「攘夷」に真っ向から立ち向かうことを避けて、開港容認を誰かの責任にしたいという点で、彼らは奇妙に共通していた（『徳川慶喜』）。

安政の通商条約が勅許されたとはいえ、公然と開国開港を認めることは政治的には賢明ではないという状況があるなか、「攘夷」の建前は反幕府側にとっては格好の攻め道具であり続けていた。薩摩藩の小松帯刀《たてわき》・西郷隆盛らは四月十日、大坂湾の英艦で公使パークスに会っているが、その後パークスは伏見を経て敦賀まで旅行した。その際、御所に近い大津を通過させたのは朝臣の落ち度であると志士達が脅迫し、朝廷は親幕的な議奏・伝奏四人を免職に処し、これに対して慶喜が激怒したが、裏に薩摩藩があるとの噂が広まるという一幕があった(『小松帯刀』)。

慶喜、勅許をもぎ取る

五月二十三日夜から二十四日夜にかけて朝議が開かれ、慶喜のほかには四侯のうち春嶽だけが出席した。両者がそれぞれ意見を述べたが、朝臣たちは、先帝の決裁に反する結論は容易に出せなかった。一時は収拾困難な事態になったが、しかし慶喜が、勅許が下るまで退席しないという極めて強硬な態度を取ったため、ついに兵庫開港と長州問題「寛大の処置」との勅許が、将軍と四侯の合意を認めるという説明付きで下されたのである。

実際は、それぞれがもたれ合ったあげくの結論ではあったが、慶喜が強引に勅許を勝ち取った形になり、それが四侯の同意も踏まえたとする表現が盛り込まれたという点で、慶喜は当座の勝利を得た。しかし、続いて生じたのは、四侯とりわけ薩摩藩久光の離反であり、他の藩侯達の反発であった。だが尚志は当時、慶喜に追随する以上の考えはなかったようで、情勢の厳しさにも思い至っていなかったように見られる。尚志は、勅許に対して、久光が主導して四侯側が抗議の意味を持つ伺いを提出することを、牽制し説得しようとしていた。

二十六日、春嶽が中根を尚志のところに派遣した。中根が、「寛大」は無条件でと勧告したところ、尚志は「頗る同意」と言いながらも、再征を否定することになると「御先代様〔前将軍〕を可否せらるる事」になってしまう。では朝廷の仰せということではどうかと言うと、「幕は自反〔自ら反省〕すべし抔《など》の語」が入るとまずいと言う。また尚志はこの日、西郷を呼んで同様の話をしたとも言った(『続再夢紀事』第六)。なお、尚志は大久保利通とは全く疎遠だったようで、『大久保利通日記』には、この年五月二十一日、久光に供して登営した際にその名が記されるだけで、それ以外には全く登場しない。

情勢は混沌、尚志は韜晦

五月二十五〜六日頃には、慶喜の強引な勅許獲得に反発した鳥取(因幡)・備前(岡山)・徳島(阿波)・安芸(広島)藩関係者が参会と伝わり、慶喜は、これらの諸藩が四侯の動きに合流するのではないかと心配していた。他方、四侯に対しては会津・紀伊・肥後(熊本)藩などの強い反発があり、慶喜が四侯に妥協したと、逆の方向に慶喜を牽制していた。いらだちの表現か、会津の手代木《てしろぎ》勝任《かつとう》(直右衛門)らは、紀州侯を将軍になどと言っている、と伝えられている(『伊達宗城在京日記』)。

二十七日、中根が尚志に会い、前日の勧告への返答を尋ねた。慶喜は長州の嘆願が前提との意向なので、四侯側から、嘆願書提出を長州に説得するよう安芸藩に依頼できないか、と尚志は答えた。

さらに五月晦日に中根が会った際、尚志は、嘆願書の事は、西郷吉之助と若井鍬吉(重斎、尾張藩士)に仲介を依頼する積もりだったが、「吉之助は僅に両三回面会せし事あるのみにて、相談の都合如何あるべきか」と思い、今朝若井だけを呼び出して尽力を頼んだ、と話した。西郷には、二十六日以後は改めては会わなかったというのである。その時の西郷の対応も冷ややかだったのであろう。

中根は、それではうまく運ぶとは思えない。事情は切迫している。春嶽は、慶喜に会って「今一応意見を申し立て、然る上矢張り御採用あらせられずば、以後閉居」の決意であると言うと、「永井大に驚き、さる程の事ならば、速に上様へ申し上ぐべし」と言った(『続再夢紀事』第六)。

率直に言って、尚志も状況把握が遅れており、これという独自の判断と行動をしていないのである。

七月上旬に中根が成瀬隼人正《はやとのしょう》（正肥《まさみつ》）の家老に聞いたところでは、戸田大和守忠至《ただゆき》（高徳藩主）が次のように語ったという。戸田は山稜奉行を務め、当面の幕政からは距離を置く態度を取っていた。自分は、若年寄にと打診を受けたが、永井のように一定の見識のない者と一緒には動けないと、いったんは断った。「永井などの如き、長州が謝罪せし時も其事に与り、長州を再討せらるる時も其事に与り、一定の見識なき輩と同席する事は　屑《いさぎよ》　からぬ事故、辞退せしに」、許されないので請けたが、長く務める積もりはない、と厳しい発言であった（『続再夢紀事』第六）。

長州との宥和を図ったり戦闘に加わったり、一貫性がないと詰っている。幕臣の立場の難しさを理解しない非難とも取れるが、本当に言わんとしたのは、長州の現地にあって実情をよくわかっているはずなのに、現時点での構想がなく、ただ慶喜の判断に追随しているのは許し難い、ということではなかったか。

春嶽の周旋及ばず

六月二日に春嶽は慶喜に会ったが、慶喜は会津などの反対を考えて決めかねている様子で、伊達宗城に「不決嗚呼の四字に付し申し候」、もはや「尽力の致し方も御坐無く」と伝えている。

十一日に中根が尚志に呼ばれた。慶喜が春嶽や他の二侯の様子を知りたがっていると言う。慶喜は、嘆願書提出はもはや無理と思っているが、何か春嶽に打開策を期待している模様の話しぶりであった。福井藩邸に居た春嶽・宗城・久光は、中根からこの会談の顚末を聞いている（『伊達宗城在京日記』）。

十五日春嶽は板倉を訪ね、近々帰国願いを出す予定だと話したが、いましばらく滞在してほしいという慶喜の意向を伝えられた。

さて、佐賀の鍋島閑叟がやっと上京、翌日の六月二十八日、尚志は閑叟を妙顕寺に訪い、「密談数時間」に及んだという（『鍋島直正公伝』第六編）。しかし何らかの案を聞き出すには至らなかった模様である。

閑叟と同じ二十七日、尾張藩付家老成瀬隼人正が、元藩主徳川慶勝《よしかつ》の命を帯びて上京した。諸藩の意見を聞く衆議所を設けよ、長州処分は行きがかりに拘泥せず決断せよ、人望ある大名は取り立てよ、といった内容の慶勝の建白を持参していた。七月三日成瀬は慶喜に謁見したが、内容に触れる発言はなく、板倉・永井も冷淡であった。慶喜らは、尾張が四藩に通じていると見たのであろう。成瀬は建白への回答を得ないまま十八日、帰国の途についた（『徳川慶喜公伝』3）。

板倉・尚志のあがき

実は、薩摩藩・土佐藩ではこの頃、反慶喜の動きが急速に強まっていたのであるが、一方では、慶喜側近によってとんでもない打開策が模索されている。

六月二十一日、板倉から中根に、尚志とも相談した両人限りの話であるがとして、「政令二途」を避けるため、この際上様の摂政就任を周旋してくれないか、と打診したのである。天皇と直結する地位を得て、それを頼りに将軍の権威・権力を回復・確保したいという、いわばあがきのような発案であった。

春嶽は、藩内部で協議のうえ翌日板倉を訪ね、幕府が「反正」の実を挙げるのが先決であり、そうでなければ諸侯は承服しない、として周旋を断った（『続再夢紀事』第六）。この件について慶喜はのちに、「摂政……聞かぬことだ。永井あたりがこんな姑息の事を言ったかもしれない。つまらない話で、早く言うと、こびりついていたいというようなものだ」と述べているが（『昔夢会筆記』）、実際のところはわからない。

3　薩土盟約

久光決断

西郷・大久保ら薩摩藩在京急進派は、四侯協議を通じて実現しようとした幕府反省の明確化と慶喜引き下ろしの目論見が、慶喜の頑固な態度によって失敗に終わったことに激怒し、一挙に慶喜政権打倒の動きを進め始めた。

五月二十九日、在京幹部が協議した結果、「長と共挙事の議 粗《あらあら》定る」と、幹部の一人新納《にいろ》立夫の日記は記している（東京大学史料編纂所蔵「維新史料編纂会引継本」のうち「新納立夫日記」）。長州とともに「事」を挙げるということは、少なくとも国元からの出兵を含んでおり、長州とともに京都で武力を振るうことを覚悟して、将軍慶喜を退けるというのであろう。

この結論は久光に上申され、慶喜に対して激しい怒りを感じていた久光は、大いに賛成したようである。久光は六月十六日、薩摩藩邸に潜伏して情報収集に当たっていた長州藩士品川弥二郎・山県有朋を呼び、「幕府反正の目途」も立たないので、「今一際尽力覚悟」であると述べ、六連発短銃を手ずから与えた（『防長回天史』第五編下）。武力を背景に、朝廷から慶喜排除の勅を引き出そうとしたのではないか（『小松帯刀』）。十八日、久光は藩主である国元の我が子忠義に書状を送り、出兵の準備を求めたのである。

後藤の大政奉還論

一方土佐藩では、長崎に在った後藤象二郎が、山内容堂に呼ばれて、当時大政奉還を唱えつつあった海援隊長坂本龍馬を伴って、六月半ばに上京してきた。容堂は帰国してしまっていたが、土佐藩在京幹部は後藤の大政奉還説に賛同した。十七日後藤は伊達宗城を訪ね、「政事堂」を設け「皇国の政体大御変革」を説いたが、宗城は、同感だがまだ早すぎる、薩摩にも内々話すようにと答えた。二十二日の日記で宗城は、後藤は、長崎でのやりすぎで藩内不評判なので、奉還論で人望の回復を図っているのかと観測していた（『伊達宗城在京日記』）。

二十日には薩摩藩家老小松帯刀と会って構想を伝えたところ、賛同を得た。そこで二十二日、三本木において、土佐藩重役の後藤・福岡孝弟《たかちか》・寺村左膳（道成）ら四人、薩摩藩幹部の小松帯刀・西郷隆盛・大久保利通の三人が、坂本と陸援隊長中岡慎太郎の同席で会談した。ここで、慶喜の自発的退陣を求める大政奉還建白について、大筋の合意が成立した。

薩土盟約成立

文章の摺り合わせの末、七月二日には明文をもって薩土盟約が確定、在京の安芸藩家老辻将曹もこれに賛同した。

盟約で定められた建白の趣旨は、慶喜が自発的に大政奉還を奏上し、これにより王政復古を実現する、朝廷が条約締結など「天下の大政」の全権を掌握し、「万機」は上下の「議事院」により、上院には諸侯が加わるが、将軍は辞職して「諸侯の列に帰順」するというものであった。薩摩側には、慶喜政権打倒以後の政治体制について具体案がなかったが、土佐側から選挙による「議事院」という形態が提示されているのが特徴である（佐々木克『幕末政治と薩摩藩』）。

このような王政復古を実現する方策は明示されていないが、武力を背景にする点では一致しており、後藤は容堂の承認を得たうえで再度兵を率いて上京すると述べて、四日高知に向けて離京した。帰国前の一日、後藤が挨拶に宗城を訪ね、西郷は戦意があるので戒めてほしいと要請した。宗城は承知したが、会津・桑名が薩摩を挑発しないことも大事だと述べた（『伊達宗城在京日記』）。また後藤は離京の前日の三日、尚志に会っているが、このことはあとで述べよう。

帰国した土佐では、容堂は、奉還建白には同意したものの、方策としてはあくまで説得によるべしと指示し、また、この時長崎で発生した英国水夫殺害事件に土佐藩士関与が疑われた問題への対処に追われて、後藤はなかなか上京できなかった。

一方薩摩藩では、久光は六月二十七日付忠義宛書状で、奉還建白について、「此の策、断然相行われ候えば、実に皇国挽回の基本とも」なるとしていた（『玉里島津家史料補遺　南部弥八郎報告書二（鹿児島県史料）』）。西郷らは、実現すれば結構くらいに考え、慶喜が建白を受け容れなければ、その時こそ武力発動の時期であり、その場合には土佐藩も同調してくれるだろう、と考えていたようである。

春嶽ら帰国、京都不穏

ところで、四侯のうち容堂以外は在京していたが、慶喜の態度が変わらぬまま、事態は膠着した。会津藩等が四侯に対して、よくない方向に慶喜を引き寄せていると反発していることもあって、三侯が離京を図る動きが生じた。七月二十日、中根が尚志を訪問した。春嶽らは閑叟登営のうえ長州処分決定かと予想していたが、前日登営した閑叟は意見なしとのことで、いずれ決定があろうからもう少し在京しては、と尚志に言われた。春嶽はこれを聞いて困惑し、翌日帰国願いを提出したが却下されている。

二十一日、閑叟姻戚の春嶽（夫人の兄）と宗城（姉婿）が閑叟を訪問したが、五年ぶりに会って、その老衰ぶりに驚いたという。体調不良は事実だったのだろう。問題の焦点である長州処分についての閑叟の意見は、曖昧なままだったようで、結局政局には何ら影響を与えないまま帰国の途についた。

二十三日、幕府は安芸藩を介して、長州藩に、朝廷から寛大の処置取り計らいを仰せ出されたゆえに申し渡すことがあるので、末家一人、吉川監物《きっかわけんもつ》（経幹《つねまさ》）、家老一人を上坂させるよう伝えさせた。

二十八日春嶽は再度帰国を願い出、やっと八月一日許可を得た。結局春嶽は八月六日出京して帰国した。久光は療養のため十五日下坂、宗城は十八日帰国の途についた。春嶽の帰国の挨拶状が十一日尚志に届いたが、「薩は如何と窃《ひそか》に危惧罷在り申し候」と記していた。四侯帰国によって、政局はまさに収拾困難な状況になり、京都市中には、様々な不穏な風聞も乱れ飛び、殺傷事件も発生する物騒な状態になった。八月十四日、慶喜の腹心原市之進が何者かに暗殺されたが、のちに攘夷主義で慶喜に反発する三人の幕臣が犯人だとわかった。

九月十一日春嶽に宛てた書状で尚志は、毛利末家等呼び出し状が先方に伝わり、請書が十日芸州家来から進達されたので、近く出坂だろうと、もはや先方の時間稼ぎなのに、なおも長州の対応に期待している。一方では、久光に代わり三男島津備後珍彦《うずひこ》が上坂の由とするが、特段のコメントはしていない。ただ京都の状況について、「兎角脱藩浮浪輩、夫是《それ》へ潜伏、何か奸計も之れ有り候よし。頻《しきり》に風聞、少々は痕跡も之れ有り、甚だ心配罷在り候」と記しているところに、危機意識が滲み出ている（『続再夢紀事』第六）。

4　大政奉還へ始動

後藤と尚志

この年二月長崎滞在中に、後藤に会っただろうことはさきに述べた。尚志は、在京の後藤に接触を図っていたが、薩摩藩との折衝中は後藤の方が避けていたようである。帰国前日の七月三日に、後藤は「長崎以来久しく逢わず候故、緩々話したし」という尚志の呼び出しに応じた。そこで政治的意見を聞かれたことが、翌日には中根を通じて宗城に伝わった。後藤は、「小条理を論ぜず、一和して立国の基本万国へ対し恥じずと申す様相成り度い」と考えるが、それ以上は主君に話していないのでと断る。「討幕の話も之れ有る」ようだがと水を向けられたが、それは「決して万々之れ無き儀、御受合い申し上ぐべし」と答えた（『伊達宗城在京日記』）。後藤は尚志に対しては、前日に確定した盟約については明かさないまま、京都を離れた。

のち十一月十五日のことであるが、尚志は中根に、後藤について、「彼は、先年〔年初〕長崎より土船に乗り帰坂の節より懇意にて、其比《ころ》より申合せ候事も之れ有り、確実正直の人物」だと語っている（『再夢紀事・丁卯日記』、以下『丁卯日記』）。

情勢緊迫

薩摩藩の西郷・大久保ら強硬派は、八月半ばには、慶喜政権打倒のため「挙兵奪玉」、京都で挙兵し奇襲によって天皇の身柄を確保する、という計画を持つに至った。それを長州、できれば芸州との連携で実現したいと図り、禁門の変の再現を恐れる国元多数派を抑えて出兵を促していた。

後藤の再上京は予定より大いに遅れ、九月四日になったが、容堂の命により、あくまで言論によって奉還を促すという方針で、兵を率いてこなかった。そこで西郷らは失望、薩土盟約を白紙に戻した。また、早期の建白は却って慶喜の反撃を促すとして、これを抑えた。難渋した薩摩国元からの出兵であるが、予定より少ないが九月十七日、島津備後率いる部隊が入京し、これについて京都では様々な風評が飛び交うことになった。なお脚気の症状の思わしくない島津久光は、十五日大坂から帰国の途についていた。これで長州との共同出兵の見込みが立ったとして、九月末には西郷らは後藤に建白提出を認める連絡をした（『小松帯刀』）。

尚志、状況打開に動く

九月二十一日に至り、慶喜に対してようやく将軍にふさわしい内大臣の宣下があり、この日慶喜は若州屋敷から二条城に居を移した。これまで将軍宣下はあったものの、位階は正二位大納言で慶勝と同格に留められていたのである。入城には、不穏な動きを警戒したという要素もあった。

その前日から尚志は、大政奉還を実現すべく精力的に動き始めた。当時の諸史料を踏まえると次のように見るのが妥当であろう。もともと幕府の現状を冷静に認識していた慶喜は、会桑の反発や四侯離反など、自己の孤立状態をも認識、薩摩藩などのただならぬ動きの情報も耳にして、種々の状況判断から、徳川家の名誉ある存続のため、自発的な大政奉還上奏を内々決断した。

そして限られた側近のうち、もはや腹心原市之進が居ない状況のなかで、内意を板倉勝静と永井尚志とに伝えた。「此密議に与れるは、千百の有司中、唯〔板倉〕伊賀守・玄蕃頭の二人あるのみ」（『徳川慶喜公伝』4）であった。打開策が見い出せないまま韜晦を続けていた尚志は、それが現状における最善の対処策であると自身も信じて、積極的に下工作に乗り出したのであろう。いま一人の側近板倉は、内心は必ずしも同意ではなかった。

慶喜に批判的な春嶽や宗城にしても時期尚早とするなか、最も精力的に尽力して、大政奉還を実現にこぎつけた最大の功労者は尚志であった。

後藤に建白促す

九月十九日後藤に対して尚志から呼び出しがあり、翌二十日後藤は尚志に面会した。土佐藩在京重役の寺村左膳は、そこで尚志は、長崎水夫事件でパークスが土佐に押しかけた一件の顚末を聞き出したあとで、「此の度、土州建言の筋も之れ有る趣相聞き候。成る丈け早々差出し候様、仰せ聞かされ候」と記している（「寺村左膳手記」『維新日乗纂輯』第三、以下「寺村手記」）。土佐藩の建白を早く提出するよう促したというのである。

なおその場で、尚志から近藤勇を紹介された。尚志は後藤の身辺の安全を保証する積もりだったのかもしれないが、後藤は大いに警戒し、その後、近藤から面会要請があったが、応じなかった。

この時のことを、後年（明治二十一年）後藤は、時期については九月中旬だと記憶違いがあるが、大政を奉還して一藩屛に列することを説いた時の尚志の反応を次のように述べている。

永井も之れに同意し、之れ至適の策なり。然らば宜しく此の策を施行すべし。予曰く。板倉侯に談ぜば之に同意すべきや。永井曰く。板倉侯は之れに応ぜざるべし。然らば之れに同意するもの誰なるや。永井曰く。将軍家、反《かえ》って之れを賛成し玉うべし。其他になしと言えり。然らば将軍には貴所より上言せられ、十分に御同意を聢《たしか》め置かるべし、と相約して帰りたり。

（「政権返上事項故後藤象次郎君談話」『史談会速記録』第百七十輯）

尚志の督促で建白提出　上京してきた土佐藩重役神山《こうやま》左多衛（郡廉《くにきよ》）は、十月二日の日記に「今日永井殿へ象二郎参殿の所、御献白早々出し候様。仍て明日板倉へ指出し候筈也」（「維新史料引継本」のうち「神山郡廉日記」、以下「神山日記」）と記している。この直前、もはや挙兵の段取りは整ったという判断から、西郷らは建白提出を許容することを、後藤に伝えてきていた。

そこで後藤は三日、神山とともに老中板倉に拝謁して、容堂の建白書を提出した。その時の板倉の反応は、「如何にも尤なる次第ながら、急に御採用と申す事には及び難し」というものであった（『丁卯日記』)。この後、後藤らは、二条摂政や会津藩にも建白提出の旨を伝えた。

容堂の建白は、「皇国数百年の国体を一変し、至誠を以て万国に接し、王政復古の業を建てざるべからざるの大機会なりとす」とし、重役連署の別紙は、「天下の大政を議定する全権は朝廷にあり、皇国の制度・法則、一切の万機、必ず京都の議政所より出ずべし」と記していた(『徳川慶喜公伝』4)。

五日朝、後藤が尚志を訪ね、「此の度の建白御採用の有無に因て、天下治乱の機忽ち相決するの勢、委細に言上致す処、永井殿にも尤に聞込まれ候よし也」(『寺村左膳道成日記』三、以下『寺村日記』)。八日、後藤・福岡が板倉に拝謁して返答を催促したが、神山の寺村(帰国中)への書状では、次のように記している。「御建白大眼目の処尋問之れ無く、枝葉の事のみ御尋ね之れ有り、か様の事にては迚《とて》も何共相成り間敷《まじ》くと、失望の事」(「寺村手記」)。

挙兵の動きとのつばぜり合い

十月七日、備前藩主の命を受けて上京してきた藩士牧野権六郎から、尚志らに、芸州からの情報として、長州藩家老の呼び出しを口実にして、藩士が武装上坂する動きが伝えられた(『綱要』巻七)。さらに九日、会津藩公用方に近藤勇が次の情報を伝えた。土佐浪士に潜入の間者情報によると、薩摩藩の計画では、長州藩士武装上坂に応じ、十五日を期して薩摩が二条城、土佐・十津川浪士が守護職屋敷、浮浪の徒が新選組宿舎を襲撃する計画である(「会津藩文書」『史籍雑纂』第五)。

この間の八日、不穏な噂が流れるなか慶喜は、引き留められて在京を続けていた松平容保に、板倉・永井らを新選組に護衛させるよう内命した(『京都守護職日誌』第四巻)。

切迫した状況のもとで、九日、慶喜は建白受け入れを決断するに至った。この日朝、後藤が尚志に面談したところ、今日建白採用の有無を決断されるはずなので、夕方には返答を伝えると述べた。それについては「右、会藩と出会中（料亭松力で説得中）御答来る。御採用の所へ弥《いよいよ》運び候に付、御内話尚成られ度き旨、御懸合いの御手紙来る。即ち手代木等へも見せ候事」（「神山日記」）とある。九日、ついに慶喜が決断したことが、直ちに尚志から土佐側に内々に伝えられ、それはまた直ちに会津藩関係者にも伝わったのである。

後藤とのやりとり

尚志はこの時期、後藤とは再三連絡を取り合っており、十日夜には面談し、十一日には後藤が書状を送っている。幕府幹部の内輪の相談がなされた十一日の夜遅くと見られる介堂（尚志）書状では、「昨夜御内話の趣を以、懇々建言、好御都合に相成り申し候」と、事前に相談した方向に向かっているが、諸藩重臣との談合は明後日と決したと伝え、明朝御足労乞う、と記している（「稿本」のうち「永井尚志書翰」、『京都守護職日誌』第四巻）。

十二日朝、後藤に会う前であろうが、重ねて書状を送った。「昨日の御投翰、営中にて披読致し候」、「披見の頃は已《すで》に文面も治定致し居り候間、猶改竄《かいざん》の儀申し出候ては、夫が為遅延にも相成るべしと存じ、折角の御配慮には候え共、小生限に見過し候。併し已に御決定に相成り候御書取も文意大同小異、字句間は暗合の処も之れ有り候」。「昨日は紛紜《ふんうん》の儀も之れ有り、退食後夜半に及び候え共、大君の御据り断然移らず、国家の大事之に過ぎず」、「明日の衆議坐席の進退迄も豁然《かつぜん》旧套を脱し度く、彼是談話致し候え共、有司局に於て是迄の陋習之れ有り……拠《よんどこ》ろ無く旧套に任せ候」（同前、瑞山会

『維新土佐勤王史』）。

十一日の内輪の会議は紛糾し長時間に及んだが、慶喜の意志が固くて押し切ったこと、奉還の文面についても尚志が関わっていたこと、十三日の諸藩代表との会合の形式についても、尚志としては新機軸を打ち出そうとしていたこと、などが判明する。十二日「今朝も象二郎永井へ出る。弥以御建白御採用と決定」と伝えられた（「神山日記」）。もっとも、後藤はなお半信半疑であったようである。

慶喜、決意表明

十二日、慶喜は、在京の大小目付ら諸有司を集めて大政奉還の上表文書を示し、幕府は行き詰まり、もはや王政復古に向かうしかないとの決意を訓辞した。この文書作成につき、慶喜は、尚志に口述筆記させたと述べているが、尚志は単に清書役に止まらず、内容・表現についても関わっていたのであろう。尚志は後年、「慶喜公之〔建白〕を採用、上表して、政権を奉還し将軍職を辞す、余をして表案を草せしむ」（「手記」一）と記している。

慶喜の決意表明に対して、公的な場では、諸有司からは格段の意見は出されなかった。それは異論がなかったということではなく、内心不同意ながら、あまりのことに公然と異議を唱える者が居なかったということであろう。

この決意はあくまで慶喜自身によるものであり、「反正」明示を避ける慶喜に批判的であった在国の春嶽でさえ、慶喜が内々に打診した書状を受けての十月十二日付板倉宛返書で、次のように記している。建白の由だが、後藤は西洋法を信じているものの、利用して悪用する輩がありそうで心配だ。見通しもなく軽率に採用しては天下の大変を生ずるので、「象二郎は幸い、玄蕃頭殿懇意の事ゆえ」、尚志に後藤を説得させてはどうか（『丁卯日記』）。

5　奉還勅許

諸藩重臣への諮問　十月十三日午後、四十藩の在京重役が二条城に呼び集められた。大広間二の間で、奉還上表文書が回覧され、板倉から、これについての意見が求められた。

上表は、祖宗が武家政権を継承して以来二百余年を承け、「臣其の職を奉ずといえども、政刑当を失うこと少なからず」政権運営に当を得ないことが少なくなかった。外国交際重要の折り、「従来の旧習を改め、政権を朝廷に帰し奉り、広く天下の公議を尽くし、聖断を仰」ぐ体制で万国と並立すべきだ、というものであった（『続徳川実紀』第五篇）。

その場では、特段の意見は出なかったが、発言したい者は申し出るようにと伝えられた。これは尚志が予め後藤らに告げていたことであったと、後藤は回顧している。これに対して、薩摩・土佐・安芸・宇和島・備前藩の六人が申し出た。参集した諸藩在京重役達には、実際の賛同者は少なく、突然の表明に呆然とする者が大部分であり、ましてや、上奏しても到底勅許されるとは予想せず、却下または保留扱いになるのが当然と考えて、口を開かなかったのであろう。

一同退席ののち、六人は、大広間御本間において、慶喜に直接の発言を許された（『徳川慶喜公伝』4）。その際、上段の慶喜から見て、下段の正面に二列で六人、左側に所司代松平越中守（定敬）・老中板倉伊賀守（勝静）・若年寄格永井玄蕃頭の順に三人が座していたという（『昔夢会筆記』）。

「永井玄蕃頭殿大尽力」

彼らはいずれも賛意を表した。坂本龍馬から決死の覚悟で言上せよと激励されて出てきた後藤も発言したが、最も熱心に賛同し、即時参内して勅許を得るよう熱弁を振るったのは、薩摩藩小松であった。小松は、国元の状況も考慮して、西郷・大久保の挙兵計画を危ぶみ、大政奉還の即時勅許による王政復古の実現を図っていたのである（『小松帯刀』）。その方向で、逆の立場であるが積極的だったのが、ほかならぬ尚志であった。

この日の謁見の直後、後藤・小松に尚志は次のように述べたという。「此の上は内端のことは、及ばずながら拙官受持ちて運ばすべし……両君に於て、上方の処へ十分手を廻わし貰いたしと云えり。因て答えて曰く。上方と申すは誰人なるやと。永井曰く。尹宮（中川宮）、二条殿なり」（『史談会速記録』第百七十輯）。勅許を得るため、中川宮と摂政二条斉敬に事前の根回しをしてもらいたい、と依頼したのである。

尚志の動きについて、六人の居残りの一人であった福岡孝弟が、後日十一月九日（前日春嶽着京）福井藩邸に来て、次のように伝えている。「建白以前、永井玄蕃頭殿大尽力にて、此の場に及び候事にて、此の度永井殿の功力多分の由を称賛し、甚だ依頼の趣に之れ有り」。「夫より殿下（二条）御手元の義も、永井殿内意にて、周旋致し候様申来る」（『丁卯日記』）。

奉還勅許、大名上京召命

十四日慶喜は、桑名藩士の妨害を抑えて、大政奉還を上奏し勅許を求めた。小松・後藤らは午後、朝議に出掛ける前の摂政二条邸に押しかけて面会を強要した。小松が、慶喜の上奏を勅許するよう約束を迫り、ほとんど恐喝によってこれを二条に承知させた。

小松らは、そのうえで二条城に赴き、慶喜に経過を報告した。翌日小松は、議奏正親町《おおぎまち》三条実愛《さねなる》に、慶喜は「虚心」であると語っている。尚志が仲介して、慶喜の意向通り朝議が決するよう、薩土の奉還派がお膳立てを調えたのである。

十五日、朝廷は慶喜を呼んで上奏の趣旨を確認したが、前夜来の朝議は延々と続き、慶喜の上奏の扱いに朝臣達は困惑し紛糾した。二条は勅許を提案したものの、予期せぬ事態にどう対応したものか、判断停止状態になったのである。小松が呼び出され、相談を受けるという一幕もあったが、夜半を過ぎて、勅許と沙汰書が慶喜に下された。

沙汰書は、奉還は認めるが、当面大事件と外交とは朝廷で「衆議」を尽くし、それ以外は「諸侯上京の上御決定」それまではこれまで通り幕府の扱いとするとしていた。また、これに対応して伝奏から、十万石以上大名への早々の上京が要請された。慶喜はのちに、「御書付が出た。それは小松帯刀が言ったとおりのものが出たというわけだ」(『昔夢会筆記』)と語っている。

慶喜の決断によるとはいえ、幕府側に尚志という人物の存在がなければ、事態がこのように早急に運ぶことはなかったことは確かである。

慶喜の決断と平和的王政復古路線の確認

慶喜は、もはや幕府の実力と権威では朝廷や諸藩の動きを抑えきれないことを痛感し、むしろ自発的大政奉還によって、徳川家の名誉ある存続を図るのが唯一の道であり、そのためにも、静かに朝廷の対応を待つべきだと考えていたようである(『徳川慶喜』）。

武力対決の動きがあるのは承知していたが、戦っての成否は必ずしも自信がないうえ、それを期にイギリスなどが干渉してくることを非常に警戒していたのでもあった。平和的に王政復古が果たされ、天皇のもとでそれなりの名誉ある地位を与えられることを期待し、他の朝臣や諸侯に人材が見当たらない以上、当然そうなるであろうと自負していたのである。

その点では、尚志はもちろん、それを望んでいた。この頃尚志は、奥詰の西周《あまね》に命じ英公使宛に大政奉還を告げる文章の翻訳を命じていた（「西家譜略」『西周全集』第三巻）。

平和的王政復古路線は、後藤ら土佐藩や薩摩藩の小松らも同じであった。奉還勅許の翌十六日、土佐藩の後藤らと坂本龍馬、小松、安芸藩の辻は、平和的王政復古で合意を確認した。永井と後藤・龍馬・小松・辻らの路線はこの時点では一致していたのである。

この日の「神山日記」は、重要な事実を伝えている。

一、小松帯刀・辻将曹を松力へ招きこれ有り、日暮より小松・辻来る。象二〔後藤〕・藤次〔福岡〕・自分三人出会う。談合終り、梅太郎〔龍馬〕も来る。……一、小松明十七日の夕爰元《ここもと》出足、明後十八日下坂の筈……来月五日より十日迄の間に御国〔土佐〕へ来り、本〔来か〕月廿日迄に、隅公〔大隅守島津久光〕且つ我が老公〔山内容堂〕とも着藩〔京か〕に致すべき筈。……一、御上京の時、相応御人数御率いの筈に約す。議事官備わり候わば、直ちに兵を解くべし。兵三分の二大坂に置くとすべし、と約す。

国元から薩土両藩のトップの率兵上京を求め、その威力のもとで王政復古政府の制度（「議事官」）を実現する、そのうえで兵は引き揚げる。挙兵ではなく威力によって、王政復古の新制度を実現しようと申し合わせたのである。

小松の構想

小松はその後、西郷・大久保とともに、ひそかに密勅を持って帰国の途についた。それでは、有名な十三日の討幕の「密勅」に、小松が西郷・大久保とともに関わったのはなぜか。小松は、王政復古の新制度のためには、慶喜に反対する幕臣や会津を封じ込めるために「威力」が必要だと考えていた。出兵に慎重な国元の重臣やそれに悩まされている藩主父子に、率兵上京を決断させるために、そのためにのみ密勅の効果があると考えていた。

そして、挙兵を焦る西郷・大久保を抑えるためには、一刻も早い奉還勅許が必要だとして、綱渡りのように奔走し、一応成功したのであった。しかし、小松は帰国後持病を悪化させ、土佐にも京都にも当面現れることができなくなったのである（『小松帯刀』）。なお、勅許を経たか疑わしい「密勅」であるが、二十一日には見合わせの内勅が出された。

慶喜の態度と幕臣・会津の反発

慶喜は十月二十日に参内して当面処理すべき課題について処置を伺うなど、朝廷の指示を求める態度を取った。しかし朝廷は、何事も諸侯上京待ちの態度を基本とし、二十四日に慶喜が提出した将軍職の辞表についても二十六日、追って沙汰するまでと却下した。

しかし、在京の幕臣の多くも大政奉還には違和感を持っていたし、会津藩など幕府擁護の諸藩もこれに強く反発した。会津藩などは、将軍への再度の大政委任を求めて画策したが、慶喜は、この動きを強く抑えた（『徳川慶喜』）。

事情に疎い江戸では異論が沸騰していた。十月十七日、奉還をめぐって江戸城で閣老・幕臣の大評議がなされたが、小栗忠順《ただまさ》（上野介《こうずけのすけ》）ら芙蓉の間詰めの有司には、京都への出兵と将軍東帰を主張する激論があり、改めて二十一日総登城で評議となった。江戸からは、老中格松平乗謨《のりかた》・稲葉正巳（前館山藩主）、若年寄永井尚服《なおこと》、若年寄並川勝広運、大目付滝川具挙《ともたか》らが次々に上京し、関東の状況を伝えた。たまたまであるが、尚志にとって、乗謨は実家である奥殿藩改め田野口藩当主、尚服は養家永井家の本家加納藩当主であった。

朝命に応じて春嶽が上京した二日後の十一月十日、側近の中根に、尚志は次のように語った。関東に異論があり閣老らが上京したが、事情を説得した。幕府側から政権復帰などと言えば、奏上は「術計」だったと疑われる。「惣《すべ》て諸侯の会議を御待ち成られ候御次第」、期限は十一月末なので「大抵当月中御揃の処にて、御談にも相成るべしとの御見込の由」であった（『丁卯日記』）。

慶喜も尚志も月末に諸侯が出揃うまで、事態を静観する構えであった。板倉・永井が上京者の鎮撫に努めた結果、関東説得のため松平乗謨・稲葉正巳両閣老は、慶喜の親諭書を持って東帰した（『徳川慶喜公伝』4）。

第八章　対決と妥協のはざまで

1　またも政情混沌

「ヒタ同心」龍馬と尚志

大政奉還勅許以後、坂本龍馬は、さきを見越してか、海援隊による蝦夷地開拓を目論んだり、福井に財政家三岡八郎（由利公正）を訪ねて教示を仰ぐなどの動きをしていたが、慶応三年（一八六七）十一月五日京都に戻り、永井尚志との接触を図っていた。

十一月十日福岡孝弟《たかちか》が龍馬を伴って尚志を訪ねたが会えなかった。しかしその時に約束ができたのであろう。翌十一日「今夜永井へ才谷（龍馬）斗《ばかり》出る。御逢い之れ有り候よし」（「神山日記」）。この十一日付の林謙三宛龍馬書簡が残されている。「今朝」会ったとするが実際は深夜で、書いたのは十二日になっていたのではないだろうか。林は、備後出身で海援隊に共鳴しており、当時大坂に居た人物で、のちの海軍中将安保清康である。

坂本龍馬
（長崎歴史文化博物館蔵）

> 今朝永井玄蕃《げんば》方に参り色々談じ候所、天下の事は危し共、お気の毒とも言葉に尽し申されず候。……実は為すべき時は今にて御座候。やがて方向を定め、シュラ〔修羅〕か極楽かに御共申すべしと存じ奉り候（『龍馬の手紙』）。

いまや王政復古が平和的に実現するか、武力闘争を経ることになるのか、分かれ道に立っているという緊張した状況が伝えられている。そして追伸として、「彼玄蕃事はヒタ同心にて候」と、意見がぴったり一致し、何とか平和的復古に期待していることを伝えている。龍馬は、「永井は天下の若年寄なるに、洒々落々、赤心を人の腹中に置くの雅量あり。さすがに幕府中の人物なり」と評したという（大町桂月『伯爵後藤象二郎』）。

十四日夜も龍馬は尚志を訪ねている。龍馬は、前年一月二十四日未明の伏見寺田屋事件以来、幕府のお尋ね者の身であり、市中移動には大いに危険が伴ったと思われる。尚志は、翌十五日夕方訪問した福井藩の中根雪江に、龍馬のことを語っている。

> 毎々は嫌疑も之れ有るに付、夜中に出懸け候事にて、則ち昨夜〔十四日夜〕も参り申し候、象二郎

とは又一層広大にて、説も面白く之れ有り、彼が申す処至極尤もに候え共、未だ時機至らずと申し聞かせ候処、夫《それ》は薩土に任せ候えば必ず行われ申すべしとの事故、例の兵威を以て事を成し候ては、朝廷へ対し相済み申さず候、夫れ故に時至らずと考えると申す訳なりと申し候えば、決して兵力によらずして行わるべき条理ありと申し候故、左様なれば兎も角もと申し置き候との物語なり。

（『丁卯日記』）

十四日夜に龍馬と会い、龍馬が薩土の力によって平和的な王政復古が可能だと言うので、賛意を表しておいたと言うのである。尚志はさらに、薩摩の小松帯刀《たてわき》と土佐の後藤象二郎も同意見だとしたうえで、「彼の両人抔《など》も過激浮浪の制馭には、中々苦心の事共も之れ有るべしと思われ候」と語っている。

龍馬暗殺、指示は尚志か

ところがその十五日夜、龍馬は中岡慎太郎とともに急襲され、暗殺されてしまった。暗殺前夜に尚志は龍馬と会っていたことになる。また同じ十五日には、薩摩から小松ではなく大久保利道（一蔵）が京都に到着した。尚志と龍馬・小松との連携は断たれたのである。

十一月二十日、「福岡、今日永井より御招に付参殿の処、新印〔中岡慎太郎〕・梅太郎〔龍馬〕等討たれ候云々に付、永井も疑われ候云々。是より屹度《きっと》糺《ただ》すとの事也」（『神山日記』）。直前に両者が会っていたことを知った者が臆測を流したのであろうか、龍馬暗殺で、なんと尚志が疑われているというのである。

暗殺の実行犯については、当時は多くが新選組と見ていたが、明治初年になり、幕府の見廻組の与《くみ》頭《がしら》佐々木只三郎と部下六ないし七人であったことが、実行犯生き残りの今井信郎の新政府への自供で明らかになった。佐々木に命じた上司は見廻役小笠原弥八郎とも目付榎本対馬守亮造とも言われている（松浦玲『坂本龍馬』）。

人気の高い龍馬については多くの龍馬伝が出されているが、なかには信郎の弟の証言によるとして、指示したのは尚志だとする本も、いまだにある。しかし、当時の双方の政治的立場からすれば、全くありえないことである（今井幸彦『坂本龍馬を斬った男』）。もっとも佐々木に指示した者が、政治情勢に疎いまま、権威付けのため若年寄格尚志の名を利用したということは、考えられないことではない。

薩摩兵上京

新たな政治体制を定めるために諸侯に呼び出しがかけられていたが、模様見の藩が多く、上京する諸侯は限られていた。

十一月十五日、中根に会った際に尚志は、次のように語っていた。「幕中にても御策略の由を誤り唱え致し候者十に八九」、幕臣の大部分は慶喜《よしのぶ》の真意を理解していない。しかし、上様の腹は、「粒立候諸侯会衆の上にて、上様の御身込書を御奏聞にて、夫れを衆議に懸けられ候様……大同小異にて相定り申すべしと存じ候」、「何卒当年中に其辺の埒《らち》空き候様致し度き心算《こころづも》りの由」（『丁卯日記』）。慶喜は自らの復権ではなく、虚心に有力諸侯の会議が大綱を決めるのが良いと考えている。もっとも、その会議の中心が当然自分であると信じている点が、甘いと言えば甘い。

この十五日、大久保利通が上京してきた。小松が土佐経由で上京するとの約束を病気のために果たせず、代わりに大久保が土佐に立ち寄って、藩主率兵上京の予定だけを告げて、上京したのである。次に二十三日薩摩藩主島津忠義が大軍を率い、途中長州とも打合せのうえで着京した。

大久保は、密勅を前提として挙兵倒幕を期しての上京であったが、翌十六日、朝廷急進派の中心である岩倉具視《ともみ》から、密勅は見合わせになったことを伝えられて愕然とする。また、慶喜は「反正」の姿勢だが、会津・桑名が慶喜復権を狙っていると聞き、挙兵計画の見直しを迫られることになった（多田好問編『岩倉公実記』下巻）。

薩摩と土佐

多くの諸侯がなかなか上京せず、また朝廷首脳が王政復古に向けて主導する動きをしないなか、二十一日には後藤が土佐から再上京し、活発に動き始めた。薩摩の大軍が上京し、長州藩上京の噂も伝えられる状況のもと、後藤は二十五日には福岡・神山郡廉《こうやまくにきよ》らと松平春嶽《しゅんがく》を訪ねて構想を披瀝した。議奏正親町《おおぎまち》三条実愛《さねなる》に働きかけて在京諸侯を召し出し、「御簾前《れんぜん》」天皇臨席で「大本」を決し、次に「議事院」等を定めるというのであり、春嶽はこれに賛同した。

後藤は他の雄藩にも働きかけながら、二十七日尚志に会って構想を伝えた。尚志は「殊の外大悦」で、幕府側からは言い出せないので、どこかの藩が口火を切ってもらいたいと言った。さらに、「日本終には郡県に相成るべしとの上様御見込」とも伝えた。また二十八日に後藤・福岡は、西郷隆盛を訪問したが、「同論のよしにて安心す」と「神山日記」は記している。

しかしながら、十一月末までの上京藩主は十六人にとどまり、晦日には近衛忠房左大臣・一条実良《さねよし》右大臣が辞任し、二条斉敬《なりゆき》摂政も辞意を漏らすなど（『徳川慶喜公伝』4）、朝廷首脳のもとで諸侯が衆議を尽くすという新体制決定の形式は、もはや現実性を失った。

このような情勢のもとで、大軍を背景に主導的に動いたのが西郷・大久保らであった。大久保らは、慶喜はともかくとして、会津・桑名など大政奉還に反発する諸藩を、武力を以てしても制圧することを重要視した。御所を武力で包囲した状態で、有力諸侯が参内して、急進派公卿の主導で天皇が王政復古を宣言するクーデタ方式をとるべきだとしたのである。

西郷・大久保は十二月二日このような構想を後藤に伝え、後藤は有効な対案のないまま一応それを了承した。ただし、五日に予定されていた決行日を山内容堂《ようどう》上京まで日延べすることを要請し、またこの計画を福井藩等に内々に伝えた。具体的な内容と手段とは、西郷・大久保と岩倉との間で煮詰められていった（高橋秀直『幕末維新の政治と天皇』）。

大坂でパークスと折衝

一方では兵庫開港・大坂開市の期限である十二月七日が迫っていた。それに備えて十一月七日イギリス公使館通訳アーネスト・サトウが大坂に先着し、二十九日パークスが到着した。

二十八日朝、尚志は京都を発し大坂に向かった。午後二条城に登城した春嶽に老中板倉勝静《かつきよ》は、英公使が渡来し慶喜拝謁を求めているが、目下下坂は難しいので尚志を派遣したものの、「英入京中立候わば如何致し候わん、心痛」していると述べた。それに対して春嶽は、その時は朝廷に伺えばよいと答えた（『丁卯日記』）。

パークスは板倉との面談を要求したので、尚志は十二月三日板倉を呼ぶためにいったん京都に戻った。四日板倉が、尚志および兵庫・大坂関係の全奉行とともに、大坂に在ったパークスを訪ねた。要件は兵庫・大坂の開港・開市の件に限られたようである。五日に、板倉・永井が再訪し、長崎水夫事件対処を協議するとともに、「伊賀守〔板倉〕と玄蕃はイギリスの政治体制について、多くの質問を発した」。サトウはまた、「永井は現在、大君のほとんど唯ひとりの助言者という評判をとっている。もちろん伊賀守も枢機に参画しているのだが」（『遠い崖』⑥）と日記に記している。

この時パークスは、大坂付近に居る諸藩兵の撤兵を求めた。さもなくば英兵を大坂に呼び寄せるとの難題である。この問題への対処に追われていたのであろうか、尚志が帰京し二条城に登城したのは八日のことであった。この間に、クーデタの動きが着々と進んでいた。

2　王政復古クーデタ

クーデタ情報と八日朝議

クーデタ計画に一応同意した後藤は、五日春嶽にそれを伝えた。後藤は尾張・福井（越前）・安芸（広島）などを加えることで、事態がなるべく穏健に進むことを期待していたし、一方、強硬な姿勢の薩摩も、会桑などに対抗するためには協力藩の多いことを望んでいた。九日に日延べされた決行の予定は、直前になって尾張・福井・安芸に伝えられた。春嶽は六日、直書を以てクーデタ計画の存在を慶喜に知らせた。しかし慶喜は、対抗措置に動くことはなかった。

一方、処分申し渡しの朝命に応じることを口実として、長州藩兵が上京を目指して大挙出発し、十一月二十九日打出浜（現芦屋市）に上陸した。朝廷は取り敢えず十二月二日、大坂で待命するように指示したが、対処の決定を迫られていた。

十二月八日朝議が開催された。緊迫した雰囲気のもとで、摂政以下の朝臣と徳川慶勝《よしかつ》・松平春嶽・浅野長勲《ながこと》（安芸藩世子）らが列席したが、慶喜と松平容保《かたもり》・松平定敬《さだあき》は欠席した。長州藩兵上京阻止を強く主張する会桑を、長州処分取消しを受け容れた慶喜が、強く牽制した結果である。朝議は翌未明に及んだが、大政奉還に伴う人心一和という趣旨で、長州藩父子の官位復旧・上京許可、処分朝臣すべての赦免、五卿の官位復旧と帰京許可を決定した（井上勲『王政復古』）。

十二月九日王政復古クーデタ

九日早朝に朝議が解散したあと、急進派公卿が居残るなか、薩摩藩を主とした薩土芸尾越五藩の兵士が御所内外を固め、これに対して、御所門警衛に当たってい た会津・桑名兵は抵抗せずに引き揚げた。居残っていた尾越芸侯に薩の忠義と土の容堂も列席するなか、天皇臨席のもと、摂政以下は居ないままに朝議が開かれ、前日赦免されたばかりの岩倉がことを進めた。

天皇の意志として、「神武創業」に立ち帰る王政復古が宣言された。摂関制と幕府の廃絶、中川宮（朝彦親王）・二条摂政ら二十一人の親王・公卿の参内停止処分が布告された。次に暫定的な政府として総裁・議定《ぎじょう》・参与の三職が制定された。総裁には有栖川宮熾仁《たるひと》親王、議定には、仁和寺宮純仁親王ら皇族二人、中山忠能《ただやす》ら公卿三人、薩土芸尾越五侯、参与には、大原重徳《しげとみ》・岩倉具視ら公卿五人と五藩各三人が任命された（『王政復古』）。

これに対して、会桑は営所を去り二条城に移動し、幕府側は「病気」を理由に容保・定敬の職を免じた。

同日夜、小御所において、最初の三職会議が開かれた。その場は岩倉と大久保が強引に議事を進め、慶喜の参加を求めて抵抗する容堂や春嶽を威嚇して押し切った。慶喜に対して、「反正」の実を示すべく「辞官納地」内大臣辞任と領地返上を要求することを決定し、慶勝と春嶽が慶喜に受諾させる周旋に当たることになったのである。

変革がこうまで徹底したものであり、奉還以後評価の高まっていた慶喜が議定にも加えられず新政権からまったく排除されるとは、慶喜自身も尚志も全く予期していなかったことであった。ましてや「辞官納地」とは想像さえしていないところであった。

松平春嶽
（福井市立郷土歴史博物館蔵）

尚志激昂、在京役に

王政復古クーデタについて、後年尚志は「一二藩侯機に乗じ吾が徳川家を蔑凌す」（「手記」三）と記している。強引な手段を取ったうえに、新政府に慶喜を加えず、将軍職とは無関係な領地返上を強要するなどは、薩摩藩等の謀略であると激怒したのである。十日「永井玄蕃頭殿並びに穂積亮之助殿（幕吏なり）、吾が老公〔容堂〕へ川原〔河原町旅宿〕にて御目通り之れ有り、幕府大愕然、旗下頗る沸騰の注進なり」（『寺村日記』）。尚志らが容堂を訪ね、幕府は「愕然」とし旗本は憤激で「沸騰」していると伝えたのである。

十二日、慶勝・春嶽の周旋に返答を保留したまま慶喜は、幕兵や容保・定敬らを引き連れて出京し、翌日大坂城に入った。取り敢えず、一触即発の武力衝突を避ける措置であった。ただそのさきは、新政府に対して恭順するのか、それとも武力対決を図るのか、様々に取り沙汰された。

京都には新選組や水戸藩士が残っており、尚志は二条城に残って、紛争の回避を図り事態を鎮静するとともに、大坂と京都との連絡役を期待された。「永井玄蕃頭は物情鎮定の命を蒙りて城中に留まりたり」（『徳川慶喜公伝』4）。十三日、議定の春嶽は尚志に内書を送り、慶喜東下の風説があるが、もしそうなら、「徳川御家も是限り」であり、慶勝と二人で説得に下坂するので、真偽を伝えるよう要請した（『丁卯日記』）。一方、クーデタの報を受けた江戸の幕閣は、大坂に有司と幕兵を送り出し始めることになる。

3　京都と大坂の対峙

十二月十四日、尚志は新選組を伴って下坂した。京都には新選組、「本国寺党」と呼ばれた水戸藩士が居て、ともに王政復古に反発していたが、二条城守衛の場所をめぐり相

若年寄に

互の関係は悪く、幕府にとっては扱いにくい存在になっていた。新選組はいったん大坂天満宮に宿陣したが、しかし尚志は下坂途中に隊長近藤勇に、京都には戻らず伏見警衛に当たるよう説得し、これを慶喜が認めたので、新選組は転じて十六日、伏見「警衛」の任についた。この件での市中触出しは十八日であった（『新選組日誌』下）。

十四日から十六日にかけて、尚志は下坂して大坂城で慶喜らと協議しているが、この間の十五日に、「格」が取れて若年寄に任じられた。時に尚志五十二歳、旗本初の若年寄である。

「二賊」を除け

十六日、尚志は上京した。その夜、中根が呼ばれて、朝廷情勢を話した。王政復古政府の財政難や市中混雑を伝えると、尚志は、「イヤハヤ王政どころにも之れ無く……決して行く事には之れ無しと冷笑」した。中根が大坂の情勢を聞くと、大坂では辞官納地要求に憤激していると述べた。

「諸侯と共に同心協力」との詔命があるのに、また長州は許されたのに、慶喜公に何の罪があるのか。公は朝命に逆らわないおつもりだが、「先ず伊賀（板倉）、拙者初め不承知にて候、……いつに替わりて以ての外の放言……根元は、二賊の所為《しょい》に候えば、彼の二賊を除き候方、方今の急務」と言い放った（『丁卯日記』）。

「二賊」とは薩摩・長州両藩を指すと見るのが普通であるが、長州はクーデタにも新政府にも加わっていなかった。参与に木戸孝允（当時不在）が任じられるのは十八日のことである。ここでは、王政復古クーデタを主導した西郷・大久保を指していたのではあるまいか。尚志は、大坂の激しい怒りを伝えつつ、自らも激怒して発言しているが、それは、参与中根が議定春嶽側近であることを意識し、新政府側の妥協を引き出すための発言という含みも、あったのではないか。

復古政府の実情

王政復古政府は成立したが、クーデタ強行への反発は強く、強硬派の地位は内外ともに安定してはいなかった。三職の公卿側の顔ぶれは強硬派多数であったが、議定・参与ともに武士側は五藩関係者で、公議政体を唱える者が多く、強硬派は少数であった。そして、武力は朝廷自体にはなく、実際には藩の意向で動く藩兵であった（『幕末維新の政治と天皇』）。

慶喜が会桑を引き連れて大坂に向かった十二日、肥後（熊本）藩はじめ西国外様有力藩を中心とする十藩は、クーデタ批判の建白を提出していた。十三日、岩倉は大久保に対して、クーデタに加わった他の四藩の意向に拘わらず薩長の軍事力で決戦するのか、慶喜が辞官納地を受ければ議定とし新政府の構成を広げるのか、どちらの方針をとるのかを問うた。これに対して大久保は、後者しか仕方がないと答えていた。また十五日には参与が上下に分けられたが、公卿の「上の参与」に強硬派が多いのに対して、諸藩士の「下の参与」には強硬派は少数であった。

この間慶喜は、比較的冷静だったと言われる。もっとも、クーデタ非難の書を持って十八日夜、大目付戸川安愛《やすなる》が京都に着いているが、この文書は岩倉が握りつぶすことになる。

いわゆる「王政復古の大号令」が諸藩に対して発せられたのは十四日で、「国威挽回」「至当の公議」など漠たる文言はあるが、内外政策の基本方向を示したものではなかった。対外政策としての開国が広く国内に明示されるのは翌年三月十四日の五カ条の誓文第五条「智識を世界に求め大に皇基を振起すべし」においてであった。

十七日朝、参与後藤が尚志を説得に訪れ、また春嶽から鴨を添えて直書が届けられた。

妥協の模索

前日には、慶喜が提出すべき文案につき、後藤が岩倉と長時間折衝し、「政府御用途の儀も、天下の公論を以て所領より差出し候様仕り度し」と、贖罪の意味を含まないものになっていた。

中根によれば、後藤が「永井殿の暴論の如くにては、干戈闕下《かんかけっか》に動き乱階と相成るべき事にて」、戦乱が帝都に生じることになるので、尾越両侯の周旋により慶喜が速やかに参内するように説き、「永井殿も大に会得」したという。尚志の態度が一日で急変したかのようであるが、前日の発言は、柔軟な対応を引き出すための牽制という性格が強かったのではないか。また、復古政府側の動きを聞いて態度を変えたのであろう。

同日、尚志は春嶽に返書を送った。「今朝〔後藤〕象二郎も罷越し、昨今人心の向背、尊公様并容堂抔大御尽力の程も申し聞き、内府〔慶喜〕公至急御上京の儀相促し候旨に付、是により又候《またぞろ》下坂、右の段建言仕り候心得に御座候」。今朝後藤から、政府内の状況、越土両侯の御尽力ぶりを聞いたので、下坂して慶喜公に至急上京するよう建言したい。

そのうえで、尚志が尾張藩宿舎に赴き、そこで慶勝・春嶽両周旋役が協議する場に、後藤・中根とともに加わった。慶喜の請書案文を作り、大坂に赴いた両侯に対して、慶喜が口上を述べてそれを書き取り、そのうえで慶喜が参内して官位返上を奏上し、これに対して直ちに議定に任ずる勅を下す。

その場は尾越土と岩倉らの公卿らが取り仕切るという段取りにする。この線で打診するため、翌十八日尚志は下坂するが、中根と尾張藩士田中不二麿〔国之輔〕の参与二人も同行した（『丁卯日記』）。

二十二日の協議

二十二日早朝、尚志が大坂から京都に戻って来た。「大坂の模様聞こゆる、……永井殿には兼て吾が老公〔容堂〕へ深く御依頼之れ有る故、京摂の間に往復して平穏に事を治めんとする。然れども大坂にては、旗下の面々会桑頗る嫌疑を抱き、内府の上京を拒むよし」（『寺村日記』）。大坂では、旗本や会津などが復古政府に疑念を抱き、慶喜の上京に反対しているというのである。

この日夕刻から、土佐藩の宿舎大仏〔妙法院〕で、容堂・春嶽・永井・後藤らが対応策を協議した。そこでまとまった案とは、次のようなものであった。「徳川公より地面官位の事奏聞に相成るよりは、寧ろ朝廷より切付けて御沙汰出でて、夫れを越〔春嶽〕公浪花へ御持参に相成るが然るべく、且つ大政に付御入費に付ては、徳川公のみならず諸侯一同より石割〔石高割り〕の公議に取り、一時に御沙汰出で候方然るべしと御決定。右に付、明日御一同御参内の筈に御約定也」（『神山日記』）。

辞官納地は、慶喜から奏上するよりも、朝廷の沙汰を春嶽が大坂に伝える方が良い。その内容は、政府入費は、徳川だけではなく諸侯が公議により石高割りで負担するということで、明日一同参内して尽力する。

この会合は深夜に及んだので、不穏な情勢のなか襲撃されるのを警戒して、尚志と奥谷文吉は、変装して入れ替わって馬に乗り帰宅したという（「随伴記」）。

翌二十三日朝、尚志から春嶽に、大坂からの内書が伝えられた。辞官は御沙汰次第だが、用途差出しは全国石高割りでなくては上京は困難である。また戸川が来邸し、二十一日夜付二侯宛の慶喜の直書を差し出した。朝廷からの呼び出しを待って、人数を召し連れ上京するつもりであるとの内容であった。

「皇国の為徳川家の為」

この二十三日夜、三職会議が開催され、慶喜への沙汰書が検討されたが、納地に関して、贖罪の意味を含ませるか否かで議論は対立を続け、紛糾のうちに徹夜の議論になった。尾越の参与田中・中根が強硬派公卿を説得したこともあり、二十四日再開された朝議において、有栖川総裁の裁断により、沙汰書の表現は、辞官後の呼称は「前内府」、納地に関しては「御政務御用度の分、領地の中より取調べの上、天下の公論を以て御確定」と決した（『徳川慶喜公伝』4）。散会したのは亥の刻（夜十時）であったという（『丁卯日記』）。

この間にあって、強硬論に手を焼いた徳川慶勝が一時、議定辞職を表明するということがあり、二十四日その奏聞の写しが下坂予定の尚志に、大坂に伝えるようにと届けられた。慶勝はこの日、建白を代理の者に持たせ、自身は朝議に欠席していた。これに対して尚志は、春嶽側から辞職を強く押し止めるよう、書状を、側近で参与の中根雪江・酒井十之丞・毛受《めんじゅ》鹿之助三人宛に送った。

朝議が難しく尽力の甲斐がないので辞表を出すということであろうが、「甚だ以て痛心至極、此処にて程能《よ》く御折合に相成らず候わば、実に皇国の大乱杞憂此の上無く候」。適当なところで妥協が成立しなければ、わが国に大乱が生じることになると、心痛の至りである。「何分々々皇国の為徳川家の為御尽力、此の上祈る所に御坐候」（「維新史料引継本」のうち「永井尚志書翰」）。
「皇国の為徳川家の為」とは、憤りを抑えつつ、あくまで和平決着を願い、粘り強く努力する尚志の突き詰めた本音であり、懸命の頑張りの拠り所でもあったろう。

尚志三度目の下坂、次に二侯下坂

この書状は「十二月二十四日夜」付であるが、同夜遅くか翌日早朝に尚志は、尾越二侯に先立って大坂に向け離京した。途中、伏見に立ち寄り、二十五日付で「伏見駅」から後藤に書状を送っており、同日着坂した。

二十五日巳の刻（午前十時）何とかまとまった沙汰書を持って春嶽が大坂に向かい、思い直した尾張侯慶勝も遅れて出京した。慶勝は下坂に際して、二十五日藩士を伏見に派遣して、駐留している新選組の伏見退去を求めた。京坂間の摩擦を懸念したためであろう。

これに対して副長土方歳三が、「長官」の命でなければ退去できないと答えた。そこで尾張藩士は大坂に出て責任者尚志に申し入れたが、尚志は断ったという（『京都守護職日誌』第四巻）。二十六日春嶽の要請に対しても、尚志は、今更引き揚げては「何か不首尾の姿にも相当し候故」と応じなかった（『丁卯日記』）。復古政府側への牽制を意識していたようである。

周旋役の二侯は別々に下坂し、春嶽は二十六日未明に着坂、慶勝は船中で病を発し、暮れ前着船した。病のため登城したのは名代の成瀬隼人正《はやとのしょう》（正肥《まさみつ》）であった。二十六日春嶽が登城し、まず板倉・永井と話したうえで、両人と老中格大河内正質《まさただ》陪席のもと慶喜と対面し、朝廷からの沙汰書を手渡した。慶喜はこれを了解したが、少しだけ間をおいて返答するという対応であった。下坂した中根から、尚志と戸川に二十三～四日の朝議の経緯を詳しく説明したところ、尚志らは、「危急千万の形勢なりきと驚嘆」し、ぜひ慶喜の上京が必要だと合意したという（『丁卯日記』）。

二十七日午前、春嶽は慶勝を訪ね、慶喜の書面を預かって奏聞する段取りを相談した。そのうえで登城して、老中板倉らに会ったが、「唯今御前に於いて永井・平山〔敬忠《よしただ》〕両参政執筆にて、御書面御取掛りに相成り居り、未定の事」、いまは尚志と若年寄並平山が、慶喜の指示を受けながら書面を執筆中で未完成だと聞かされた。そこで、明日改めて登城のうえということになった。「麾下も大半鎮定にも相運び候間、御上京も御都合次第、緩急共御請け成らるべき御模様の由」、周辺や幕臣の大半は鎮めたので、都合の付き次第、早くも遅くも上京のつもりと伝えられた（『丁卯日記』）。

尾越の周旋成立

二十八日朝、福井藩の毛受が別用で尚志を訪問したが、尚志は、「御上京の儀仰せ出され候わば、直ぐ様其の運び付き候様致し度し」と言った。正午春嶽が登城、慶喜は所労のため板倉から請書を渡された。その内容は、前内大臣という扱い、政府用途の負担を公論で決することに同意するというものである。ただし用途負担は、「天下の公論」により「皇国高割」全国諸侯石高割りで平等に負担ということでないと、内部を鎮撫できないと言うものであった。

その後、春嶽は慶喜の病床で対面し、「御請」の趣旨を尾越両人から奏聞し、上京即参内という段取りにすることで合意した。中根はその旨を体して、暮れ過ぎ出船し上京した。翌二十九日に春嶽は登城し、慶喜の米国ファルケンバーグ公使謁見に同席した。そしてその後打合せののち、申刻（午後四時）前に退出し、暮れに帰京のため乗船した。体調不良の慶勝は、この日未明に出船していた（『丁卯日記』）。

このように、春嶽が二十九日夕方までの在坂中に、慶喜上京・議定任命という事態収拾の見通しは立っていた。二十九日夕方に至るまでは、春嶽が知る限り何事もなく上京の途についている。慶喜周辺は、少なくとも春嶽退出までは、城内の異変を感じていた様子はない。江戸薩摩藩邸焼討事件の報が伝わり、城内が一挙に沸騰するに至ったのは、それよりもあとだったのではないか。

江戸情報はいつ伝わったのか

江戸芝の薩摩藩邸は、対幕強硬派の他藩士や浪人達を受け入れつつ、幕府側攪乱の動きを展開していた。武力倒幕の口火は、むしろ幕府側を挑発して戦いを仕掛けさせることが有利であると見る、薩摩藩の西郷ら京都指導部の指示を受けてである。その指示が、どこまで具体的であったかは別として。

彼らは、江戸や関東各地で様々な騒擾事件を起こしていた。江戸城に居た閣老・有司はついに撃破に踏み切り、十二月二十五日庄内藩や幕府歩兵隊が薩摩藩邸を焼討ちした。その報が大坂に届くと、慶喜や尚志らが辛うじて抑えていた薩摩に対する城内の憤懣が、ついに爆発するに至った。

では、それはいつ伝わったのであろうか。

『徳川慶喜公伝』4は、二十八日に大目付滝川具挙《ともたか》・勘定奉行並小野友五郎（広胖《ひろとき》）によって大坂に伝えられたとしており、それが通説になっている。しかし、藤井哲博『小野友五郎』は、滝川・小野は二十三日品川から長鯨丸で出帆しており、事件を知らなかったと指摘している。二十七日発の米国太平洋郵船（パシフィック・メール）で注進の御用状が、三十日に大坂に着いたとする。

在府の軍艦奉行木村芥舟《かいしゅう》は日記に、二十六日、事件につき「浪華へ御用状、明日出帆外国メールへ御頼、御差遣し相立て候」と記しており、そうすると二十八日に到着は無理である。また「松平容保記録」（「稿本」のうち）も、三十日に一報が届いたと記している。「三十日江戸より薩邸を勦《そう》するの報至る。内府意《おもえ》らく。薩人游士《ゆうし》を嗾《そう》し関東を擾《みだ》り以て東西並び挙げんとするなりと。この夜族戚将佐を会して事を議し入京の部署を定む」。

前後の関係から見て、江戸の事件が伝えられたのは、三十日（大晦日）、遡っても春嶽退出の二十九日夕方以後であったと考えたい。

慶喜、討薩を決意

この頃大坂城に居た松平太郎は、「永井も初は非戦でした。板倉は中を取りて論じました」（「松平太郎談話」『旧幕府』第三巻第七号）と述べているが、江戸の報を聞き、出兵論で城内は沸騰した。

慶喜は、制止したのであるが、「板倉・永井等はしきりに将士激動の状を説きて「公（慶喜）もしあくまでもその請を許し給わずば、畏《かしこ》けれども公を刺し奉りても脱走しかねまじき勢なり」」と言って、これを制止しきれなかったと回顧している（『昔夢会筆記』）。このあたりは慶喜の責任回避の言動が目立っているが、尚志がこの時点で戦闘回避を主張したという史料はない。冷静に情勢を見極め現実的な対応を模索してきた尚志すら、ついに堪忍袋の緒を切ってしまったのであろう。

三十日中には入京を目指した人員部署配置が定められ、翌元日には「討薩表」（奏聞書）が発せられ、朝廷に提出すべく滝川に託されることになった。それは、薩摩藩「奸臣共」の十二月九日以来の陰謀・暴挙を痛烈に非難し、「奸臣共御引渡し御座候様、御沙汰下され度し。万一御採用相成らず候わば、止むをえず誅戮《ちゅうりく》を加え申すべし」(『徳川慶喜公伝 史料篇』3)という挑戦状であった。

実はこの時、冷静に考えれば、幕府側には「討薩」以外にも選択肢はあった。朝廷と薩摩藩特にその武力倒幕派とを切り離す政治工作を進める道もあったはずである。

薩摩強硬派の孤立

さきにも触れたように、復古政府内において薩摩藩強硬派は政治的に孤立しつつあった。西郷隆盛が久光側近の蓑田伝兵衛に宛てた十二月二十八日付書状では、前日の四藩兵閲兵式で自藩の兵力を誇示したことを自賛する一方では、慶喜を議定に引き出す動きへの対処に苦慮していると伝えていた(『西郷隆盛全集』第二巻)。もはや幕府側とは武力対決しかないと思い詰めつつも、勝利の見通しがあった訳ではなく、開戦の名分もないという状況だったと言えよう。

さらに江戸薩摩藩邸焼討ちの報を、三十日に京都と大坂で知った薩摩藩幹部は、元日現在、開戦の口実ができたと喜ぶのではなく、まずい知らせとして受け取っていた。西郷が元日付で蓑田に送った書状は、事件を前夜知ったが「残念千万の次第」と記し、大久保に、誰かを探索に江戸に派遣しては と書状を発していた(同前)。幕府非難の言葉もなく、むしろ責任追及を懸念している様子である。

また大坂留守居木場《こば》伝内も国元家老宛に元日付で書状を発し、町人情報として事件を伝えるとともに、大坂城では「昨夜御評議の上、来る四、五日比《ころ》には御上洛相成り、右等仰せ立てられ、大事件にもおよび申すべし」という風説がある、と憂慮を伝えていた（『忠義公史料（鹿児島県史料）』第四巻）。

客観的には、むしろこの事件を材料に、政治的に薩摩をさらに孤立させるチャンスであった。そうした冷静な判断をできる幕府側人材は、尚志以外にはなかったと考えられるが、尚志は、どうやら決戦論に合流してしまったようである。もちろん、尚志が政治交渉の提案をしても、もはや内部で到底受け容れられる状況ではなかっただろうが、尚志のために惜しまれる。慶喜の政治的存在を維持しうる最後のチャンスは去ったのである。

4　鳥羽伏見の戦い

新年の京都

慶応四年（一八六八）元旦の時点の京都では、薩摩藩武力討幕派は政治的に孤立しており、暮れの二十七日に参与から議定に昇格していた岩倉具視は、事態の平穏な落着を図ろうとしていた。この日、岩倉は、大坂から戻っていた中根を呼んで幕府側の情報を尋ね、慶喜の態度を高く評価し、平穏な事態解決の希望を述べていた。岩倉に依頼されて中根はこの夜、慶喜上京後の手順書を箇条書きで準備した。

二日、九条邸に置かれた仮議事院で午前から朝議が開かれ、会桑帰国を慶喜に命ずべきか否かで紛糾し、結論を出せなかった。ただし、外国向けの布告書ができたので、慶喜に各公使に十日までに上京するよう伝えよ、と命じることは決定された。

幕末大坂城の櫓（大阪城天守閣蔵）

しかし七時（午後四時）頃、幕府側出兵との情報が伝わった。福井藩邸で、尾土予（伊予宇和島）関係者がこれを止めるための下坂人につき翌未明まで協議したが、具体案は決しなかった。

三日朝、中根が岩倉邸に赴いたところ、先客として長州と薩摩の者が来ていた。次に中根が岩倉に会った。岩倉は、二藩は戦闘を望んでいるが、干戈は朝廷が指図する前は不可であると言い、これには議定三条実美《さねとみ》も賛成である。慶喜上京の三カ条につき、なお有効かと確認を求めると、議定への任命は長州と同時にという条件で、他は承知であった。これを伝えるため中根は、午後京を発ったが、橋本を過ぎて背後に火を見ることになる（「戊辰日記」『史籍雑纂』第四）。

このように、鳥羽伏見での衝突の報が伝わるまで、岩倉は既定路線を何とか実現しようとしており、薩摩はそれを突き崩せないでいた。中根は三カ条を伝えに下坂するが、途中で戦闘開始を知ることになったのである。

新年の大坂城

西周は元旦の午後四時頃、御用部屋で板倉らが居並ぶなか、尚志から目付を仰せ付けられ、目付部屋に行った。だが、「城中混雑の折からなれば廻勤又御礼等の事無し」（「西家譜略」）。すでに城内は出兵準備で騒然としていたのである。

ところが幕府側は、過去にも長州征討に際して繰り返した過ちであるが、なおも幕府軍の「武威」を過信していたようである。大挙出兵すれば、途中遮る者は居ない、あるいは居ても局地戦で蹴散らせる。途中で小競り合いはあるにしても、京都には平穏のうちに入ることができる、と思い込んでいた節がある。確かに兵力数は、幕府側が薩長を大きく圧倒していたのではあるが、実際の戦闘力は別であり、作戦・戦闘準備・戦闘いずれも拙劣であった。限られた狭い街道上で対峙した場合、総兵力の大小は意味がないことは、言うまでもないことである。

二日の大坂城出兵に際して、決して天皇の居所近くでは戦端を開かぬよう下知したと、三日午後に慶喜側近の梅沢孫次郎が春嶽らに言ったという。京での戦乱は避けると言いつつ、三日には書を各国公使に送り薩摩との交戦を伝え、夜には大坂薩摩藩邸を襲撃させていた（『徳川慶喜』）。

一方、政治的に孤立を深めつつあった薩摩藩武力倒幕派は、開戦に賭けており、西郷は、戦闘不利な場合は、「玉」天皇を山陰道に連れ去る計画をも立てていたのである。

戦闘開始、尚志「意外千万」

三日、上京を図る幕府軍は会桑を加えて約一万五千人、一方これに対峙する薩長軍は約四千人、両軍は、京都南部の鳥羽・伏見の両街道で睨み合いの状況になった。通せ、朝廷の指示あるまでは通さぬ、との押し問答が続いた末、夕方、薩摩側が仕掛けて鳥羽伏見の戦いの火蓋が切られ、戊辰戦争が始まった。

激戦が繰り広げられたが、朝廷では開戦に伴って強硬派が主導権を握り、翌日には朝廷から下された錦旗が戦場に押し立てられ、薩長軍は「官軍」の地位を手に入れた。さらに淀・津藩の寝返りもあり、六日幕府軍は敗走した。武力倒幕派の主導権が確立した王政復古政府からは、七日には慶喜征討令が発せられた（保谷徹『戊辰戦争』）。

さて話を中根に戻すと、やっと四日早朝大坂に着き、卯刻（午前六時）登城し尚志に会った。「朔日〔元日〕以来京都の事情申述べ候処、永井殿も大息顰眉《ひんび》のみにて、扨々《さてさて》遺憾千万なりとの挨拶」であった。幕府軍が上京中に行く手を遮られ、問答しているうちに先方から発砲され、戦闘になってしまった。「一二問答の内、早や彼方より打懸け候故、此方よりも打懸け、忽ち砲戦相始まり候次第にて、誠に意外千万の事共に相成る」。

慶喜はこの日、尾越芸予肥（肥後熊本）五侯宛に、先方から発砲につき心配しており、「鳳輦《ほうれん》守護」（天皇警衛）を厚く依頼するとの直書を認めていた。この直書を奏聞書とともに、参与戸田忠至《ただゆき》に伝達することを依頼されたが、中根はいったんは断った。

尚志に事態への対策を聞くと、「誠に不意に出たる事故、更に術計之れ無く、上様も殊の外御当惑、随って何れも無策、如何相成り然るべき哉《や》との模様」である。控え室に居合わせた親幕藩幹部達もただ嘆き合うばかりで「満城地を払うの無策にて」、結局、老中板倉勝静・酒井忠惇《ただとし》（姫路藩主）から戸田宛の御用状に仕立てたものを、合わせて伝達する役を中根は引き受け、夕方退出した（『戊辰日記』）。

一月五日の動き

中根は、戦場を避けながら五日暮れ京都の福井藩邸に戻った。毛受が戸田に届けたが、奏聞書は大垣藩士経由で届き朝廷に差出し済みであり、直書は伊達宗城《むねなり》から各侯へ廻すことになった（「戊辰日記」）。

この日、英国公使パークスが、玉造門内の板倉邸を訪問し、そこで尚志に会っている。「相手が六千に対して、こちらは一万の軍勢なのだから、もっとうまくやれたはずだと、永井はいった。……大君は武力に訴えたくなかったのだが、そうせざるをえなくなったのだと永井は主張したが、ではなぜ一月二十六日（和一月二日）に、はやくも薩摩の汽船ロータス号（翔鳳丸）を砲撃したのか、かれは説明できなかった」（『遠い崖』⑥）。

同日尚志は、戦況確認のため戦地出張の命を受け、短銃を腰に、奥谷文吉、慶喜から借りた二騎、酒井忠惇から借りた一騎、主従五騎で出発した。夕方淀川堤を敗兵とすれ違いつつ橋本に至り、所在を探して若年寄並陸軍奉行竹中重固《しげかた》を見つけたが、もはや敗勢であった（「随伴記」）。この日午後、幕府側は淀城への入城を拒否されていた。老中稲葉正邦の淀藩が官軍側に寝返ったのである。

慶喜東帰へ

六日、慶喜は、「板倉・永井を別室に招きて、恭順の真意は漏らさず、ただ東帰の事のみを告げたるに、両人は「ともかくも一旦御東帰の方然るべからん」といえるにより、いよいよそれと決心」したという（『昔夢会筆記』）。慶喜の東帰に賛成した尚志の真意は確認できない。

若年寄並兼陸軍奉行並浅野氏祐《うじすけ》の回顧談では、大坂に陸海軍伝習所を開設せよとの在府の老中稲葉正邦の命で二日順動丸で発った。六日天保山に上陸し、午後板倉から催促を受けて登城した。板倉がこれまでの経緯を語った。「頃日《けいじつ》城中の議論は、硬軟二派に分れ」、大河内正質・竹中重固・塚原昌義

（若年寄並）・平山敬忠らと会桑藩士は硬派、特に新選組は「激烈」で、「君上を退け奉りても」戦うとさえ言った。穏健派は、自分・酒井忠惇・永井ほか「二三子の少数」で、「暴威には抵抗しえられず、終に今日の極難に陥りたり」。

浅野は次に慶喜に拝謁した。過激論者を「制御」できず、「先供の間違い」から「朝敵の汚名」を蒙り、「速に東帰して素志の恭順を貫」くが、但しこのことは「秘めよ」と言われた。退出後板倉に直命書を見せられる。そこには東下に際して、「供」は板倉・酒井・永井・平山、「残」は老中格陸軍総督大河内正質・若年寄並副総督塚原昌義・若年寄並陸軍奉行竹中重固、「随意」は浅野と記されていた（『徳川慶喜公伝　史料篇』3）。

「残」三人は威勢のよかった主戦派で軍事上の責任者であり、しかも戦場から逃げ帰って来る者達である。慶喜としてはここで責任を取らせるつもりだったのであろうが、結局は誰一人切腹する者もなく江戸に戻って来た。なお、浅野の言は回顧談なので、東下して「恭順」とはのちの潤色かもしれない。

慶喜ひそかに脱出、尚志は置き去り

慶喜は大広間にいた諸有司・諸隊長に対して、自ら前線に出馬するので用意せよと命じる一方で、自身の退城準備をひそかに進めさせた。そして亥刻（夜十時）、後門からこっそりと容保・定敬・板倉らと退城し、乗船のため天保山に向かった。

この六日午後の慶喜との協議ののち、尚志は前線兵士の大坂城への引き揚げを伝える役目を命じられた。昼頃に淀川の山崎関門守備の藤堂藩が寝返ったことで敗勢が決定的になるなか、大河内・竹中・滝川らが午後四時頃枚方で軍議を行ったあと、守口に退却したら、そこで尚志から大坂城へ引き揚げという慶喜の命を伝えられた（野口武彦『鳥羽伏見の戦い』）。

その後尚志が、おそらく夜遅くになってであろう、帰城したら、意外にも慶喜はもはや城内に居なかった。「余、命を受け馳せて収兵、夜帰る、則ち公不在」（「手記」一）。まさかそんなに早く慶喜が退城するとは、予期していなかったであろう。置き去りにされたのである。

そこで尚志は、その現実を自分なりに合理化して自らの役割を考え、それなりの覚悟を固めたようである。この夜西周は尚志から、天満の松平忠国（忍藩主）邸に守口への出陣命を伝えよと命じられた（「西家譜略」）。取り敢えず大坂城前面を見張らせるということであろう。

尚志の対応

浅野の回顧談の続きは、慶喜退去後の六日深夜か七日朝早く、大河内正質がまだ帰城していない時点であるが、尚志は次のように述べたという。

我公（慶喜）既に此御城内を退かれし上は、我は此に留りて、（大河内）豊前殿の帰城を待ち、伏見の行違いは其曲何れにあるかを明白にし、万一其情を達し得ずんば、武門のならい已むをえず、一同此城を枕に一死あるのみ。御先駆けの総大将たる豊前殿を始め、潔く此処にて死に果てなば、其にて戦は我が公の本意ならざりし事も判然として明白なるべし。故に我は御供を辞み奉るなり。

自らのプライドと慶喜非難回避のためであろうが、尚志は置き去りにされた自分の役割を見い出そうとしている。あくまでも城に留まり、今回の衝突の理非曲直を明らかにし、正当性を明白にできなければ、現場責任者らの死を以て、それ以上の追及を回避しようというのである。

西周の帰城は、督促に時間がかかったため、翌七日になったが、もはや首脳陣はほとんど居らず、尚志に御用部屋に呼ばれて、善後策につき意見を問われた。西は、何も指示がなかったのなら、江戸に帰り後命を待つしかない、と答えたという（「西家譜略」）。

尚志、大坂城退去

敗軍の動揺はもはや止めることができなかった。尚志は当時の状況を次のように振り返っている。「先駆閣老松平〔大河内〕豊前守・参政竹中丹後守・塚原但馬守、在阪軍艦奉行〔軍艦頭並〕榎本和泉守〔武揚〕……、相共に謀り、大阪城を守るを欲して、江戸進上〔止〕を聴く。議成り、而して人心已《すで》に動く。遂に紀州宰臣水野某〔忠幹《ただもと》〕に謀り、諸官利〔吏〕及軍隊を率い、累々夜行、後路に火起るを見る。紀州若山〔和歌山〕に至る。和歌浦に在ること数日、東帰」（「手記」三）。

尚志は、在城首脳を集め、大坂城を守り抜くことを欲しながらも、江戸に戻るべきか留まるべきかを議したが、既にかつての主戦論者をはじめ大勢は、慶喜が不在では江戸に帰還するしかないとの考えに傾いており、いかんともしがたい状況であったと言う。

退城に際して、七日付参与戸田忠至宛に永井玄蕃名の書状を記し、将軍が今早朝軍艦で帰東し、城は慶勝・春嶽に預けるとの旨を伝え、これに慶喜の奏聞書を同封した。奏聞書は、戦闘は先行者達の行き違いによるもので、「天朝」に対して「他心」はなく、城は尾越両家に託して退城東下すると記していた（「伊達宗城とその周辺（続）」）。この奏聞書と両家への大坂城預け依頼の直書を、尾越両家に伝達する役目を課されて、一番最後に残されたのは目付妻木頼矩《よりのり》である。

妻木は、大河内らが立ち去ったあと、両家の在坂家臣に託し、その返事を待っていたところ、九日朝になって、長州兵が偵察に城にやって来た。その後、原因不明の出火がもとで城は数日燃え続けて全焼した（『徳川慶喜公伝　史料篇』3）。なお、大坂城に残っていた金十八万両は、勘定奉行並小野友五郎の指示で、幕府汽船で江戸に持ち帰られ、残ったのは若干の丁銀であったという（『史談会速記録』第六十一輯）。

紀州を経て帰府

尚志が退去に際して頼りにしたのは紀州藩であった。在坂の紀州藩家老水野忠幹の了解を得て、全員が紀州経由で帰府することに決した。しかし退去は整然とした行軍といったものではなく、背後からの追撃を恐れながらの逃避行であった。途中、岸和田藩老臣山岡尹方によれば、夜、尚志が馬に乗って「裏金の陣笠を戴き威風堂々」と城門を通過していったという（「永井玄蕃頭伝」）。しかし、その後は次第にバラバラになったようで、紀州に着く頃には、従う者は奥谷文吉だけになっていた（「随伴記」）。

頼みの紀州藩としても、朝廷から向背を迫られ恭順に傾いているなか、目立って匿うこともはばかられた。尚志は、和歌浦に数日を送ることになった。この間、大島に向かった会津藩兵の一部は、和歌浦で尚志と小野友五郎に旅費を乞い、五千両を借り受けたという（『会津松平家譜』）。

そこにおいて尚志は、「正月寓南紀和歌浦」という七言絶句を作っている。「景色清奇歌浦濤　登山

望海又何心　松風独有解吾意　粛颯頻為悲壮吟」。和歌浦の高所に立って絶景を眺めてみても、悲壮感が寒風とともに募ってくる思いである、といった意であろう。

十四日になって、紀州藩船明光丸に乗船することができて、三河吉田付近（現豊橋市）に上陸し、そこから江戸に向かった。この吉田で文吉を美濃国加納藩へ行かせたという。

加納に戻った文吉は、避難して来ていた尚志の妻子と再会したが、そこでは「勅使」を称するグループが「朝敵」の家族を探索していた。それを避けながら、まず文吉が養子岩之丞と同行して、奥殿を経由して陸路江戸の浜町屋敷に到着した。すでに尚志は帰着しており、五、六日後に妻女も帰り着いたという（「随伴記」）。ただし尚志がいつ江戸に戻ったのかは確定できない。

第九章　意地の蝦夷地

1　敢えて反旗を

若年寄罷免・閉門処分

三河吉田上陸後の尚志は、慶応四年（九月八日明治と改元、一八六八）一月末頃には江戸に戻っていたものと思われる。すでに紀州滞在中の一月十日、鳥羽伏見の戦いに関与したと見られた幕府関係者に対して、朝廷では官位剥奪が決定され、尚志もそれに加えられていた。彼らは朝敵とされたのである。

江戸城においては、進攻が予定されている東征軍に対する方針をめぐって激論が戦わされていた。尚志がそこで、どこまで積極的に主戦論を唱えたかは不明である。『徳川慶喜公伝』4には、尚志の主戦論が引用されているが、それはさきの「二賊」論であり、この時点での発言ではない。

二月五日に至って慶喜《よしのぶ》は絶対恭順の姿勢を確定した。これまでの慶喜の態度は一貫して朝廷尊重であり、「朝敵」とされたことは決定的な苦痛であったろう。首脳部の入れ替えが進み、八日には恭順派の大久保一翁（忠寛《ただひろ》）が、若年寄兼帯内国事務取扱に任じられている。また二十五日に勝海舟が、陸軍総裁に代えて軍事取扱に任じられている。

一方、九日には鳥羽伏見関係の責任者は幕府の役職から罷免された。これも恭順を示す人事であった。尚志には、若年寄罷免、寄合が申し渡された。実際には当人にではなく、最古参の若年寄平岡道弘から名代三好大助に右筆部屋縁側替席で仰せ渡された（「稿本」のうち「慶応戊辰筆記」）。九日の罷免者は、一月十日付官位剝奪者のうち老中一人（大河内正質《まさただ》）、若年寄四人（永井・平山敬忠《よしただ》・竹中重固《しげかた》・塚原昌義）が含まれるが、老中板倉勝静《かつきよ》はすでに一月二十九日罷免されていた。

さらに尚志に対して、翌十日には官位剝奪が告げられるとともに登城禁止が申し渡された（『続徳川実紀』第五篇）。板倉・小笠原長行《ながみち》も含んだ官位剝奪者への登城禁止処分であり、これまた恭順の姿勢を示すものであった。

十二日慶喜は寛永寺大慈院に入り謹慎した。これに対して、松平容保《かたもり》は十六日、松平春嶽《しゅんがく》に陳情書を出したうえで、会津へ向かった。その行くさきにあったのは、五月六日新政府に対峙する奥羽越列藩同盟の結成であった。

二月十九日には高千石の永井主水正《もんどのしょう》玄蕃頭《げんばのかみ》尚志に対して「逼塞」が命じられた（『柳営補任』）。さきの老中二人・若年寄四人と大目付滝川具挙《ともたか》、勘定奉行小野友五郎も逼塞を命じられた。尚志はさらに、四月七日には「閉門」を命じられた。若年寄罷免・登城禁止・逼塞・閉門、尚志は幕府からまたしても四度目の、ただし最後の処分を受けたのである。

なお、尚志実家の田野口藩主松平（大給《おぎゅう》）乗謨《のりかた》は老中格を二月五日に、永井本家の加納藩主永井尚服《なおこと》は若年寄を二月六日に辞任して、新政府に恭順し、ともに謹慎ののち、官軍として北越戦争に参加している。

平山に嘆願書案送る

尚志は、大政奉還から鳥羽伏見開戦に至るまで、絶えず現場に関わっていただけに、薩長とりわけ西郷・大久保ら薩摩藩武力倒幕派のやり口に、どうしても許せないものを感じていたのであろう。心ならずも事ここに至って、慶喜の態度に倣って恭順する気持ちには、どうしてもなれなかったのである。

若年寄を罷免されてから逼塞を命じられる間に、尚志は徳川家臣団としての嘆願書提出を企てていた。二月十四日、平山省齋（敬忠、謙次郎）宛に介堂（尚志）が記した徳川家来嘆願草案が残されている。

今回の朝廷の命は薩長の奸謀によるもので、慶喜は朝敵ではない。「最前皇国の為、御誠意を以て政権御返上遊ばされ候処、朝廷に於いて俄に御大変革仰せ出され候も、全く彼の藩の私意に出候」、皇国のため誠意を込めて政権を返上したのに、朝廷で俄に変革があったのは一部の藩の企みである。尾越土の周旋により慶喜は上洛しようとし、「御奏聞且つ御先供の兵隊を、薩人相拒み発砲いたし候より戦争と相成る次第」。「朝廷にても其頃は先供の争にて朝敵抔《など》に之れ無しと申す儀は御承知に之れ有るべし」。鳥羽伏見の衝突は薩摩が先攻した幕薩間の紛争であり、朝廷と戦ったのではないことは、わかっていたはずである。「御東帰後幾重にも御恭順、已《すで》に東台〔東叡山寛永寺〕へ御謹慎遊ばされ候ても、猶御征伐との儀、臣子の情泣血に堪えず嘆願仕り候」。恭順し謹慎しているのに、さらに征討とは余りにひどいのではないか（「永井玄蕃頭書翰」『江戸』第六巻第二号）。

平山敬忠は、かつて尚志雌伏の時期にも交流があったことはさきに（第五章）述べた。「永井玄蕃頭とも最も親しかりけるが慶応二年長州処分の事に関しては、翁草して永井掛け紙し、翁更らに筆を加へし文案存せるもあり」（「幕府参政平山図書頭としての平山省齋翁と維新当時の其文章」『江戸』第八巻第一号）とされ、考えが近かった。もっとも平山は大坂城では若年寄並として主戦派であったが、しかし暮れ二十八日の慶喜の請書は、尚志とともに執筆に当たっていた。

平山は、大坂から戻ったあと、一月二十七日に若年寄に任じられ、辞表を提出したが容れられず、病として引き籠もるうちに、二月九日に免職となり、十九日逼塞を命じられた。前記草案の日付は、平山の免職と逼塞との間のことで、尚志同様、平山も幕臣として動ける状況にはなく、おそらくその意志もなかった。結局この草案は日の目を見ることはなく、平山の手元に残されたのである。

柏尾の戦い

東征軍が江戸を目指して進軍してくるなか、恭順に反発する幕府側歩兵達の脱走が相次いでいた。官軍の江戸迎え入れの責任者である「軍事取扱」勝海舟も、江戸の治安維持のためにもそのような動きを容認していたようである。新選組も東山道軍進撃に対して甲陽鎮撫《ちんぶ》隊を組織し、隊長近藤勇は若年寄格という肩書きを与えられた。

甲州出身で幕府砲兵方に加わって、長州征討や伏見の戦いにも参戦した結城無二三は、軍監としてこれに参加した。「一切永井と申す若年寄の計らいで勝さんなどは反対のようでしたが、別に御止めもなりませんでした」と回顧している（結城礼一郎「柏尾の戦」『新選組史料大全』）。

二月末、新選組は「甲府鎮撫」を命じられ、江戸城で二千余両と銃砲を提供されたというが、このことは尚志の周旋によったのではないか。近藤一行は三十日江戸を出立して甲府に向かったが、三月六日勝沼手前の柏尾で、官軍の大軍によってあっさりと打ち破られて、敗走して四散に終わった（『新選組日誌』下）。

尚志の意地

それからの尚志の動静はわからないが、さきの嘆願書案の考えは動かなかったのであろう。三月半ばの西郷・勝会談によって江戸城が四月半ば無血開城され、五月半ばの上野戦争のあとの二十四日、徳川宗家相続人家達《いえさと》（田安亀之助）に、静岡で七十万石を給するという通告がなされた。しかし徳川領地を大削減するこのような処置に、旧幕府海軍を率いる海軍副総裁榎本武揚《たけあき》らは納得していなかった。また、奥羽越列藩同盟から松平容保・板倉勝静・小笠原長行連署による強い支援依頼の働きかけがなされていた。

これまでの尚志は、和戦の岐路に立った時は、「和」つまり政治的解決の道を選んで尽力を重ねてきた。しかし今度ばかりは、主君に倣って「恭順」の態度を取って、寛大な処置を待つということは、考えようとはしなかった。政局の焦点である京都の現場を経験してきたがゆえに、武力倒幕派のやり口はどうしても許せない。

官軍と戦って勝てると思ったのではあるまい。薩長が朝廷を乗っ取って徳川家の名誉と治績を奪おうとしたことは、また、自ら戦闘を起こしながら逆に「朝敵」のレッテルを相手に貼りつけたことは、なんとしても認めることはできない。徳川家臣の意地を通すとしか言いようがないが、尚志は新政府との対峙によって譲歩を引き出そうとする榎本らと、行動をともにすることを決心したのである。榎本とは海軍伝習所以来の長い付き合いがあった。

趣意書を発し奥州へ

榎本らは、勝の説得をも振り切り、徳川家達が静岡に到着するのを見届けたうえで、開陽丸・回天丸・富士山丸など旧幕府艦船八隻を率いて、八月十九日品川沖を脱して奥州に向かった。これに先立って榎本は荒井郁之助（歩兵頭）・松平太郎（陸軍奉行並）・永井玄蕃らと評議し、その賛同を得たという（一戸隆次郎『榎本武揚子』）。

この時尚志は五人の家臣を連れ、浜町屋敷から沖釣りにでも出掛けるような姿で出発して品川沖に漕ぎ出し、回天丸に乗り込んだという（「随伴記」）。新選組島田魁の「島田魁日記」には、「永井玄蕃回天に乗ず。八月十九日三更〔夜十二時〕暗に従い品海を開帆す」とある（『新選組史料大全』）。

榎本の出奔を危惧していた勝は二十日の日記に、「開陽より一封到来。昨夜御船悉く大〔退〕去。その行く所を知らず。趣意書、即刻老中衆へ持たせ差し出だす。嗚呼士官輩、我が令を用いず」と慨嘆している。趣意書を勝らに託してひそかに出帆したのである。これに、尚志までも加わっていたことは驚きだったようで、二十四日には「永井主水〔正〕の乗り組みたる、尤〔最〕も以て怪しむべきなり」と記している（『海舟日記』Ⅱ）。

趣意書とは「徳川家臣大挙告文」で、これを勝海舟ら経由で新政府側に伝えようとしたのであるが、その趣旨は二点であった。あるべき王政一新が一部強藩によってねじ曲げられ、徳川家の処置が不当であること、徳川家臣のため蝦夷地の開拓を許可されたいことであった（太政官『復古記』第七冊）。

林董の証言

趣意書の執筆に尚志も関与していたことには、品川沖から同行した林董《ただす》の証言がある。林は、佐倉順天堂を開いた佐藤泰然《たいぜん》の子で将軍の侍医林洞海の養子となり、幕府留学生としてイギリスに滞在していた。しかし、幕府からの送金も途絶えたので帰国の途につき、六月十九日横浜に帰着した。間もなく、縁戚（榎本夫人は姪）である榎本に共鳴し、志願して開陽丸の見習士官になった。のちに外務大臣になった人物であるが、この時は榎本軍に参加したのである。

林によれば、品川沖出発時の趣意書は榎本と尚志が執筆したものである。「蝦夷に依り、土地を開拓し、徳川家臣の禄に離れたる族を之に移住せしむるの目的を説明したる英文の書を英公使パークスに投ぜり。榎本と永井と起草したるものにして、予之を翻訳せり」。後日、英公使の本国宛て公信に記録があるのを見たとも記している（林董『後は昔の記』）。

尚志は、単に榎本の主張に共鳴したのではなく、むしろ積極的に同じ方向に動いていたのである。時に尚志は榎本より二十歳年長の五十三歳、血気にはやるという年齢ではなかった。静かに憤っていたのであろう。

奥州から蝦夷地へ

榎本艦隊は銚子沖などで荒天に悩まされ、二隻を失ったうえ、ようやく八月二十六日仙台に到着した。榎本らは上陸して、奥羽越列藩同盟の軍議にも加わったが、もはや戦局は大きく傾いていた。明治と元号が変更された九月の十五日仙台藩が降伏、二十二日会津藩が降伏した。

結局、現地で約千人の旧幕府軍兵士を収容し、総勢二千五百と言われたが、艦隊は十月十二日仙台湾を離れ、宮古湾を経て蝦夷地を目指した。

終始同行した旧幕府奥医師の高松凌雲《りょううん》は、尚志について次のように回顧している。「一言以て永井玄蕃頭殿を評さば、沈毅果断の方で、脱走軍中の重鎮と仰がれて居られ、公の喜憂を以て全軍の喜憂とする位であった。去りながら、釜石港などでは永井公始め脱走の大名方皆兵士と共に石炭糧食などの運搬に従事なすったこともある」(『大給亀崖《きがい》公伝』)。

2 箱館奉行

蝦夷地占領

十月二十日旧幕府軍は蝦夷地の鷲ノ木(現茅部《かやべ》郡森町)に上陸し、南南東四十キロ余の箱館を目指した。その勢いは圧倒的であり、数日後には五稜郭に迫った。蝦夷地は新政府治下にあって、五稜郭に箱館府が置かれていた。全軍敗勢の報に接した公卿の清水谷公考《きんなる》府知事は、二十四日夜五稜郭を出て箱館に移り、二十五日未明、府首脳らとともに軍艦加賀守(のち陽春)で箱館港から脱出、夕刻青森港に入り、新政府側諸藩兵もこれに続いた。

旧幕府軍は二十六日五稜郭に無血入城した。同日、回天丸・蟠龍《ばんりょう》丸は箱館湾に回航し、上陸兵は箱館運上所(税関)や弁天台場に日の丸の旗を掲げたが、間もなく到着した陸兵と警備を交代した。弁天台場は、箱館湾の東南湾口に安政三年(一八五六)冬着工され、元治元年(一八六四)九月に完成した砲台である。運上所に近い台場にはプチャーチン献上のディアナ号積載砲五十二門のうち二十四門が据え付けられていた（『函館市史　通説編』第二巻）。

十一月中旬には、現地に残って抵抗していた松前藩勢も戦闘の末に本州に撤退、もはや蝦夷地には抵抗勢力はなくなった。

交戦団体の期待

旧幕府軍は鷲ノ木に上陸すると直ぐ、同日付で、局外中立の継続と交戦団体としての処遇を求めるフランス語の声明文を、小芝長之介という密偵の手で箱館の各国領事に届けさせていた。旧幕府軍にはフランス軍事顧問団の一部が加わっていたのである。また、五稜郭に無血入城すると、直ちに各国公使宛てに封書を送るなど、対外関係にとりわけ配慮していた。また、現に箱館は開港場であり、細心の配慮が必要であった。その点で、オランダ留学経験があって言葉にも堪能な榎本と、対外折衝の経験豊富な尚志との取合せは絶妙であったと言える。

十一月五日（洋十二月十八日）米・露・普（プロイセン）各国箱館駐在領事は、開陽丸を訪問している。また同日、英領事ユースデンは自宅で仏領事と打合せのうえで、永井箱館奉行を呼び出し、榎本らとの会見の希望を伝えた。この頃榎本は松前方面に出陣中であったが、急遽、汽船で八日夜箱館に戻り、九日運上所において会見が行われた。メンバーは旧幕府軍側は榎本と永井、英仏側は英領事ユースデン、サテライト艦長ホワイト、仏代理領事デュース、ヴェニュス艦長ロワであった（『遠い崖』⑦）。

両領事は、交戦団体としては処遇しないが「不干渉」の立場を取るという両国公使の訓令を口頭で伝えたが、「デ・ファクト〔事実上〕の権力」という表現から、旧幕府側は一定の法的地位を得たと受け取った。この時ユースデンに尋ねられた尚志は、旧幕府兵は三千〜三千五百だと話したという（『戊辰戦争』）。

十一月十九日に至って新政府は征討令を発したが、実際に軍勢が海を渡るのは冬が去ってからであった。旧幕府側は十二月二日には、英仏二艦長宛に朝廷への嘆願書を託している（加茂儀一『榎本武揚』）。しかし十二月二十八日、東京（七月十七日江戸を改称）における新政府と各国公使との会談の結果、英仏の主張通り、各国は局外中立解除を布告するに至った。もはや現地でなしうる外交的手段はなくなったのである。

旧幕府軍政権首脳選挙

十二月十四日、「蝦夷」政権の「陸軍司令官松平太郎　海軍大将榎本釜次郎〔武揚〕」名で、蝦夷地全域領有を各国領事に宣言した。翌十五日、領有宣言式が行われ、首脳部人事について士官以上による選挙が実施された。

総投票数八百五十六票で、榎本釜次郎百五十六票、松平太郎百二十票、永井玄蕃百十六票が上位三名であり、結局、榎本が総裁、松平が副総裁、尚志が箱館奉行、沢太郎左衛門が開拓奉行に決した。ただし、すでに箱館占領以来尚志は箱館奉行であった。なお、旧幕府老中で途中から合流した板倉勝静は二十六票、小笠原長行は二十五票に止まった。

旧幕府軍リーダー達の写真が残されている。前列左から荒井郁之助・榎本武揚、後列左から小杉雅之進・榎本亮造・林董・松岡磐吉《ばんきち》である。

旧幕府軍幹部
（『新北海道史』第３巻より）

箱館市政

十月二十六日箱館占領後直ちに、「回天艦戦将」から「名主中」宛に、嘆願の儀があって来航したが、諸役人引き揚げであったので、市中動揺鎮撫のために上陸した。「決して手あらの儀之れ無く候間」、一旦立ち退いた者も「安堵」して商売するようにと触れ出した。また、「辰十月」付で「徳川海陸軍士」名で町会所を通じて、「徳川海陸のもの衆議の上、永井玄蕃は当所奉行に選び候」と市中に触れた（『復古記』第十四冊）。開港地箱館とあって外交折衝も必要な箱館奉行として、外国奉行経験のある永井が最適任者であったことは、言うまでもない。

地元の藩御用達・町年寄の記録は、尚志が市中在々の名主・町代・村役を呼び出し、次のように述べたと記す。「今日当着（到着）に候間、役人共には是迄の通り申し渡し候間、上々より指図の通り厳重相守り申すべし」（『箱館軍記』『箱館戦争史料集』）。尚志は小林重吉宅に止宿していたという。また箱館市中取締には、新選組が当たった。二十七日には、運上所から、市中に潜む脱走役人に、帰役もありうるので出頭ないし訴え出よと指令している。

江差奉行並を務めた小杉雅之進の「麦叢録」（『南柯紀行・北国戦争概略衝鉾隊之記』）は、「永井玄蕃を以て、仮に函館に奉行たらしめ、米銭を散じて、市中を賑わし、衆大に悦服す」とするが、実情はどうであったか。

旧幕府軍の財政は、当然のことながら窮迫していた。占領当初は士官以上は皆無給であったが、十二月下旬になって、上等士官二両、歩兵一両など月給が定められた。では財源は何であったか。

蝦夷政権の財政

その財源とされたのは、現地住民への御用金や各種税の賦課であり、貨幣鋳造であった。御用金は、まず十一月十日箱館市中年寄へ一万両の運上を持ちかけ、翌日承知させたが、正月には再び用金を申し付けて市中を困惑させた。四月にも一万両余を命じた。さらに新政府軍が迫ってきた五月三日には、尚志の下役の町奉行と名乗って市民に恐れられていたさきの小芝なる者が、一万二千両を「徳川家へ香典」と思って十日までに納めよと命じた。そして、激戦となった十一日には集金した八千両を持って新政府軍に取り押さえられたという（『箱館軍記』）。

蝦夷地に漁場を持つ場所請負人は年二回の運上金前納が命じられ、祭礼の物売り、遊女、賭博場など各種営業に運上金が課された。十一月からは市中への出入り口に当たる一本木に関門が設けられ、通行税二十四文が徴収された。一方、正月からは五稜郭において一朱銀、二分金の鋳造が始まり、鋳造高は約四万両であったという（『函館市史　通説編』第二巻）。

英領事ユースデンの十二月二十日（洋一八六九年二月一日）報告によると、市民は旧幕府軍支配を嫌っており、その理由は強制労働、御用金賦課、貿易途絶などで、金持ちは必死に財を隠しているという（『遠い崖』⑧）。

運上所での尚志

箱館運上所（税関）は、五稜郭に移転した箱館奉行所の出張所でもあったが、十一月二日、対外業務を再開した。箱館奉行としての尚志の執務場所はこの運上所であった。

もと外国奉行配下であった杉浦清介は、十一月四日箱館に到着したが、箱館奉行の尚志から運上所勤務を委嘱され、支配組頭として運上所に連日出勤した。その「苟生日記《こうせい》」（『箱館戦争史料集』）は、尚志の様子を断片的ながら伝えている。この日記は辛辣な人物評が特徴であるが、尚志に関しては悪口は記していない。

十二月十九日「矢口謙斎〔運上所勤務〕余を招く。佐真〔佐藤真司〕・本山共至る。介堂先生坐在、揮毫極風灑《ふうしゃ》、話は時事に及ばず。密に雪益霏々」。風灑とは風雅でさっぱりしているという意味で、運上所関係者が、当面の問題を離れて、尚志を中心に風流の交わりを結んでいる様子がうかがえる。

翌明治二年（一八六九）一月十三日「晩刻又雪、永井君吾等三名に鶴肉を贈らる、謙斎先生僑舎にて一酌」。三月二十日「永井氏人員沙汰の件を述ぶ、胸頗る悪く為す」、「永井氏息男鄙曲面賦に倣い、小詩を吾に示す、吾亦戯れに次に韻す」。人員整理余儀ないと聞いて憂鬱になったようである。尚志に同行して蝦夷地に来ていた養子岩之丞は、江差詰めであったが、この時箱館に来ていたので、漢詩を交換したという。

四月七日新政府軍上陸近しの報のなか、「晩刻永井公に我等一酌献ず。酒間、公自ら、佐真・小鉄の髪を断ず」。前にも述べたが、尚志はかなりの酒好きであった。「髪を断ず」とは、運上所勤務の者も、市中の者が旧幕府軍兵士を指して呼んでいた「ザンギリ坊主」にしてやったということであろう。

蝦夷地の一部をプロイセン人に長期貸与するという、国家主権に関わる一件が生じたのは、前史はあったとはいえ、正式には旧幕府軍政権の時であった。

七重村租借一件

プロイセン人ゲルトネル兄弟は、文久二年（一八六二）から相次いで箱館に来航して貿易を営んでいたが、兄のR・ゲルトネルはかねて西洋農法で蝦夷地を開拓する希望を持っていた。蝦夷地を視察して同地に強い関心を持つフォン・ブラント駐日領事により、慶応元年（一八六五）箱館駐在副領事に任命されていた弟C・ゲルトネルの協力もあって、幕府最後の箱館奉行杉浦誠の了解を得て箱館近郊に土地を借りた。さらに新政府箱館府判事井上石見に、箱館北方の七重村開墾の了解を得て、西洋機器を導入しての試作に取り掛かろうとしていたのである（田中正弘「維新前後におけるフォン・ブラント」）。

旧幕臣による蝦夷地開拓を唱えていた榎本らは、開拓の先駆者として、彼に積極的な期待を寄せて条約を締結したのである。明治二年二月十九日（洋一八六九年三月三十一日）「蝦夷地七重村開墾条約書」に、R・ゲルトネルを相手として、「蝦夷島総裁」榎本の命により箱館奉行永井玄蕃・同並中島三郎助が調印した。

七重村（現亀田郡七飯町）およびその近傍三百万坪を九十九年間租借することを条件として、有志と農夫達に西洋農法を教授するという取り決めであった。榎本らの名誉のために付言すると、借金の代償に土地を貸与したのではなく、あくまでも開拓推進を期待したのであった。

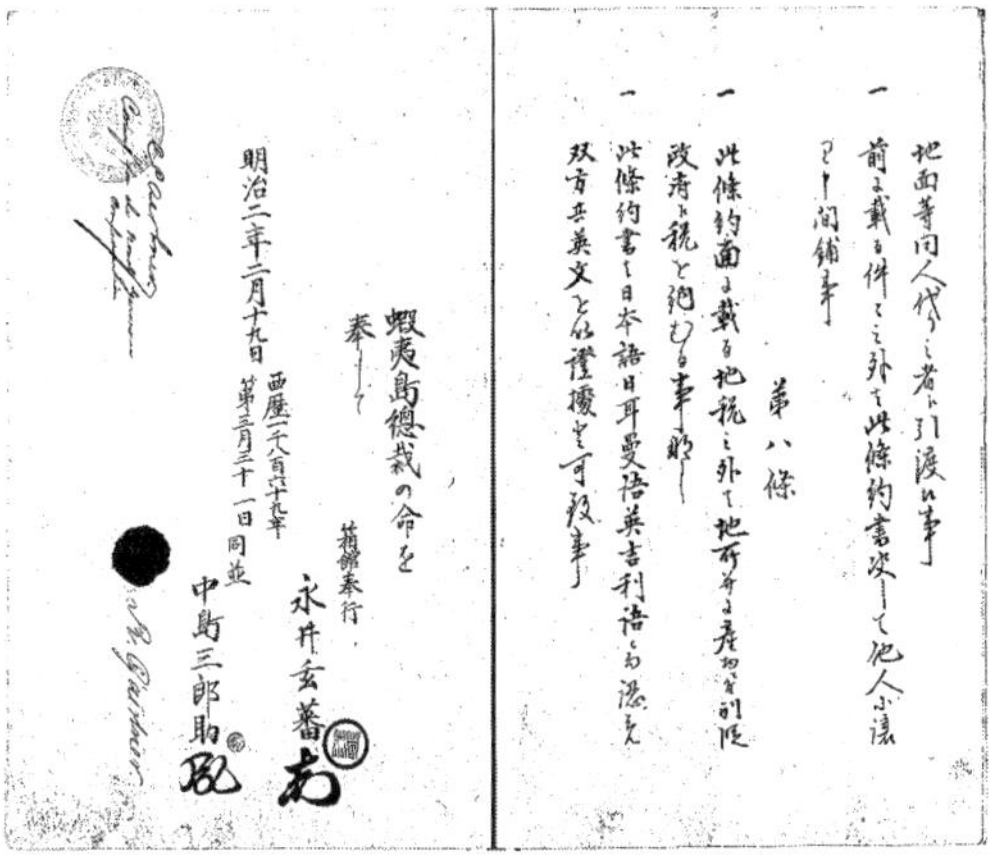
第八條
蝦夷島總裁の命を
奉じて
箱館奉行
永井玄蕃
明治二年二月十九日
西暦一千八百六十九年第三月三十一日同並
中島三郎助

蝦夷地七重村開墾条約書（北海道大学附属図書館蔵）

現地視察

三月二十三日、永井・杉浦ら三人は、雨のなか七重村に出掛け、翌日現地を視察し、翌々日午前ゲルトネルと面談し、二十六日午後三時箱館に帰着している（「苟生日記」）。開拓に積極的に関心を抱き、現地を視察し、そこでゲルトネルから説明を聞いたのであろう。

しかし、半永久的な租借が主権に関わる重大事であることは間違いない。国際法に詳しい榎本や対外折衝の経験豊富な尚志が、取り戻し条項が付いているとはいえ、なぜこのような条件を認めてしまったのかは、まことに不審と言わざるをえない。

政権崩壊後に再来した府知事清水谷に、ゲルトネルは既得権の承認を迫り、類似の約定を結ぶことに成功し、開墾実施に着手した。その後、その解消を図る外務卿とドイツ公使フォン・ブラントとの折衝は難航したが、ようやく翌三年十二月、賠償金六万二千五百ドルという多額の支払いを以て、租借地の回収が実現したのであった。

3 箱館戦争

新政府軍は青森に集結し、諸藩の兵は総勢五千五百と言われた。また艦隊も局外中立解除で入手した甲鉄艦をはじめ朝陽・春日など強力で、これに対して旧幕府軍側は事故などの結果、もはや回天丸・蟠龍丸・千代田形の三隻にすぎなかった。

官軍襲来の報

二年四月五日には、官軍襲来の報で市中は大騒動となり、下役人小芝が立ち退き場を指示した(「箱館戦記」『箱館戦争史料集』)。六日、箱館湾内に在った各国艦は新政府側の警告に応じて出港、以後は公海上から戦況を視察することになる。

旧幕府軍側は官軍襲来の報に迎撃態勢を取り、予め、いわば戦力外の元所司代松平定敬《さだあき》と元老中板倉・小笠原には退去を勧告した。新選組は弁天台場を本営に箱館山周辺守備に当たり、六日時点での配備は、「台場頭相馬主計　百人斗《ばかり》」「矢不来《やふらい》(現上磯郡上磯町)台場頭　永井玄番　弐百人斗」であった(「箱館軍記」)。しかし、箱館湾奥の矢不来台場は二十九日に攻撃されて大敗し、生存者は三人であったという(「苟生日記」)。この時に尚志は、すでに運上所に移動していたのではないか。

官軍上陸

四月九日、新政府軍は、江差の北乙部《おとべ》(現爾志郡)に上陸を開始し、江差を拠点として各方面から箱館に迫った。経過は省くが、戦力に劣る旧幕府軍は敗退を重ね、二十九日には、残っているのは五稜郭・箱館市中・弁天台場だけになった。一方、二十四日から新政府艦隊が箱館湾に襲来し、砲撃を開始していた。

五月七日箱館湾で海戦となった。回天丸は機関損傷で航行不能になり、弁天台場東側で砲台と化し、また蟠龍丸も車折れの損傷を受けた。九日、会津藩公用人で旧幕府軍病院の執事であった小野権之丞は、日記に、「戦なし。玄蕃頭参らる。土方、畠山〔五郎七郎、五稜郭週番当直主任〕等来る」と記している（『新選組日誌』下）。この日、尚志や土方歳三らが入院患者見舞いに来たのであるが、決戦に際して病院の対応の打合せもあったであろう。病院長の高松は、「永井公始が上下一同函館の税関〔運上所〕に下陣して居たが」と回顧している（『大給亀崖公伝』）。

「箱館戦争図」（市立函館博物館蔵）

箱館総攻撃

五月十一日早朝から新政府軍の総攻撃が敢行された。箱館山の裏と弁天台場南西の山背泊から陸兵が上陸、占領した箱館山上から市中を猛烈に砲撃した。

尚志は当日、箱館本陣を置いた運上所前で戦った。朝、付近の山上に居て、陽春から新政府軍多数の軍勢が上陸するのを見つけた者が、「直に山より下へ来り早々本陣大将永井玄蕃に申し出候」。各所で戦闘になり、「夫《それ》より薬師山の官軍追々下へ廻り、本陣裏手へ三隊、表門を見掛三隊、一度に打ち掛り、永井玄蕃をはじめ梅田滝三・人見権右衛門・会津の賊山竹次郎、表門前へ切って出る。長州・津軽の隊打って懸る。門内外にて暫時戦うといえども……終に本陣敗軍となる」(「箱館軍記」)。

その後、市中の戦闘が激しくなるなか、尚志はじめ運上所・沖の口等の人数すべては弁天台場に入り、新選組とともに立て籠もって、柵外民家に放火し敵の接近を防いだ。この箱館戦争による人家焼失は八百余戸を数え、数年間、市中は寂れる結果になった。

海上からは甲鉄・春日などが激しく砲撃し、これに対して、回天丸は浮砲台として応戦し、唯一修復なった蟠龍丸は陽春を撃沈する戦果を挙げたが、両艦とも砲弾を打ち尽くした。そこで、艦に火を放って、回天丸の乗員は五稜郭に、蟠龍丸の乗員は弁天台場に入り、旧幕府海軍は全滅した。またこの日、五稜郭との間の一本木で、土方歳三が戦死した(『新選組日誌』下)。

降伏勧告

ところで、新政府軍の陸軍参謀であった薩摩藩士黒田清隆は、榎本武揚の人物とその軍の戦い振りにある種畏敬の念を持ち、殲滅するのではなく降伏による収束を図っていた。旧幕府軍の病院も十一日に薩摩兵に「改め」を受けたが、取り敢えず今まで通りの運営が認められた。十二日夜、薩摩藩の池田次郎兵衛らが旧知の会津藩入院患者の見舞いに訪れた際、和議の仲介を依頼した。これを受けて十三日、院長高松凌雲・執事小野権之丞は、五稜郭と弁天台場とに、和議提案を手紙で伝えた。弁天台場の尚志は、折り返し総裁榎本と打合せのうえ決答すると伝えたが、五稜郭の榎本・松平の返答は拒否であった。この時に榎本が海上国際法の洋書『万国海律全書』を贈り、黒田を感激させた話は有名である。

尚志はのちに、弁天台場には「幸に米と田螺《たにし》の貯え多し」（「故永井尚志君ノ談話」『史談会速記録』第百七十三輯）と述べているが、逆に言えば、それ以外は欠乏していたのである。米は三十日分はあったが、味噌・塩は払底、井戸は一箇所だけで、しかも貯水器二つは砲撃で破壊されていた（『新選組日誌』下）。多人数が立て籠もったところで、水がなくなればどうしようもあるまい。

尚志によれば、十四日、薩摩藩の永山友右衛門（武四郎、田島圭蔵）と堀基が説得のためにやって来た。この両人は実は以前、探索のため市内に入り込んだ際に旧幕府軍が捕らえたものの、フランス士官の忠告で尚志が榎本に進言して、放免した者達であったという（「故永井尚志君ノ談話」）。尚志と新選組相馬主計は、彼らとともに五稜郭に至ったが、榎本らから返答を得ることはできなかった。

五稜郭の決断のないまま、尚志は次のように弁天台場内部を説諭した。「諸子、死を以て其身を潔くせんと雖も、官軍の信義を以て語る亦棄つべからず。且つ徒死は益無し」。これに対して「皆首を垂れて答えず」。日暮れになって新政府軍の軍監参謀の書が届き、長官が門外に出ること、他は台場で恭順し朝裁を待つこと、帯刀以外の兵器を提出すること、という降伏の三カ条を指示してきた（「島田魁日記」）。

尚志ら降伏

これに従って十五日、永井玄蕃頭・松岡磐吉（蟠龍丸船将）・相馬主計（この日新選組隊長に任命）三人が門外に出て降伏し、その他二百四十余人は砲台内で恭順し武器を差し出した。

新政府軍の海軍参謀・軍監は次のように報告している。「五月十二日に至り、箱館全く我が有となり、賊軍悉く五稜郭並に元津軽陣屋〔千代ケ岡〕及び弁天崎台場等の要害に逃げ込み、折々我が陸軍を窺うの気色相見え候に付、終日、諸軍艦を以て陸軍を助け発砲す。十三日、弁天崎台場猶未だ抜けず、春日、陽春両艦より大砲一門宛を揚げ、山上より弁天崎台場を砲射す。十四日、戦状前日に大異なく、時々軍艦を外浜に廻し、元津軽陣屋の賊を砲撃す。此の夕、弁天崎賊兵力尽き勢い屈し、降伏を乞う。故に弁天崎に向い砲射するを止む。十五日、弁天崎の賊永井玄蕃、元蟠龍船将松岡磐吉、川村録四郎等、以下弐百四十人降伏す」（『復古記』第十四冊）。

一方、五稜郭では、一時榎本が切腹の意思表示をして慰留されるなどのことがあったが、結局十七日に降伏し十八日に郭を明け渡した。降伏した旧幕府軍は総数二千九百二人であった（『戊辰戦争』）。

4 在獄の二年半

東京護送

尚志らは取り敢えず箱館の寺院に謹慎となったが、五稜郭に在った榎本武揚・松平太郎・陸軍奉行大鳥圭介・海軍奉行荒井郁之助（回天丸船将）の四人と弁天台場の尚志ら三人、首脳計七人は、二十一日汽船で青森に送られ、二十三日弘前に到着した。そこから、網張り籠で肥後（熊本）藩一中隊によって東京に護送されたが、扱いは比較的丁重だったという（大鳥圭介「南

柯紀行」『南柯紀行・北国戦争概略衝鉾隊之記』)。

尚志は、途中で詩を作っており、八郎潟・鳥海山・山形などが詩の題とされている。そこから白河に出る前、場所は記されていないが、「寓目」(目をこらす)という漢詩を詠んでいる。

「駅亭到処半焚残　皆謂昨遭兵火酸　当日是非無敢弁　惨然只見市民歎」。戦禍の跡を改めて見て、戦いの是非がどちらにあったかには関係なく、「市民」が惨憺たる被害に遭遇して嘆いていることに、心からの痛みを感じているのである。

軍務官糾問所付近図(1871年)
(『明治の東京』より)

辰の口牢獄

六月三十日、東京に到着して尚志らが収容されたのは、軍務官の糾問所管轄の辰の口牢獄であった。糾問所と牢獄は大手町の和田倉門付近にあり、糾問所は、幕末に大手門前歩兵駐屯所と言い、歩兵頭大鳥が毎日出勤していたところで、牢獄は歩兵取締のためにつくったものであった。

皮肉にも七人はその獄の最奥一番室に収容された。一応六畳間だが、厠と流し箱があって畳は四畳半しかなかった。七月四日に部屋替えがあって、榎本は一番室、尚志は二番室など七人は別々になったが、各部屋は雑居であることに変わりはなかった。

牢内の待遇は、はなはだ劣悪であった。食事は竹の皮に包んだ飯と沢庵、その竹の皮を貯えて畳んで枕に代え、入浴は十日に一度、蚊や虱に悩まされる日常であったという（「南柯紀行」）。入獄時に榎本三十四歳、松平三十一歳、大鳥三十七歳、これに対して尚志はすでに五十四歳、この年齢での監獄暮らしはひときわ厳しいものがあったろう。海軍伝習生出身の松岡は入牢中に病死している。

尚志北上後に残された家族は、浜町邸から向島、小松川、新宿街道の泉村へと隠れ忍んでいたが、それを知った本家の永井家から、本宅で謹慎させたいと太政官に願い出て許可された。以後妻女はしばしば差し入れに赴いたという（「随伴記」）。

彼らの処分をめぐっては、木戸孝允ら長州の厳罰論と薩摩の寛大論とが対立して容易に結論が出ず、当初フランス軍人参加の経緯についての糾問があっただけで、本格的取り調べもないまま時間が経過していった。未決囚のまま、すでに入牢二年以上が経った四年（一八七一）十月、榎本は親戚の山内提雲宛書状で、「下獄以来別に糾問なし」と記している（井黒弥太郎『黒田清隆』）。

榎本の家族への便り

三年十二月二十七日の家族宛書状で榎本は、次のように伝えている。「当方一同弐組に相成り隣合せ候に付、是迄と違い夜分の物語などもくさ〳〵相出で、よほどうさをなぐさめ申し候。手前事は昼前は永井、松平、仙石三人へ教授いたし、昼後は自分の為の書物を読み居り申し候」。得意の化学を講じたのであろうか。

また四年九月二十四日には、次のように記している。「手前には相替らず丈婦〔丈夫〕にて、書物を読みて日をくらし、永井、荒井、沢、大鳥其の外一同ととなりどうしにて、日夜はなし抔いたし、さし入れ物これある節は、互いにやりとり抔いたし居り候」（『榎本武揚未公開書簡集』）。次第に規制も緩み、それぞれの読書や相互の交流も活発になってきたことがうかがえる。

この間にあって、開拓次官の黒田清隆は、アメリカの南北戦争後に南軍将士が早々に放免されたことを伝えて、文明国のあり方を説き、榎本らの助命に奔走していたと言われる。

獄中の詠嘆

尚志の墓がある本行寺《ほんぎょうじ》には、長さ二米余の大きな書の掛け軸が保管されている。題は付されていないが、七言長詩であり、「詩集」には「在獄三年感秋風起俯仰今昔書所思」とあり、多少の字句の手直しも見られるが、もともとは在獄中の四年秋に詠まれ、出獄後に書されたものである。長い詩ではあるが、ここでは現物に即して藤野岩友氏による読み下しとともに再録する。

昨夜金風動北林　朝露凄其冷衣衿
重囿卑湿易為病　陰翳常如白日沈
此裏三度換裘褐　十日一浴蟣虱侵

昨夜金風北林を動かし　朝露凄其として衣衿を冷す
重囿《じゅうご》卑湿にして病を為し易く　陰翳常に白日の沈めるが如し
此裏三度裘褐《きゅうかつ》を換え　十日に一浴して蟣虱侵す

孤身雖已甘鼎鑊《ていかく》　四時代謝亦傷心
憶曩践血伏見地　連戦三日師左次
危機変化転瞬間　勝敗兵家尋常事
猶有阪城堅如鉄　器械精利糧食備
無奈府兵悉婦児　魂駭魄飛似病悸
風塵惨憺南紀程　頽波不支星夜行
紈袴累々迷栖宿　可憫人間一棋枰
東武城市亦洶々　士民荷担鳥夜驚
彼蒼者天不眷顧　忍使大厦一朝傾
世情向背随強弱　彝倫掃地人倒戟
百歳自有公論在　当時何由伸冤曲
死士三千投孤嶋　泣血号天雨露沢
無肯涓滴潤轍鮒　十万水軍来鏖撃

孤身已に鼎鑊《ていかく》に甘んずと雖も　四時代謝して亦心を傷ましむ
憶う曩《さき》に血を践《ふ》む伏見の地　連戦三日師左次す
危機に変化す転瞬の間　勝敗兵家尋常の事
猶阪城有り堅きこと鉄の如く　器械精利にして糧食備わる
奈《いかん》ともする無し府兵悉く婦児　魂駭き魄飛んで悸《き》を病むに似たり
風塵惨憺たり南紀の程　頽波支えず星夜に行く
紈袴《がんこ》累々として栖宿に迷い　憫むべし人間の一棋枰
東武の城市亦洶《きょう》々　士民荷担して鳥夜驚く
彼の蒼たる者は天眷顧せず　忍んで大厦をして一朝にして傾かしむ
世情の向背強弱に随い　彝倫《いりん》地を掃って人戟を倒《さかしま》にす
百歳自から公論の在る有らんも　当時何に由って冤曲を伸ばさん
死士三千孤嶋に投じ　泣血して天に号《さけ》ぶ雨露の沢
涓滴《けんてき》も轍鮒を潤す肯て無く　十万水軍来りて鏖撃す

已哉時乖勢已孤　力竭心摧哭窮途
多年辛苦皆水泡　万感交集念鬱紆
却思元和開業日　唐宋功烈漢高模
嚢弓衅戈三百歳　太平如此中古無
余生龍口獄三年矣偶感秋風之起賦今昔之情
介堂老夫

已哉《やんぬるかな》時乖《そむ》いて勢已に孤に　力竭《つ》き心摧《くだ》けて窮途に哭く
多年の辛苦皆水泡　万感交《こもご》も集まって念鬱紆《うつう》
却て思う元和業を開くの日　唐宋の功烈漢高の模
弓を嚢《ふくろ》にし戈に衅《ちぬ》ること三百歳　太平此の如きは中古に無し
余龍口の獄に生くること三年矣　偶《たまたま》秋風之起こるに感じて今昔之情を賦す
介堂老夫

〔重囹＝厳重な牢。裘褐＝冬の衣。鼎鑊＝厳罰の釜。左次＝山の左に陣を布く。紈袴＝白絹の袴。棋枰＝碁。眷顧＝顧みる。彝倫＝不変の道徳。涓滴＝水の滴り。轍鮒＝轍のあとであえぐ鮒。戈に衅＝鉾に魔よけの血を塗る〕

（藤野岩友「永井尚志獄中詩訳注」）

昨夜の秋風は林を動かし、今朝の露は衿元を冷やす。厳重な牢獄は陰湿で、日の目も見えない。入浴もろくにできず虱に侵されながら、三秋を過ごした。我が身は刑罰に何とか堪えているが、しかし四季の変化は心を悲しませる。思い出すのは伏見の戦いである。三日連戦して敗れたが、勝敗は兵家の常だ。まだ大坂城には十分な備えがあったのに、将兵は意気地がなく、南紀に落ちのびた。

江戸でも、もはや人心は動揺し天にも見放され、無念にも幕府は傾いた。人の道は踏みにじられたが、公正な論を後世まで待ってはおられない。決死三千人が、冤罪をはらすため孤島において天に訴えたが、十万の兵が来襲してついに力尽きた。多年の辛苦はもはやすべて水泡に帰した。しかし元和年間に開かれた幕府は、中国の大皇帝の時代に比べても遜色のない、未だかつてなかった三百年の平和をもたらしたのだ。

この七言長詩は、鳥羽伏見から蝦夷地に至る戦い、三秋に及ぶ入獄という、我が身の激変のあとを悲愁の思いで追憶している。尚志は、「皇国のため徳川家のため」全力投球したはずの自分を待ち受けていた、「多年の辛苦皆水泡」という運命を嘆じてはいる。

しかし同時に、事態はここに至ったが、振り返って見て、その時その時に自分に課された任務に最善を尽くしてきた、公人として顧みて恥じるところはないという、幕臣としてのある種の総括でもあったのではなかろうか。そして、三百年の平和をもたらした幕府の臣であった誇りを確認し、五十六歳、公人としての終焉を自ら確認した詩でもあったのではないか。

第十章　短い出仕、長い晩年

1　四年間の官員時代

特赦出獄、即出仕

入牢実に二年半に及び、明治五年（一八七二）を迎える頃、ようやく解放の動きが具体化した。一月二日、家族宛書状で榎本武揚《たけあき》は、大晦日の新聞記事で一同大喜びしたことを伝える。「麦酒御恵投下され、只今晩飯にたっぷり相用い、誠にうき〳〵いたし申し候。永井老人は極々酒ずきに付、尚更大よろこびにて頂戴仕り候」。釈放近しと牢内で喜び合い、酒大好きの尚志老人は、差し入れのビールに大喜びしていると記している。

一月六日、尚志らは特赦されて出獄、早くも十二日には開拓使御用掛を仰せ付けられている（国立公文書館蔵「永井尚志」、以下の官履歴はこれによる）。釈放に尽力した黒田清隆は当時開拓長官代理であり、その地位を利用して推進した人事である。彼らが元来蝦夷地開拓を目指していたことは、北海道開拓指導の適材として説得材料になっただろう。

この時、尚志と松平太郎・大鳥圭介・荒井郁之助・沢太郎左衛門の五人は開拓使五等出仕に採用され、しかも加養のため当分出勤に及ばずという破格の扱いであった。ただし榎本だけは当分兄武与《たけとも》宅に謹慎とされたが、三月七日には解除され八日付で開拓使四等出仕に補された。四等は大県の県令、五等は普通の県権令の格であった（『榎本武揚』）。

後藤の尽力で左院三等議官に

しかし尚志は、実際には開拓使の業務には就かないまま、早くも数日後の一月十九日左院少議官に任じられた。「月俸二百円」（「手記」一）とは大変な高給である。二十八日には太政官から東京府貫属士族に仰せ付けられている。次に四月十五日、四年前に剝奪されていた官位であったが改めて正六位に叙任された。さらに十月八日左院三等議官に任じられた。

左院は、廃藩置県後の四年七月二十九日、太政官職制と事務章程制定により、「諸立法の事を議する」機関として設置され、八月に集議院を吸収し、十二月二十七日の左院事務章程で「凡一般に布告する諸法律制度は本院之を議するを則とす」と立法に関する権限が強化されていた（松尾正人「明治初期太政官制度と左院」）。

尚志は、左院の議官に加えられることになったのであるが、議長は後藤象二郎、副議長は江藤新平であり、尚志の議官就任は、幕末に大政奉還・王政復古の時期に緊密に連携した後藤の尽力によるものと見られる。『伯爵後藤象二郎』は、尚志を左院に引き入れたのは後藤だとし、この頃、駿河台に新築した洋館の自邸に、文部大輔になった福岡孝弟《たかちか》とともに、しばしば招いて歓談したと記している。

五年二月現在、左院の議官メンバーは正副議長のほか、一等議官谷鉄臣（彦根）、中議官西岡逾明（伊万里）・細川潤次郎（熊本）、少議官大給恒《おぎゅうゆずる》（龍岡）・高崎正風（鹿児島）・永井尚志（静岡）・小室信夫（徳島）という顔ぶれであった。尚志が静岡とされているのは、徳川家臣の扱いということであったか。同僚となった大給恒は、尚志の実家の当主松平乗謨《のりかた》であり、のちに賞勲局総裁、枢密顧問官になっており、尚志隠棲後も交流があった。また大議生に宮島誠一郎（米沢）、中議生に丸岡長俊（高知）・中井弘（鹿児島）など、活動的な人物が居た（中川壽之「樺太問題と左院」）。

左院での尚志

五年九月二十四日左院職制が改定され、正副議長（一二等）以下、一～五等議官（三～七等）は「分課を以て議事の可否を議定するを掌る」、一～三等議生は「各課に属して書記の事に供す、議事に参与すと雖も決議の権ある事なし」と規定された（国立公文書館蔵「左院書類」）。議官と議生は、議事に参加できる点は共通であるが、議決権の有無で区別されたのである。

翌十月八日には新制度により、一等議官谷、二等松岡時敏（高知）・伊丹重賢（青蓮院宮家士）・西岡・細川・高崎五六（鹿児島）、三等議官大給・永井・宮島・高崎正風・生田精（鶴岡）・小室となっている。なお四等は三人、五等は十人であった（「明治初期太政官制度と左院」）。左院は、立法に関する権限拡大に熱心で、特に征韓論政変後は一時その存在は重視され、七年二月十五日事務章程では「議政官にして正院の補佐となり、其垂問の事を議する所」と規定された。

ただ、尚志の左院時代における言動については特に活発であった様子がない。

ロシアとの国境は、日露和親条約で択捉《えとろふ》島・得撫《うるっぷ》島間とされ、樺太は両国人雑居の地とされていた。ロシアとの間の樺太帰属問題が議された時、五年二月二十五日、議官・議生二十四人の参会者に意見を聴したところ、樺太放棄論が十一人、樺太内境界を交渉し、まとまらねば雑居という論が五人で、後者に尚志が含まれていることが知られる程度である（「樺太問題と左院」）。

尚志の意見は次の通りで、樺太は現状のままとして国境を定めるべしというものであった。「樺太中其侭にして経界すべし。今を以て論ずるは中々談判調うべからず。内地の開拓に力を尽すべし。雑居の方、開拓の都合に相成るべき事」（国立公文書館蔵「樺太問題ニ関スル草稿ノ類」）。この問題では結局、八年に樺太千島交換条約が結ばれ、樺太は放棄された。

『明治建白書集成』には、五年五月少議官大給恒が「（下院御取立ニ付取調方順序ノ議）」（第二巻）を、七年四月には一等議官福岡孝弟・四等議官海江田信義が「建白所ヲ拡張スルノ案」（第三巻）を建白しているが、尚志の建白は見当たらない。

左院廃止、元老院設置

征韓論分裂による板垣退助・江藤新平・後藤象二郎らの参議下野に続き、七年の台湾出兵で木戸孝允も下野し、大久保利通を中心とする政府首脳は、士族層の反発と民選議院開設運動の勃興に対処を迫られていた。八年（一八七五）二月の大阪会議で板垣・木戸の参議復帰が実現、四月十四日漸次立憲政体樹立の詔書で収拾が図られ、同日左院と右院が廃止されるとともに、立法に関わる元老院設置が宣言され、二十五日に十三人の元老院議官が任命された。

議官には勝海舟の名もあったが、台湾出兵問題で政府に批判的になっていた勝は、任命二日後辞表を提出している（辞任を認められるのは十一月二十八日）。また十三人のうちには尚志の名はなかった。尚志は、所属していた左院の廃止に伴って、「御用滞在仰せ付けられ候事」（「永井尚志」）と、一応官員の身分は残されたものの職がなくなったのである。

元老院権大書記官

六月二十四日、勝海舟宛に東京府知事大久保一翁から書状が届き、川勝広一府参事が大病なので後任につき意見を問われている。勝は、森金之丞（有礼）、北垣晋太郎（国道）、府員による入札という案を返事している。

その少しあと、この頃には交流が復活していたようで、尚志が七月一日に来訪しており、さらに六日、尚志から府参事に自分を推薦してもらえないかとの依頼があり、勝はこれを一翁に伝えている（『海舟日記』Ⅲ）。行政職の経験には自負があり、しかも一翁が上司ならとの思いもあったのではないか。しかしこれは実現しなかった。一翁自身も十二月に教部少輔に転任されている。

一方、後藤は、征韓論で参議を辞し、民選議院設立建白に連署する一方、蓬萊社の経営に当たるとともに高島炭鉱の払下げを受け、実業家に転じつつあった。しかし元老院設立に伴って官途に復帰し、八年四月二十五日元老院議官、そして二十七日副議長（議長欠）に就任していた。

副議長後藤と議官陸奥宗光ら元老院主流派は、章程改訂による権限の拡大を図って大久保利通ら行政府首脳と対立、そのためようやく七月五日に開院式が行われた。その数日後の七月十二日尚志は権大書記官に任じられた。今回は本課職員となったのであり、やはり後藤との人脈によるのではないか。「肥田浜五郎、永井尚志、権大書記官拝命の旨吹聴」と『海舟日記』Ⅲにはあり、かつての長崎伝習生で当時主船寮大丞であった肥田もこの件で動いたようである。

八年十月の『官員録』では、大書記官は本田親雄（鹿児島県士族）、権大書記官は川津祐之（東京府平民）・丸岡莞爾（高知県士族）・永井尚志（東京府士族）・沼間守一（東京府平民、以上正六位）・細川広世（高知県士族）・藤沢次謙（静岡県士族、以上従六位）の六人、少書記官は北垣・大井憲太郎ら五人、権少書記官は中江篤助（兆民）・賀川純一ら八人である。

人員淘汰

元老院には、各方面から多数の職員が採用されたようで、立志社系の民権家もかなり含まれていた。開院後も、地方官会議を下院、元老院を上院として立法権を確立しようとする元老院主流と、それに危機感を持つ大久保らの政府主流との職制章程改訂をめぐる対立は続いた。結局、後藤らは妥協を余儀なくされるが、政府主流の締め付けは予算面でも強まった。八月三十一日には、各省院に「冗官を沙汰節減」すべしとの三条実美《さねとみ》太政大臣の内達が出されたが、それは元老院を標的にするものであった。同時期に財政難を理由に元老院の予算定額も減額決定された。

十月末には政府主流を批判した左大臣兼元老院議長島津久光と参議板垣退助が辞任、十一月二十五日には元老院の章程が改訂、機構も縮小され、それに伴って十二月七日には書記官、九日には書記生以下の大量八十人の人員整理が行われた。書記官以下総数の六割近い罷免であった（角田茂「元老院の成立」）。

十二月七日、権大書記官丸岡莞爾に「依願免本官」、権大書記官永井尚志、少書記官北垣国道・司馬盈之、権少書記官草野政信・香川純一の五人に対して、「免本官　但位記返上の事」との「宣旨」

が発せられた（『元老院日誌』第七百号）。この際、立志社系の者達が淘汰されたと言われるが、尚志の場合、何らかの政治的理由があったかどうかは不明である。なお「位記返上」とは官位剝奪ということである。

元老院の官員としては五カ月に満たなかったが、すでに六十歳という老年でもあり、尚志の公人としての生活は名実ともにここに終わったのである。

大槻磐渓の書

この出仕時代であろうが、かつて岩瀬死去の翌年、岐雲園《きうんえん》で出会った大槻磐渓《ばんけい》と交流があったことを示す書が、永井隼家に残されている。磐渓は仙台藩儒であったが、奥羽越列藩同盟の誓書などの起草者として責任を問われて、明治二年から四年ほど入獄していた。その子如電・文彦らの請願もあって出獄して以後は、東京で老後を養っていた。書は、尚志が詩を贈ったのに応えて、返詩を送った際に添えた書だと思われる。

「余、巌及井〔岩瀬・永井〕二公の交りを辱なくしたるは、年有り」。不幸にして岩瀬公は早世したが、永井公は多くの艱難を嘗めたものの、「今儼然として朝之顕臣と為る」。「今昔盛衰の感に堪えず」、自分も和して「鄙懐を陳べる」と記している。磐渓は十一年七十八歳で没した。

2　長い清貧の余生

ここで養子岩之丞に触れておこう。岩之丞は蝦夷地に同行して降伏、罰せられたがしばらくして許され、六年七月司法省十等出仕になった。八年五月三級判事補大審院詰中属に任じられ、九年七月十九日権大属となる（国立公文書館蔵「二等属永井岩之丞判事ニ転任ノ件」）。これには勝の口添えもあったようである。『海舟日記』Ⅲには、九年五月十五日「永井介堂倅昇級の事、山田（顕義）司法大輔へ一封頼み状、認め遣わす」、七月二十日「永井倅昇級の礼」受け取ると記されている。

養子岩之丞に家督相続

この九年（一八七六）の十月二十三日付で、東京府から永井尚志宛に「隠居聞届候事」と達せられている（『伝記』）。養子岩之丞が一人前の裁判官になったのを見届けて、家督を譲って六十一歳で隠居したのであった。この頃から岐雲園暮らしが本格化したようである。と言っても、経済的には文字通りの悠々自適とはいかず、岩之丞から借金することもあり、勝海舟には金銭上と仕事上の世話になるのである。

岩之丞は、十三年五月大阪上等裁判所判事、十六年一月東京控訴裁判所判事、二十七年四月大審院判事になった。三十六年十二月病により退職、四十年五月二十五日、六十三歳で没した。妻（松平）高子との間に、成人した子供五男・五女があり、五人の男子はいずれも帝国大学に進み、当時話題に

「岐雲園」（春嶽書）（『江戸』第11巻第1号より）

なったという（『明治過去帳』）。

岐雲園に隠棲

明治八年一月と記した「岐雲園」なる松平春嶽《しゅんがく》（慶永《よしなが》）の揮毫があり、尚志はこれを額として掲げていたという（『江戸』第十一巻第一号）。春嶽は二年民部卿・大蔵卿を兼務したあと大学別当兼侍読になったが、翌三年一切の公職を辞して文筆生活に入っていた。岐雲園は向島の寺島《てらじま》村にあり、さきに記したように（第四章）、かつて岩瀬忠震《ただなり》が退隠した所である。この頃には尚志は、そこに隠棲する準備を始めていたようである。

八年十二月、尚志失職ほぼ十日後の十八日、勝は、尚志の身を案じてのことであろう、「永井尚志を訪らう」と日記に記している。勝自身、十一月末に元老院議官辞任を認められており、以後約十年在野の人になり、徳川家関係者の面倒を見ることが主な仕事になるのである。

年末の二十七日、尚志は勝に借金を頼み、翌日勝は百両を貸している。本格的に隠居して岐雲園に居住するための資金であったかもしれない。この頃から以後尚志は、勝が取り仕切る徳川家の東京での資産管理を手助けすることで、生活の資を得ることになっていく。

九年には「二月遷荘移居」と題して隅田川近くに転居した詩を詠んでお

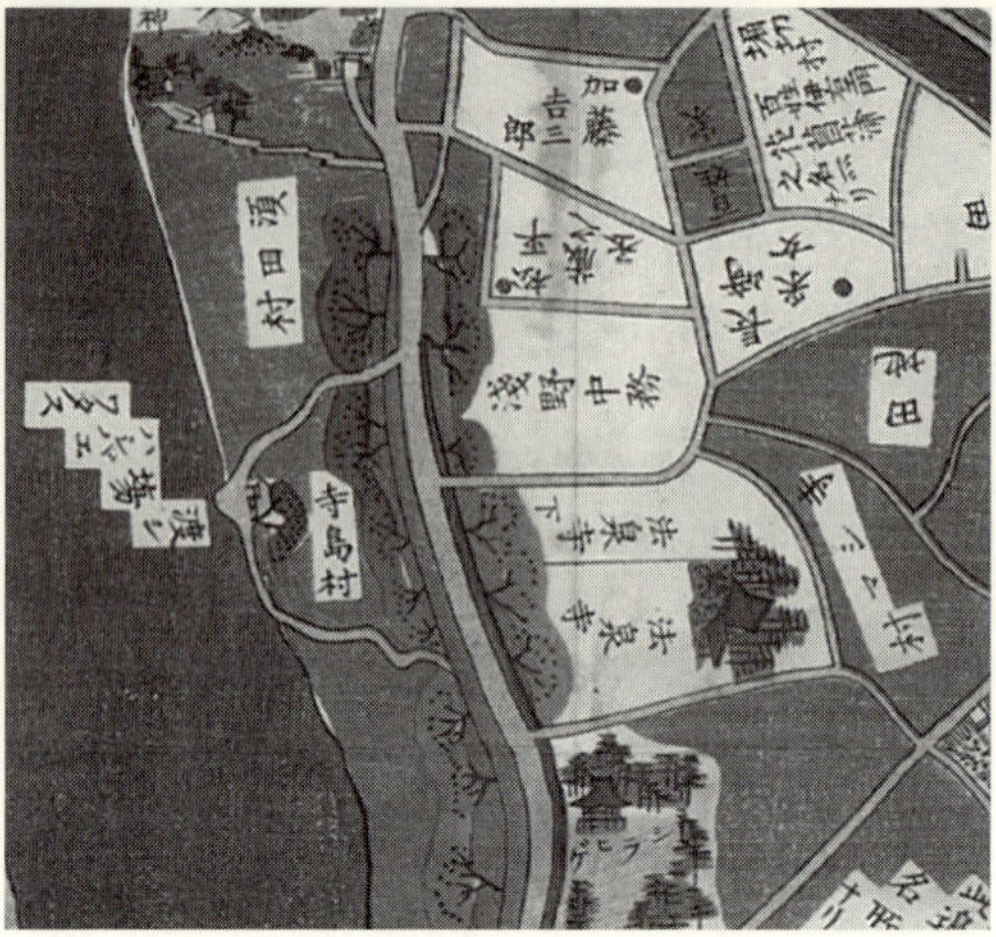

寺島村付近絵図（1856年）
（「安政新刻隅田川向嶋絵図」より，国際日本文化研究センター蔵）

り、岐雲園への転居はこの時であった。この年には勝の支援を受けて普請を実施している。『海舟日記』Ⅲには、五月三日「永井尚志、向嶋普請積書持参。委細相頼む、入費総て八十円ばかり」とある。また十年十月二十七日には「永井尚志、田地引当て、四百円借遣わす。寺島村住居、屋根かやふき替え代二十五円渡す」と記している。ただし、これらはあくまで利子の付く借金として勝は処理していた（『勝海舟』）。

この辺りは隅田川東岸に沿った水郷であり、寺島ナスの産地でもあった。大きな屋敷には川の水を引き入れた庭園があり、旧幕臣など退隠した者が多く住んでいた。岐雲園は墨田堤の東側にあり、のち幸田露伴も一時住んだ。あとで触れる明治二十一年の書状では、「寺嶋邨二百五十五番地」とある。現在の白鬚橋東詰から堤通りを越えてすぐ北、トミンハイム（墨田区墨田一丁目四）辺りである。ここの南約四百米には、尚志が生まれる前の文化二年（一八〇五）に、粋人北野屋平兵衛が創設した向島百花園があり、往時の自然を偲ばせるよすがとなっている。

安政期の絵図によれば、法泉寺のすぐ北に浅野中務の所有地がある。その北半分に浅野中務少輔長《なが》祚《よし》（京都町奉行、三千五百石、千三百九十七坪）邸があり、南半分に岐雲園が設けられたのである。

尚志は岐雲園から見た四季の自然を様々に詩として残しており、風情のある池と庭園があったことが読み取れる。尚志はまた、ここに祠堂をつくり、毎年春秋ごとに岩瀬慰霊の祭祀を営むことになる（『幕末三傑』）。

徳川家土地管理

徳川家の東京の地所など資産管理の責任を負っていた勝は、実務を溝口勝如《かつゆき》（もと勘定奉行）・滝村小太郎らに委託していたが、仕事を尚志にも依頼するようになった。すでに八年八月二十九日「永井尚志より田地払物これある旨申し越す」と記しているが、以後、向島・柳島・篠原村などの田地の関係記事が、尚志との関わりでしばしば日記に記されるようになっている。尚志自身が田地経営を行った様子もあるが、田地売買や管理に関わって手間賃を得ることが、主であったようである（『幕末五人の外国奉行』）。

尚志の土地管理の仕事は最晩年まで続けられていた。二十二年四月七日「永井尚志、亀戸村田地払代九百六十二円持参。下木下川村田《しもきねがわ》（券）六枚渡す。板倉松叟〔勝静《かつきよ》〕病死に付き、使い、花料持たせ遣わす」。下木下川村（現墨田区東墨田二、三丁目）には徳川家が買い取った土地と梅屋敷があった。二十三年六月九日「昨、永井尚志、吉田力蔵返金五十五円持参、他に地券取寄せの事申し聞らる。千駄谷より永井へ渡す地券来る」。これが『海舟日記』Ⅳでの永井との実務関係最後の記事である。

七十五歳にして細かい手間賃仕事に携わっているというのは、一面では哀れとも言えるが、反面、往年幕吏の贖罪を告発した姿勢を変わらずに貫いた、尚志らしい清貧の晩年であったとも言えよう。

慶喜への面会ならず

ところで、廃藩置県後、永井本家一家の東京移住に伴って、奥谷文吉も上京し名も伴三と改めていたが、一時は尚志の食客となり、毎夜のように新律綱領・改定律例などの講義を受けた。その甲斐あってか司法省に採用され、仙台の裁判所に勤務した。この件では、あるいは岩之丞の関与があったかもしれない。しかし父の大病の報があって退職し、岐阜県の加納に戻る途中十一年五月、東京で尚志を訪ねたが、尚志は静岡に徳川慶喜《よしのぶ》を訪ねて不在であった(「随伴記」)。

このことは、渋沢栄一著『徳川慶喜公伝』4に記されている。慶喜は慶応四年(一八六八)七月末以降静岡に逼塞していたが、渋沢は約三十年間にわたり、隔年ごとに訪れ、歓待されたという。十一年五月十八日に伺候した時、たまたま尚志も訪ねて来ていたが、「永井は遂に謁見を得ざりし」と記している。

将軍継嗣問題から約十年間、様々な形で慶喜擁立に尽力し、慶喜の将軍時代には最も信頼された側近であった尚志であるが、蝦夷地の一件で、それから十年経っても許されなかったのだろうか。あるいは、もはや関心を抱く相手ではなくなってしまっていたのだろうか。静岡から東京に戻る途中、六十三歳の尚志の心境は、どのようであったろうか。

この年に尚志は、「田子浦」「登甲斐天目山」「境川在甲相之境」と題して漢詩を詠んでいるが、人事に関する感懐をうかがえるものは見当たらない。

なお、前記の伴三はその後、二十一年八月、加納城三の丸跡地に加納城碑が建立された時、永井尚服《なおこと》嗣子尚敏を同道して記念の会にやって来た尚志に、現地において最後の再会を果たしたという(「随伴記」)。

旧幕臣らと風雅を楽しむ

隠棲した尚志の楽しみは、かつて苦楽をともにした旧幕臣らと往事を語り合いつつ、漢詩を詠んで風雅の世界に遊ぶことであった。この時期には毎年多くの漢詩を残しているが、岐雲園や隅田川近辺の四季の風景を詠んだものが主になっている。さらに「竹石之図」(口絵参照)などの画賛も残している。また次に挙げるような栗本鋤雲《じょうん》、山口泉処《せんしょ》(直毅《なおかつ》)、向山黄村《むこうやまこうそん》(一履)ら旧幕臣と会ったり、漢詩のやりとりをすることが多かった。

もと外国奉行・二代駐仏公使の栗本鋤雲は、『郵便報知新聞』に入社し、十年から十六年頃にかけて主として文化欄で健筆を振るった。「府下雑録」の最後には投稿された漢詩文がしばしば掲載され、もと幕臣のものも多かった(小野寺龍太『栗本鋤雲』)。十三年五月には、鋤雲邸である本所北二葉町(現墨田区石原)の借紅園で芍薬を詠んだものが数編掲載されている。永井介堂は五月二十五日に「借紅園小集雨中観芍薬」と題した短文を紙上に寄せている。

十六年(一八八三)五月六日、春嶽の招宴があり、前年イギリス留学から戻っていた徳川家達《いえさと》が出席したが、尚志も、もと外国奉行・初代駐仏公使向山黄村らと陪席し、その感慨を漢文で記している。

岩瀬忠震墓碑（白鬚神社）

岩瀬を偲んで

岩瀬忠震の用人であった太田耕輔については、さきに少し触れたが（第五章）、戊辰戦争の際、幕臣として新政府に背いて謹慎したこともあった。しかし明治五年開拓使を最初に官員となり、白野夏雲と改名して内務省から鹿児島に出向していたが、十六年四月、二十三回忌に際して、向島の白鬚神社境内に、岩瀬の墓碑を建立した（白野仁『白野夏雲』）。

白鬚神社は岐雲園から南南西約五百米、百花園から西北約二百米の墨田堤東側沿いにある（墨田区東向島三丁目五）。「岩瀬鷗所《おうしょ》君墓碑」は「墨東岐雲園居士永井介堂」が文選して二月に書した（「巖瀬鷗所君墓碑　永井介堂撰」『旧幕府』第八号）。岩瀬との昌平坂学問所以来の親交ぶりと岩瀬の事績とを詳しく記したうえで、最後に次のような「銘」を刻んだ。

於戯爽恢　其貌也揚　　於戯《ああ》爽恢　其貌《ぼう》也揚る
眉秀眼明　才敏気昂　　眉秀で眼明らかに　才敏に気昂《たか》し
臨事勇往　曽不隄防　　事に臨みては勇往　曽《かつ》て隄防《ていぼう》せず

駭機忽発　垂翼臥牀　機に駭《おどろき》きては忽ち発し　翼を垂れ牀《とこ》に臥《ふ》す
精意丹青　追倪慕黄　意を丹青に精にし　倪《けい》を追い黄《こう》を慕う
不作不愧　爰帰其蔵　作らず愧《は》じず　爰《ここ》に其蔵《そのぞう》に帰す
〔倪・黄＝宋末の画家〕
（読み下しは『幕末五人の外国奉行』）

「才敏」にして「気昂」く「勇往」して活躍した岩瀬の事績を称え、容貌と人柄を象徴する諡《おくりな》を「爽恢」（さわやかでおおらか）と記したのである。

二十年には、尚志らが岩瀬二十七年忌を、小石川白山の蓮華寺（現文京区白山二丁目）の墓前で営んでいる。この時の感慨を尚志は「詩集」に漢文で次のように記している。「二十七春秋、是日霊魂を弔い相会す。皆白頭、感慨転《うた》た極り無く、人生水の如し」。

古希を迎えて

明治十八年（一八八五）に尚志は古希を迎えた。この年の初め尚志は、「七十有感」と題して次のように詠んでいる。「官海幾回飛墜淵　曽無事業汗青伝　終同草木為枯落　徒自経過七十年」。公職にあって何度も昇進や失墜を経験したが、役目には努力したものの、あとに名を残すほどのこともなく、徒に七十年を過ごしてしまった、という感懐である。

五月五日古希を祝う集まりが、藤が見頃の向島の榎本武揚別荘で催された。岐雲園の東南一キロとは離れていない墨田堤東側の向島五丁目十二には、榎本邸跡の説明板がある。榎本晩年の邸宅だとされる。

当時農商務省三等属となっていた白野も出席したが、集まったのは大鳥圭介ら箱館時代の仲間や旧幕時代の部下ら十五人であったという（『白野夏雲』）。準備の中心は宮本小一（又一）であった。海軍所や神奈川奉行所に勤務した幕臣で、維新後は外務官吏となって外務小丞を経て元老院議官になっていた。

この日は勝も出席した。『海舟日記』Ⅳは次のように記している。「永井介堂七十賀延（宴）、宮本、河野（通和）、福田（敬業《たかのり》、鳴鵞、万屋兵四郎）、相催すにつき出席。三位殿より介堂へ祝儀二十五円相渡す。木下川一泊」。福田敬業は、かつて蕃書調所御用掛、東京府典事を務めたことがあるが、出版業の傍ら幕臣との交流があった。徳川家当主家達から祝儀が贈られた。二年後の十一月には徳川邸での流鏑馬《やぶさめ》を見る機会を得ている。

栗本鋤雲（匏庵《ほうあん》）はこの日、「山高紫山」の画を贈り、「岐雲園図に題す」との一文を添えた。父子が在勤の場合、子が父を超えないというのが幕府の習わしであったが、例外となったのが堀有梅（利《とし》熙《ひろ》、織部）・永井介堂・岩瀬鷗所（忠震）の三人である（第一章）。もはや二人が亡い今、「介堂独り老を此園に於て養うは、洪福と謂わざるべからず」。鷗所の在った園に住む尚志に、有梅の弟が描いた画を「老友」から贈ったのである（『匏庵文集』）。

記念の詩文集

この祝賀会のことは、宮本小一から北京の清国駐在公使榎本に伝えられた。春嶽から祝辞を貰ったので、それも含めて詩文集を出すことにしたというので、榎本は留守宅宛に、なにがしかの助成を沢太郎左衛門に渡してほしいと依頼していた（『未公開榎本武揚書簡集』）。なお春嶽は、二十三年に六十三歳で没した。

この出版に関して勝は五月十五日、徳川家達揮毫の題字と自分の記した序文に十円を添えて送っている。出来上がった本が宮本から同僚の西周に届けられたのは九月七日であった（『勝海舟』）。西周の九月七日日記は、「八時元老院出頭、今日馬匹の届けを庶務課へ托す、宮本より永井介堂の寿詩集を寄す」と記している（『西周全集』第三巻）。

3　岩瀬三十回忌を終えて

伊達宗城の質問

宇和島藩の伊達宗城《むねなり》とは、幕末には私信をやりとりする間柄であったたことは、前に述べた。宗城は、明治二年には民部卿兼大蔵卿になり、四年には日清修好条規に全権として調印したが、その後は政府から退き、十六年からは修史館副総裁を務めていた。尚志より二歳下の宗城は晩年を迎えて、往時の記録をまとめようとしていたようである。幕府内の状況について、宗城が尚志に問い合わせの書状を出した。当時宗城は京橋区木挽町一丁目に住んでいたが、ここは支藩吉田藩邸のあったところで、最後の藩主伊達宗敬の邸があった。

二十一年七月一日、寺島村二百五十五番地の尚志は、返書を出している。久しくお伺いもしなかったが、幕末のことをお調べということで、文久期の幕府内情と大政奉還についてのお問い合わせに対して、お答えする。

攘夷の勅には、幕臣誰もが公然と反対できなかったが、「皆々只管心痛苦慮致し候のみ」であった。奉還は「慶喜君《きみ》の独断」で、関東から異論を持って上京する者も居たが、「慶喜君一々面会、説諭致され、何れも納得致し候事にて」、そのことは自分が「聢《しか》と承り及び申し候」。

宗城の訪問と尚志の旧幕臣評

その直後、宗城は尚志を訪問して、さらに質問をした。七日付尚志書状は次のように記している。「此程は、茅屋御訪れ下さり、久々にて緩々拝顔、御有難く存じ奉り候」。お尋ねには即答できないこともあったが、旧幕臣中で特に尽力した者との仰せに、別紙に列記し「一己の私評」ながら評価を付します。

すでに「尚志人物評」として数人について紹介したが、岩瀬・永井と並んでしばしば名を挙げられる堀利熙（織部）にも言及している。

堀は、万延元年十一月謎の自刃を遂げた。プロイセンとの条約交渉の不備を老中安藤信正に咎められたからとするのが通説であるが、実は和宮嫁下の条件に攘夷を密約したことに抗議してではないか、との指摘がある（福岡万里子『プロイセン東アジア遠征と幕末外交』）。

その堀について、「性来剛正にて、才は乏敷き方に候え共、学識あり、胆力あり、職事に臨みて、自己の利害を顧みず、目付勤役中、造船其他、海防事務に任じ、外国奉行謹役中、各国条約締結の委任を受く」と記している。

旧幕臣十二人について批評したうえで尚志は、最後にこう記している。「老拙謹役中の同僚、又は親敷く接し候者の内、前書の者共、性質は名実同〔異〕之れ有り候え共、国家に尽すの心胆は、何れも同一にて、其頃の役人中、錚々の輩と存じ候」（「伊達宗城とその周辺（続）」）。なお宗城は二十五年、七十五歳で没した。

また、ちょうどこの頃であるが、島津家の事跡を調査していた東郷重持・市来四郎・寺師宗徳ら薩摩藩関係者が、尚志から幕末維新期について聞き取りを行っている。七月六日のことで、向島梅若社側八百松楼で、水戸家家令長谷川清も加わって行われ、記録は『史談会速記録』第百七十二～三輯に「故永井尚志君ノ談話」として掲載された。

質問事項は、「甲子長州暴発の顚末」「同時鳳輦の出たる顚末」「大政返上の顚末」「二条城退去の顚末」「伏見戦争の事」「徳川慶喜公大坂退去の事」「榎本氏始め箱館脱走の顚末」「勅許を得ずして条約を締結したる顚末」「幕府外国条約談判の顚末」「旧時閣老の話」「山内容堂公の話」であった。

岩瀬三十回忌

明治二十四年（一八九一）四月二十五日には岩瀬三十回忌が営まれた。「追悼会」開催は、木村芥舟《かいしゅう》（喜毅《よしたけ》）が中心になって準備を進めたが、それに関して介堂（尚志）は四月三日芥舟に書状を送っている。参会者には勝・榎本・荒井・白野も加えてはどうか、榎本・荒井には自分から声をかけてもよい。会費は一円というが、一円二十銭位でもよかろう。会場は枕橋の八百松に自分が予約してもよいなど、詳細に助言している（『幕末五人の外国奉行』）。

なお芥舟は尚志について、「此人識量寛宏学術文章儕輩《さいはい》〔同輩〕に傑出す、殊に忍耐事に堪うるの才ありといえり」。その学識と人柄を圧縮して表現している（「幕府名士小伝」）。

岩瀬三十回忌は隅田河畔の料亭で旧幕臣などによって催されたという。なお枕橋は現在、浅草を発した東武伊勢崎線が隅田川を渡りきった直ぐ南にあり、あるいは尚志の提案が実現したのかもしれない。ただし、さきの聞き取りの梅若山王社は、かなり北に当たる。この時、向山黄村は、岩瀬・尚志についてと集いについてと、二編の詩を詠んだ。

憶昔岐雲園　花月属二老
一老早仙去　一老未髪燥
春秋修祭祀　香抗手自捧
干今三十年　儀不忘旧交
宿草掃復青　草木已合抱
観花感旧遊　対月吟遺藻
貧交独君在　頗堪論古道

憶昔岐雲園　花月二老に属す
一老は早く仙去し　一老は未だ髪燥《かわ》かず
春秋祭祀を修め　香は抗手自ら捧ぐ
今に干《いた》る三十年　儀旧交を忘れず
宿草掃いて復《また》青く　草木已に合抱す
花を観旧遊を感じ　月に対して遺藻を吟ず
貧交独り君在り　頗る古道を論ずるに堪えたり

三十年来世事遷　故人落々暁星懸
江楼聚首話前夢　老涙灑襟如迸泉

三十年来世事遷る　故人落々暁星懸る
江楼首を聚《あつ》めて前夢を話す　老涙襟に灑《そそ》いで迸泉《ほうせん》の如し

（『幕末三傑』、読み下しは『岩瀬忠震』）

尚志死す

尚志がすでに高齢に達したことから、官位復活を求める動きが始まっていたようである。二十四年二月一日宮本小一宛書状で勝は、永井の件は尤もであり、「旧政府中二、三の人物」一翁などと大差ないと記している（『海舟書簡・海舟宛書簡』）。東京府知事を務めた大久保一翁は、十年に従四位に叙されていた。なお勝は、二十一年四月から枢密顧問官になっていた。

尚志は、岩瀬三十回忌を終えて二カ月後、七月一日に没した。享年七十六歳、当時としては大往生と言うべきであろう。この日の『海舟日記』Ⅳは、「昨、宮本小一。参朝。永井介堂危篤に付き、往昔同人の功績申し立て、即日従五位に叙せらる。実に聖恩に出る。同人方へ尋ぬ。既に今朝病死。……千駄ヶ谷へ永井の事申し遣わす」と記している。千駄ヶ谷には徳川家達邸があった。

永井尚志墓（本行寺）

宮内大臣土方久元は七月十三日、「解職（元老院）に際し当時の制度に依て位記返上を命ぜられたり」、しかし「目下病気危篤」ゆえと総理松方正義に上奏を求め、七月一日付で「特旨を以て従五位に叙さる」と記録にある（国立公文書館蔵「永井尚志特旨ヲ以テ新叙ノ事」）。

三日、三位（家達）から香典百円が届けられた。五日、谷中天王寺で葬儀が行われ、日暮里の長久山本行寺《ほんぎょうじ》に葬られた。

墓については、榎本（当時外務大臣）が相談に乗っていたようで、七月五日永井岩之丞宛に次のような書状を送っている。「今朝御相談の法号、只今田辺〔太一〕君とも商議の上別紙の通にて然るべしと議決候、但し御墓表には従五位永井介堂墓と御彫み方然るべしと存じ候、如何」（永井隼家蔵）。墓石正面には「崇文院殿介堂日影大居士」と記され、その右脇に前室、左脇に後室の名が記されている。後室は「筧助兵衛女」明治二十六年十二月三十一日卒「直良院殿妙影日堂大姉」とある。墓の左側面には向山黄村が記した尚志履歴が刻まれている。

勝海舟の弔辞

葬儀に際して、海軍伝習所以降三十数年に及ぶ付き合いのあった勝海舟が弔辞を寄せている。尚志の多様な歴史上の事跡を時期を追って的確に指摘しつつ、「虚心公正」「至公至正」「忠厚の性、真摯の情」など、その姿勢と人柄をも伝えている。長文であるが最後に原文のまま引用することにしたい。

永井介堂翁を祭る文

嗟夫《ああそれ》永井介堂翁逝けり。吾曹《ごそう》昔日を回顧し其功と徳とを追懐し、実に涕泣《ていきゅう》痛惜に堪へす。幕府の海軍を興し技芸の長を西洋に取るの始に方《あた》りてや、翁監察を以て長崎に在り。海軍伝習の事を督し、聘《め》する所の荷蘭《ネーデルランド》人に就て、躬《みず》自から青年有志の士と共に其教を承《う》け、率先勉励以て皆其為《なす》あるに至らしむ。加之《これにくわえ》専断の嫌を顧みず、煉鉄造船の機械を荷蘭に購入し、竟《つい》に飽《あく》の浦製鉄所を創立し、又『コットル』船を製するが如き、我邦風化の先を開き、我邦海軍の嚆矢《こうし》たるもの、翁を捨て復《ま》た誰をか推さん。翁虚心公正、偏私する所なく、唯国家の利是れ顧る。是を以て海軍操練所を江戸に開くの始め、具申して諸藩士の入学を許し、其の技術に随て登庸の途を開き、幕士藩士の藩離を撤して、唯才是用ゆ。翁又幕府の季年多年の際に在って、外交の衝に当り、宜しきを視て約を結び、又徳川氏相続の議の如き、為に罪を得るに至る。又征長の役の如き、善く彼此の情を審《つまびらか》にし、国家の形勢を慮《おもんぱか》り、調和所を得て決裂に至らしめず、其大政返上の挙の如きも、亦参画に力あり。凡此の種の如き盤根《ばんこん》錯節に処して其功の成ると成らざると、其言の用ひらるゝと用ひられざるとに関せず、一に至公至正に基き、坦然明白、毫も機を用ひ巧を弄することなし。是翁の独り能くする所なり。而して又忠厚の性、真摯の情、君家の式微を慨し、有志の輩と仙台函館の間に崎《き》嶇《く》間関し、獄に投せらるゝに至て悔いず、嗟夫介堂翁逝けり。旧幕の遺老、吾曹の瞻仰《たんげい》する所の者、復《また》見るべからず。哀哉《かなしいかな》。朝廷亦翁の自ら新にするを許し、曽て洗刷登庸せられ、簀《さく》を易《かえ》るの際に臨み、特旨を以て従五位に叙せらる。嗚呼天は善に与し、論は棺を蓋うて定る。翁亦以瞑すべし。

（徳富猪一郎『勝海舟伝』）

主要参考文献

一　永井尚志　＊刊年順

「永井玄蕃頭伝」『旧幕府』第五号、一八九七年八月
「永井介堂君履歴稿本」『江戸』第一巻第三号、一九一五年八月
「永井玄蕃頭尚志随伴記」太田成和編『加納町史』上、加納町史編纂所、一九五四年
『永井玄蕃頭手記（七十年忌）』（謄写印刷）一九六〇年七月一日
城殿輝雄『永井玄蕃』一九八二年
城殿輝雄『伝記　永井玄蕃頭尚志』一九八六年
土居良三『幕末五人の外国奉行』中央公論社、一九九七年
「故永井尚志君ノ談話」『史談会速記録』第百七十二～三輯、一九〇七年六～七月
「介堂詩草」『江戸』第一巻第二～三号、一九一五年七～八月
藤野岩友「永井尚志獄中詩訳注」『東洋文化』第六十二号、一九八九年三月

二　関係者伝記　＊人名順

赤松範一郎編『赤松則良半生談』平凡社東洋文庫、一九七七年

母利美和『井伊直弼（人物叢書）』吉川弘文館、二〇〇六年
多田好問編『岩倉公実記』下巻、原書房、一九六八年
松岡英夫『岩瀬忠震』中公新書、一九八一年
加茂儀一『榎本武揚』中公文庫、一九八八年
一戸隆次郎『榎本武揚子』嵩山堂、一九〇九年
松岡英夫『大久保一翁』中公新書、一九七九年
榎元半重『大給亀崖公伝』平田春行、一九一二年
藤井哲博『小野友五郎』中公新書、一九八五年
松浦玲『勝海舟』筑摩書房、二〇一〇年
徳富猪一郎（蘇峰）『勝海舟伝』改造社、一九三二年
川路寛堂編『川路聖謨之生涯』マツノ書店、二〇一四年
土居良三『軍艦奉行木村摂津守』中公新書、一九九四年
小野寺龍太『栗本鋤雲（ミネルヴァ日本評伝選）』ミネルヴァ書房、二〇一〇年
井黒弥太郎『黒田清隆（人物叢書）』吉川弘文館、一九八七年
大町桂月『伯爵後藤象二郎』大空社、一九九五年
高村直助『小松帯刀（人物叢書）』吉川弘文館、二〇一二年
松浦玲『坂本龍馬』岩波新書、二〇〇八年
白野仁『白野夏雲』北海道出版企画センター、一九八四年
家近良樹『徳川慶喜（人物叢書）』吉川弘文館、二〇一四年
渋沢栄一『徳川慶喜公伝』1〜4、平凡社東洋文庫、一九六七〜六八年

中野礼四郎編『鍋島直正公伝』第六編、侯爵鍋島家編纂所、一九二〇年
川崎紫山『幕末三傑』春陽堂、一八九七年
坂田精一『ハリス（人物叢書）』吉川弘文館、一九六一年
坂口筑母『稿本　向山黄村伝』一九九八年

三　史書・研究書・論文　＊編著者名順

青山忠正『明治維新と国家形成』吉川弘文館、二〇〇〇年
安藤直方『講武所（東京市史外篇）』聚海書林、一九八八年
家近良樹『幕末政治と倒幕運動』吉川弘文館、一九九五年
家近良樹『孝明天皇と「一会桑」』文春新書、二〇〇二年
石井孝『明治維新の国際的環境（増訂版）』吉川弘文館、一九六六年
石井孝『日本開国史』吉川弘文館、一九七二年
維新史料編纂会『維新史』第一～五巻、吉川弘文館、一九八三年
井上勲『王政復古』中公新書、一九九一年
今井幸彦『坂本龍馬を斬った男』新人物往来社、二〇〇九年
上白石実『幕末期対外関係の研究』吉川弘文館、二〇一一年
河内八郎「伊達宗城とその周辺（続）」茨城大学『人文学科論集』第二十三号、一九九〇年
北原雅長編著『七年史』下巻、マツノ書店、二〇〇六年
久住真也『長州戦争と徳川将軍』岩田書院、二〇〇四年
久住真也『幕末の将軍』講談社選書、二〇〇九年

楠本寿一『長崎製鉄所』中公新書、一九九二年
工藤宜『江戸文人のスクラップブック』新潮社、一九八九年
後藤敦史『開国期徳川幕府の政治と外交』有志舎、二〇一五年
佐々木克『幕末政治と薩摩藩』吉川弘文館、二〇〇四年
佐佐木杜太郎『開国の先覚者　中居屋重兵衛』新人物往来社、一九七二年
瑞山会編『維新土佐勤王史』マツノ書店、二〇〇四年
末松謙澄『防長回天史』第四編下〜第五編下、マツノ書店、一九九一年
高木不二『横井小楠と松平春嶽』吉川弘文館、二〇〇五年
高橋秀直『幕末維新の政治と天皇』吉川弘文館、二〇〇七年
太政官『復古記』第七、十四冊、内外書籍、一九二九〜三一年
田中正弘「維新前後におけるフォン・ブラント」『国史学』第百十二号、一九八〇年
角田茂「元老院の成立」『中央史学』第九号、一九八六年
中川壽之「樺太問題と左院」犬塚孝明編『明治国家の政策と思想』吉川弘文館、二〇〇五年
中西洋『日本近代化の基礎過程』上、東京大学出版会、一九八二年
奈良勝司『明治維新と世界認識体系』有志舎、二〇一〇年
西沢美穂子『和親条約と日蘭関係』吉川弘文館、二〇一三年
野口武彦『鳥羽伏見の戦い』中公新書、二〇一〇年
萩原延寿『遠い崖』⑤〜⑧、朝日文庫、二〇〇七〜〇八年
函館市『函館市史　通説編』第二巻、一九九〇年
林董『後は昔の記』平凡社東洋文庫、一九七〇年

原口清『幕末中央政局の動向』岩田書院、二〇〇七年
原口清『王政復古への道』岩田書院、二〇〇七年
福岡万里子『プロイセン東アジア遠征と幕末外交』東京大学出版会、二〇一三年
藤井哲博『長崎海軍伝習所』中公新書、一九九一年
保谷徹『戊辰戦争』吉川弘文館、二〇〇七年
真壁仁『徳川後期の学問と政治』名古屋大学出版会、二〇〇七年
町田明広『島津久光　幕末政治の焦点』講談社選書、二〇〇九年
松尾正人「明治初期太政官制度と左院」『中央史学』第四号、一九八一年
三谷博『ペリー来航』吉川弘文館、二〇〇三年
三谷博『明治維新とナショナリズム』山川出版社、二〇〇九年
三宅紹宣『幕長戦争』吉川弘文館、二〇一三年
山川浩『京都守護職始末』マツノ書店、二〇〇四年
横浜市『横浜市史』第二巻、一九五九年

四　刊行史料　＊書名順

日本史籍協会『会津藩庁記録』第三、東京大学出版会、一九八二年
東京大学史料編纂所『井伊家史料（大日本維新史料）』七、二十、東京大学出版会、一九七一、九七年
井伊正弘編『井伊家史料　幕末風聞探索書』上・中、雄山閣出版、一九六七年
維新史料編纂会『維新史料綱要』巻一〜十、東京大学出版会、一九八三年
日本史籍協会『維新日乗纂輯』第三（「寺村左膳手記」）、マツノ書店、二〇一四年

アーネスト・サトウ、坂田精一訳『一外交官の見た明治維新』上・下、岩波文庫、一九六〇年
岩瀬忠震書簡研究会『岩瀬忠震書簡注解』岩瀬肥後守忠震顕彰会（忠震会）、一九九三年
江戸旧事采訪会『江戸』第一巻第一号～第十一巻第一号、一九一五年六月～二一年一月
深井雅海ほか編『江戸幕府役職武鑑編年集成』第一～三十六巻、東洋書林、一九九六～九九年
榎本隆充編『榎本武揚未公開書簡集』新人物往来社、二〇〇三年
オリファント、岡田章雄訳『エルギン卿遣日使節録』雄松堂書店、一八六八年
福地源一郎『懐往事談』『福地桜痴集（明治文学全集）』筑摩書房、一九七一年
フォス美弥子編訳『海国日本の夜明け――オランダ海軍ファビウス駐留日誌』思文閣出版、二〇〇〇年
江藤淳ほか編『勝海舟全集』全二十三巻（『海舟日記』、『海舟書簡・海舟宛書簡』）勁草書房、一九七〇～八二年
『勝海舟全集』全二十三巻（『開国起原』、『海軍歴史』、『秘録と随想』、『来簡と資料』）講談社、一九七二～九四年
玉虫茂宜編『官武通紀』東京大学出版会、一九七六年
横浜開港資料館『木村芥舟とその資料』横浜開港資料普及協会、一九八八年
慶應義塾図書館『木村摂津守喜毅日記』塙書房、一九七七年
「木村喜毅（芥舟）宛岩瀬忠震書簡」慶應義塾大学福澤研究センター『近代日本研究』第五号、一九八九年
戸川安宅編『旧幕府』第一～九号、第二巻第一号～第五巻第七号、一八九七年四月～一九〇一年八月（マツノ書店復刻、合本六冊、二〇〇三年）
菊地明編『京都守護職日誌』第一～五巻、新人物往来社、二〇〇八年
京都町触研究会『京都町触集成』第十二巻、岩波書店、一九八七年
彦根藩資料調査研究会『史料　公用方秘録』彦根城博物館、二〇〇七年

西郷隆盛全集編集委員会『西郷隆盛全集』第一～二巻、大和書房、一九七六～七七年
中根雪江『再夢紀事・丁卯日記』東京大学出版会、一九八九年
村田氏寿・佐々木千尋『続再夢紀事』第一～六、東京大学出版会、一九八八年
柄沢義郎編『佐久間象山公務日記』信濃毎日新聞社、一九三一年
中根雪江『昨夢紀事』第一～四、東京大学出版会、一九八九年
国書刊行会『史籍雑纂』第四（「戊辰日記」）、第五（「会津藩文書」）、続群書類従完成会、一九七四年
史談会『史談会速記録』第一～四百十一輯、一八九二～一九三八年（原書房復刻、合本四十四冊、一九七一～七六年）
菊地明ほか編『新選組史料大全』KADOKAWA、二〇一四年
菊地明ほか編『新選組日誌』上・下、新人物文庫、二〇一三年
渋沢栄一編『昔夢会筆記』平凡社東洋文庫、一九六七年
日本史籍協会『高松凌雲翁経歴談・函館戦争史料』マツノ書店、二〇一三年
『忠義公史料（鹿児島県史料）』第四巻、一九七七年
日本史籍協会『伊達宗城在京日記』東京大学出版会、一九七二年
『玉里島津家史料補遺　南部弥八郎報告書（鹿児島県史料）』二、二〇〇三年
横田達雄編『寺村左膳道成日記』三、県立青山文庫後援会、一九八〇年
『続徳川実紀』第一～五篇、吉川弘文館、一九九九年
渋沢栄一編『徳川慶喜公伝　史料篇』1～3、東京大学出版会、一九九七年
『永井家所蔵岩瀬忠震遺墨集』忠震会復刻
大鳥圭介・今井信郎『南柯紀行・北国戦争概略衝鉾隊之記』新人物往来社、一九九八年

大久保利謙編『西周全集』第三巻、宗高書房、一九六六年
福地源一郎『幕府衰亡論』平凡社東洋文庫、一九六七年
田辺太一『幕末外交談』東京大学出版会、一九七六年
東京大学史料編纂所『幕末外国関係文書（大日本古文書）』一～二十三、東京大学出版会、一九八四～八五年
宮地正人編『幕末京都の政局と朝廷』名著刊行会、二〇〇二年
福地桜痴『幕末政治家』岩波文庫、二〇〇三年
フォス美弥子編訳『幕末出島未公開文書——ドン＝クルチウス覚え書』新人物往来社、一九九二年
須藤隆仙編『箱館戦争史料集』新人物往来社、一九九六年
景岳会『橋本景岳全集』二、東京大学出版会、一九七七年
細川家編纂所『改訂肥後藩国事史料』巻六、国書刊行会、一九七三年
福井市『福井市史　資料編』五、一九九〇年
栗本鋤雲『匏庵遺稿』二、東京大学出版会、一九七五年
横浜郷土研究会『本牧表日記——鳥取藩海防控』横浜市図書館、一九八五年
松平春嶽全集編纂委員会『松平春嶽全集』第一、四巻、原書房、一九七三年
牧原憲夫編『明治建白書集成』第二～三巻、筑摩書房、一九八六～九〇年
人文社編『明治の東京』人文社、二〇〇二年
宮地佐一郎編『龍馬の手紙』講談社文庫、二〇〇三年
小寺玉晁編『連城紀聞』二、東京大学出版会、一九九九年

あとがき

長崎海軍伝習所の創設者である永井尚志の名は知ってはいたが、尚志について書いてみたいと思うようになったのは、数年前に小松帯刀の評伝を執筆したのがきっかけであった。

最幕末の史料を読み進むうちに、王政復古に至る過程は、薩長武力倒幕派と幕府反動勢力との対抗の過程として、維新の結果から遡るかのように単純に捉えるのは、正確ではないことに気付いてきた。武力倒幕計画なるものがかなり劇画的で、実行すれば失敗しそうな危なっかしいものだったこと、政局を動かす推進力になった薩摩藩指導者達も一枚岩ではなかったこと、慶喜の大政奉還が必ずしも復権を目論む計画によるものではなかったこと、などが見えてきた。

なかでも興味を感じたのは、大政奉還をめぐる動きである。大政奉還は、あとから見ると余計な回り道であったかのようであるが、当時にあっては、王政復古に至るほとんど唯一の現実的な方策であった。しかし、これについて幕臣のほとんどは、とんでもないことと受け止めていたのである。その実現を推進した人物として、反幕側では坂本龍馬の発想を受け容れた土佐の後藤象二郎、薩摩の小松帯刀、そして幕府側では永井尚志が、同一方向で連携していたことがわかってきた。

幕末の幕臣幹部に相当数の積極的開国派が居たことはよく知られている。しかし実は、その大部分は、小栗忠順に代表されるように、幕権至上主義者であったことも事実である。そのなかにあって、雄藩との連携など将軍の地位を相対化する政体を容認した、数少ない有司が尚志であることもわかってきた。そのことを含め、たえず当面の困難な課題に、正面から取り組み続けた尚志の姿勢を知るにつれて、書きたい気持ちは強まっていった。

そして、関連する史料を調べるうちに、時代の大波にしばしば翻弄されながらも、現実から逃避することなく、自国のため幕臣として最善と考える方策を模索し行動してきた態度、また、飾り気なく正直で温和に人の話をよく聞き、清廉で私欲なく淡々と身を処する人柄、これらに率直に言って惹かれていった。

尚志はまた、多くの漢詩を残し、書画にも優れ、さらに篆刻にも才能を発揮する、当時有数の文化人でもあった。その人柄には触れたつもりであるが、文化人としての側面は、力不足で十分には触れることができなかった。

とはいえ、幕臣としての尚志の足跡は、当初の予想よりは相当に詳細に明らかにできたかと考える。近年の研究に学びつつ、様々な公刊・未公刊史料のなかから、尚志の動きや発言を発見し、時期を追って整理しながら検討することは、楽しい作業であった。その過程で、幕臣に即して幕末維新を見ると、通説的イメージとはいささか異なる光景が、見えてくるように思えたことも事実である。本書は、専ら尚志の事跡を追ったものではあるが、幕末維新史の見直しへの何ほどかの素材提供になっていれば、筆者としてはまことに幸いである。

本書執筆のための史料収集に際しては、慶應義塾大学三田メディアセンター貴重書室（「福澤文書」のうち「長崎伝習小記」など）、国立公文書館（「多聞櫓文書」などのデータベースや「左院書類」など）、東京大学史料編纂所（「大日本維新史料稿本」を収めた「維新史料綱要」データベース、「維新史料編纂会引継本」など）、早稲田大学図書館（「古典籍総合データベース」）などの未公刊史料を利用させていただいたほか、国立国会図書館、東京大学総合図書館、東京大学文学部図書館、東京大学経済学部図書館などの関係機関の蔵書を活用させていただいた。

また、阿部勇、今井達（白鬚神社宮司）、上山和雄、加茂行昭（本行寺住職）、金蓮玉、城殿輝雄、鈴木淳、永井隼（御子孫）、中武香奈美、西川誠、保谷徹、森野進（忠震会）らの諸氏に、一方ならぬ御世話になったことを記し、御礼申し上げたい。

本書の刊行に際して御配慮いただいたミネルヴァ書房杉田啓三社長、編集に尽力してくださった同社大木雄太氏に深謝したい。

最後に、いつも面倒をかけっぱなしできた妻宏子に感謝したい。

二〇一五年七月

高村直助

永井尚志年譜

和暦	西暦	齢	関係事項	一般事項
文化一三	一八一六	1	11月前奥殿藩主松平乗尹の子として生まれる。	10月イギリス船、琉球に来航し、通商を求める。
文政　元	一八一八	3	5・23父乗尹没す。以後、江戸麻布龍土町奥殿藩邸で養育される。	5・14イギリス人ゴルドン、浦賀に来航し、通商を求める。
天保一一	一八四〇	25	加納藩主分家旗本永井尚徳の婿養子、永井岩之丞となる（浜町に居住）。	5月高島秋帆が、砲術改革意見書を幕府に提出する。
一三	一八四二	27		7・24清国がイギリスと南京条約を結ぶ。同日、幕府、異国船打払令を止め、薪水給与令を布告。
一四	一八四三	28	3・23昌平黌で学業熱心につき表彰される。9・23妻女病死（情音院殿妙琴日奏大姉）。	閏9・11阿部正弘、老中に就任する。閏9・13上知令失敗で水野忠邦罷免される。12月オランダ国王、将軍に開国勧告の書を

和暦	西暦	齢	事項	一般事項
弘化二	一八四五	30	8・4閣老視察時に稽古人に対して講釈する。この年、二度目の妻（筧助兵衛娘）との間に長男尚信（謹之助）生まれる。	送る（翌年閏8・4幕府に届く）。6月オランダに開国拒否を通告。
三	一八四六	31		7・4イギリス艦長崎に来航し、測量許可と薪水を求める。閏5・27米ビッドル、浦賀に来航し、通商を求める（幕府拒否）。
四	一八四七	32	4・16小姓組番士（三百俵）となる。	2・15相模・房総沿岸の警備を四藩に命じる。
嘉永元	一八四八	33	3・20昌平黌大試で甲科合格し、時服二襲を賜る。11・2進物番に任じられる。	3〜4月外国船、しきりに沿岸に出没する。
二	一八四九	34	閏4・19閣老視察時に稽古人に講釈する。	3・26米艦プレブル号、長崎に来航し、漂流民を受け取る。閏4・8英艦マリナー号、測量のため三崎沖に来航する。12・25諸大名以下に海防強化を命じる。
三	一八五〇	35	11・15甲府徽典館学頭に任じられる。	6・11オランダ船が、アメリカの通商意志を伝える。12・10太平天国の乱始まる。

四	一八五一	36	2月甲府徽典館学頭に着任する（一年後帰府）。	1・3中浜万次郎、米船で琉球に着く。
五	一八五二	37	閏2・4学頭としての骨折りに対して、銀十五枚を賜る。	8・17オランダ商館長、米使節の来年来航を予告する。
六	一八五三	38	3・19大的上覧に供奉し時服二を賜る。7・20徒頭（一千石）に任じられる。8・21ペリー再来につき要求拒絶・徹底避戦を上申。10・8目付（一千石）に任じられる。11・7布衣（従六位）に任じられる。12・18六月以来の骨折りに対して巻物三を拝領する。	6・3米ペリーが浦賀に来航、6・9久里浜で国書を渡す。6・22将軍家慶没す。7・1幕府、米の国書につき全大名の意見を徴する。7・3徳川斉昭海防参与に任じられる。7・18露プチャーチン長崎に来航。9・15大船建造の解禁。11・23徳川家定、将軍に就職。12・5プチャーチン長崎に再来。
安政元	一八五四	39	1・19本牧の鳥取藩警備地を検分。1・22海防掛兼務を命じられる。2・11海防掛井戸石見守らと米国への穏便な対応を上申。3・25堀利熙の松前在勤中、内海台場・鋳砲・造船諸用取扱を命じられる。4・5長崎在勤を命じられる。4・25長崎赴任に当たり金十枚・時服二・羽織を賜る。5月軍艦乗組員習練	1・16ペリー、軍艦7隻を率いて再来。2・30英仏、露に宣戦布告しクリミア戦争本格化。3・3日米和親条約調印（下田・箱館開港）。3・23プチャーチンまたも長崎に来航。3・

			につき上申。8・23長崎で奉行水野忠徳とともにスターリングと日英協約に調印。	24下田奉行を再々置。6・30箱館奉行を再置。閏7・15英スターリング長崎に来航。8・23日英協約調印。12・21日露和親条約調印。
二	一八五五	40	7・29海軍伝習指揮を命じられる。8・29奉行荒尾成允・川村修就らとともにスターリングと日英協約批准を交換。10月製鉄所建設機材をオランダに発注。10・24海軍「伝習規定」配布。11・19諸大夫（従五位下）に任じられ、玄蕃頭を認められ、金一枚・時服二を賜る。12・23奉行川村らとともにクルチウスと日蘭和親条約に調印。	2・22幕府、全蝦夷地を直轄。3・3朝旨を奉じ、寺院の梵鐘を鉄砲に改鋳するよう布告。8・25オランダ国王贈呈のスンビン号を受領する（観光丸）。8・29日英協約批准。9・30日蘭暫定協約。11・1長崎海軍伝習所開所。12・23日蘭和親条約調印。
三	一八五六	41	2月カッター建造に着手。3・7江戸での海軍伝習を上申。6・7伝習の功に対して金三枚・時服三を賜る。7・21平戸小屋郷で伝習生を率いて小銃調練実施。8・7英シイモアと折衝する。8月通商による富強策を岡部長常と連名で上申。10・5留学生海外派遣を上申。	2・24パリ条約締結、クリミア戦争終結。2・28幕府、私に硝薬を販売することを禁止。3・12駒場で洋式調練を実施。4・13築地に講武所を開設。7・21米総領事ハリスが下田に来航。

				8・5英シイモア長崎に来航。9・10アロー号事件起こる。10・17堀田正睦が外国事務取扱老中に任じられる。
四	一八五七	42	3・4観光丸で江戸に向け出発、3・26品川着。5月軍艦教授所（操練所）総督。8・14米総領事上府用掛。11・6ハリスを訪ね、西洋事情を聞く。12・3勘定奉行（三千石）に任じられる（兼務は継続）。12・15小川町御台所町に役宅。12・16伝習の功に金五枚・時服三・ホーウイッツル砲を賜る。12・29川路聖謨と徳川斉昭を訪い、通商条約やむなしを説く。	2・1蘭理事官クルチウス、アロー戦争を伝える。5・26日米協約調印。6・17老中阿部正弘没す。7・19軍艦操練所、築地に開所。7・23水戸斉昭が海防参与を辞する。8・29日蘭追加条約調印。10・16松平春嶽ら将軍継嗣に一橋慶喜をと建白。10・21ハリス、将軍家定に謁見。12・11～1・12ハリスと通商条約交渉。
五	一八五八	43	2・19蘭理事官参府用掛。3・15理事官クルチウスと自邸で折衝。3・20越中島銃隊訓練場建設の功に八丈縞二反賜る。4・23井伊大老任用につき老中を詰問。6・18対露応接掛。7・8外国奉行（三千石）に任じられる。7・10岩瀬忠震らとともにクル	1・21老中堀田、日米修好通商条約勅許を求め京都に向かう。3・20堀田に対して日米通商条約につき、要再検討の勅答。4・23井伊直弼大老に就任。

六

一八五九

44

チウス（不在）と日蘭、7・11井上清直らとともにプチャーチンと日露、7・18水野忠徳らとともにエルギンと日英の各修好通商条約に調印。8・4岩瀬らと開港場選定のため神奈川付近を見分。8・23遣米副使の用意の命。8・30遣米に別船同伴を上申。9・3水野らとともにグロと日仏修好通商条約に調印。10・23神奈川奉行兼務心得の命。12・30大船建造・修復の功に金三枚・時服三を賜る。

2・1～8ハリスと開港場位置・遣米使節派遣延期

4・25幕府、勅書につき諸大名に諮問。5・3～17清国が露米英仏と天津条約に調印。6・19井上・岩瀬がハリスと日米修好通商条約に調印。6・24徳川斉昭・慶篤・慶勝ら、登城して井伊違勅調印を責める。6・25将軍継嗣に慶福（家茂）公表。7・5斉昭・慶勝・松平春嶽ら「不時登城」で処分。7・6将軍家定没す。7・8外国奉行を置く。7・10日蘭修好通商条約「調印」。7・11日露、7・18日英と修好通商条約調印。8・8条約締結に不満の勅諚、水戸藩等に下る。9・3日仏修好通商条約調印。9・8梅田雲浜ら逮捕（安政の大獄の本格化）。10・25徳川家茂、将軍に就職。

1・26講武所を神田小川町に移

			につき折衝。2・24軍艦奉行（二千石）に任じられる（兼務は解除）。5・12遣米使節から外される。8・27免職、俸禄没収、差控え。	転。4・22鷹司政通・近衛忠熙・三条実萬ら謹慎剃髪。5・26英総領事オールコック来日。6・2神奈川（横浜）・箱館・長崎を開港。8・27徳川斉昭に永蟄居、慶篤に差控え、一橋慶喜に隠居謹慎の処分。10・7橋本左内ら、10・27吉田松陰が処刑される。
万延 元	一八六〇	45	1月内命により名を介堂と改める。1・13平山敬忠宛書状で「黒暗世界」を嘆く。閏3・4岩瀬から書画を贈られる。	1・22ポーハタン号・咸臨丸、米に向け浦賀を出帆。3・3井伊直弼、水戸浪士らにより暗殺。12・5米通訳官ヒュースケン暗殺。
文久 元	一八六一	46	4・29病中の岩瀬から漢詩が届けられる（7・11没）。	2・3露艦、対馬占領を企図。3月長崎製鉄所第一期竣工。10・20和宮、江戸に向かう。12・4遣欧使節、開市開港延期交渉のため出発。
二	一八六二	47	5・11岐雲園を訪ねる。7・4軍艦操練所御用を命	1・15老中安藤信正、浪士に襲

			じられる。8・1主水正の名を認められる。8・7京都町奉行（千五百石、役料六百石）に任じられる。閏8・1養父永井尚徳没す。閏8月下旬出発、途中奥殿に立ち寄り墓参。9・13京都町奉行着任。10～11月江戸幕閣に京都の緊迫した情勢を伝える。11・7永井家当主となる。	われ負傷（4・11罷免）。2・11将軍家茂と和宮の婚儀。5・9ロンドン覚書調印。6・10大原重徳、勅使として慶喜・春嶽起用を申し入れ。7・6慶喜を将軍後見職、7・9松平春嶽を政事総裁職に任じる。8・21生麦事件。閏8・1松平容保を京都守護職に任じる。閏8・22参勤交代を緩和。9・11オランダ留学生榎本武揚ら出発。11・2別勅使三条実美の攘夷勅旨奉戴を決す。12・2歩兵組織のため旗本に人員差出しの命。12・12高杉晋作ら、品川御殿山に建設中の英国公使館を襲撃。
三	一八六三	48	1月禁裏御用の命。6・19田中新兵衛自害事件で閉門処分。8・6長男謹之助病死。8・11京都町奉行に復職。11・24順動丸で兵庫を発ち、11・26品川に着き、以後幕閣に将軍上洛を督促する。12・15江戸	2・13国事参政・国事寄人設置。2・22足利三将軍木像晒し首事件。3・4将軍家茂上洛。3・11天皇、将軍を随行させ賀茂社

			から帰京。	に攘夷祈願。4・11天皇、石清水八幡宮に攘夷祈願。4・20幕府が5・10を攘夷期限と上奏。5・9幕府、生麦事件賠償金を支払う。5・10長州藩、下関沖で米商船を砲撃。7・2薩英戦争。8・18政変、大和行幸中止。10月新選組発足。12・27横浜鎖港交渉使節出発。12・30一橋慶喜・松平容保・松平春嶽・山内容堂・伊達宗城（1・13島津久光）を朝議参予に任命。
元治　元	一八六四	49	2・9大目付（三千石）に任じられ、引き続き在京。7・17伏見で長州藩家老福原越後に退去の命を伝える。10・10長州藩に対する詰問使を命じられる。10月三好「健之丞」を養子とすることを願い出る（保留）。11・16広島国泰寺で岩国藩主吉川経幹を詰問。11・18征長総督徳川慶勝らと長州藩三家老の首級を検分。12・29征長総督の命で江戸に向かう。	1・21家茂参内。1～3月朝廷で参予会議が開かれる（3・15解消）。3・25慶喜が禁裏守衛総督・摂海防御指揮に任じられる。5・7家茂、京都を発ち東下へ。6・5池田屋事件。7・19禁門の変。7・24長州藩追討の勅命。8・5四国連合艦隊、

				下関を砲撃（8・14講和）。9・1参勤交代を復旧。11・1征討総督徳川慶勝、大坂を発って広島に向かう。12・17武田耕雲斎ら加賀藩に降伏。12・27慶勝、追討軍撤兵を命じる。
慶応元	一八六五	50	1・11総督の長州処分案を携えて江戸に到着する。5・6願いにより免職、寄合席となる。9月三好鍵之丞を養子とすることを出願（許可、のち岩之丞）。10・6大目付再任、外国奉行兼務。10・24長州藩への詰問使を命じられる。11・20広島で宍戸備後助を詰問する。12・16広島を出発し、12・18大坂城で復命する。	1・2高杉晋作ら長州藩内で挙兵。3・12海軍操練所（神戸）廃止。5・16将軍家茂、長州再征のため進発（閏5・25大坂城に入る）。5・20長州藩が「武備恭順」の姿勢を堅める。7・15幕府、下関償金第一回分支払う。9・16英米仏蘭四国公使、条約勅許・兵庫先期開港を求め軍艦を率いて兵庫に来航。9・21長州再征勅許。10・1将軍辞意。10・5条約は勅許、兵庫開港は不可の勅。
二	一八六六	51	1・26長州藩に処分を通告する小笠原長行への随行	1・22長州処分勅許、薩長盟約

			を命じられる。2・7広島着。5・1広島国泰寺で処分文書を交付。7・14上坂命により広島を出発。7・18大坂城で板倉勝静から将軍継嗣につき相談される。10・5帰坂のため広島を出発（10・18着京）。12・4外国公使引見準備の命（玄蕃頭に復する）。	成立。5・13英米仏蘭と改税約書に調印。6・7幕長戦争始まる。7・20将軍家茂没す。7・27慶喜、徳川宗家を継ぐ。8・21将軍死去を理由に休戦の勅命（9・4撤兵開始）。12・5慶喜、将軍に就職。12・25孝明天皇崩御。
三	一八六七	52	1・18鍋島閑叟の上京督促役を命じられ、1・28佐賀に到着し、以後閑叟に会い、長崎を経て帰京。2・30若年寄格（七千石）に任じられる。3・28、4・1将軍慶喜の外国公使引見に陪席。4月壬生から日暮通り二條上る元郡山藩邸の役宅に移る。5・26西郷隆盛と会談。7・3後藤象二郎と会談。9・20後藤に大政奉還建白提出を促す。10・13大政奉還勅許への協力を後藤らに求める。11・14坂本龍馬と会談。12・4～5パークスと会談。12・12二条城に鎮静役として留まる。12・14大坂城に赴く。12・15若年寄に任じられる。12・16帰京し大坂の状況を伝える。12・18大坂城に赴く。12・22帰京し大坂の状	1・9睦仁親王践祚（明治天皇）。1・23征長休戦の勅許。4月坂本龍馬、海援隊長になる。5・14薩土越予四侯と慶喜協議。5・24兵庫開港勅許。7・2薩土盟約。9・18薩長芸、挙兵倒幕を約す。10・3土佐藩、幕府に大政奉還を建白。10・13慶喜、諸藩重臣達に大政奉還を諮問。10・13～14薩長に倒幕の「密勅」。10・15大政奉還勅許。10・24慶喜、将軍辞職を申し出

			況を伝える。12・24大坂城に赴く。12・27慶喜の請書を起草。	（保留）。11・15坂本龍馬暗殺。12・7兵庫開港、大坂開市。12・9王政復古宣言、三職設置、慶喜に辞官納地を求める。12・12慶喜、二条城を出て大坂城に向かう。12・26松平春嶽・徳川慶勝、説得のため大坂に至る。
四 明治元	一八六八	53	1・5パークスと板倉の会談に同席後、戦況確認のため橋本に至る。1・6大坂城への引き揚げを伝えに現地に赴く。1・7大坂城を退去し紀州に向かい、以後数日和歌浦に滞在。1・10新政府により官位を剝奪される。1・14紀州藩汽船で吉田に向かう。2・9罷免、寄合とされる。2・10登城停止の命。2・14嘆願書草案を平山敬忠に送付。2・19逼塞の命。4・7閉門の命。8・19回天丸に乗船し品川出発。12・15旧幕府軍政権箱館奉行に任じられる。	1・3鳥羽伏見で幕府軍と薩摩・長州軍が交戦（戊辰戦争始まる）。1・6慶喜、大坂城退去。1・7慶喜征討令。1・10慶喜以下二十七人の官位を剝奪、旧幕府領を直轄。1・17新政府が三職七科を置く。1・25英仏蘭米普伊が局外中立を宣言。2・3天皇親征の詔、三職八局を置く。3・14五カ条の誓文。4・11江戸城無血開城。閏4・21政体書を定め太政官制を採用し、二局七官を置く。5・6奥

				羽越列藩同盟結成。5・15彰義隊敗北。7・17江戸を東京と改称。8・19榎本艦隊品川沖を脱出。9・8明治と改元。9・22会津藩降伏。10・20旧幕府軍が蝦夷地に上陸。12・15旧幕府軍政権、首脳部を選出。12・28六カ国が局外中立を解く。
二	一八六九	54	2・19中島三郎助とともに、ゲルトネルと七重村租借条約に調印する。5・15弁天台場で新政府軍に降伏。6・30兵部省糾問所牢獄に入牢。	1・20薩長土肥四藩主が版籍奉還を上奏。3・7公議所開設。5・18旧幕府軍が降伏（戊辰戦争終わる）。6・17政府が版籍奉還を許す。7・8二官六省・開拓使・集議院を置く。
三	一八七〇	55		12・10ゲルトネルより租借地回収。
四	一八七一	56	秋獄中で七言長詩を詠む。	7・14廃藩置県の詔書。7・29太政官制を改め、正院・左院・右院を置く。11・12岩倉遣米欧使節団出発。

五	一八七二	57	1・6特赦により出獄。1・12開拓使御用掛に任じられる。1・19左院少議官に任じられる。4・15正六位に叙される。10・8左院三等議官に任じられる。	7・4大蔵省達で地券交付（壬申地券）。8・3学制制定。11・9太陽暦採用を布告。11・28全国徴兵の詔書。
六	一八七三	58		6・25集議院廃止。9・13岩倉使節団帰国。10・24〜25西郷・副島・後藤・板垣ら参議辞任（征韓論政変）。
七	一八七四	59		1・17板垣ら民選議院設立建白を左院に提出。5・22台湾出兵。
八	一八七五	60	4・14左院廃止により失職。7・12元老院権大書記官に任じられる。12・7罷免、官位返上。	2・11大阪会議。4・14元老院・大審院・地方官会議を設置し（左院廃止）、漸次立憲政体樹立の詔書。5・7樺太千島交換条約調印。10・27左大臣・元老院議長島津久光、参議板垣辞任。
九	一八七六	61	2月岐雲園に隠棲する。10・23岩之丞への家督相続が認められる。	2・26日朝修好条規調印。
一〇	一八七七	62		2・15〜9・24西南戦争。

一一	一八七八	63	5・18静岡に慶喜を訪問するが面会ならず。	5・14内務卿大久保利通暗殺。
一四	一八八一	66		10・12国会開設の詔書、参議大隈ら罷免（明治十四年の政変）。
一六	一八八三	68	2月白鬚神社に岩瀬忠震墓碑を建てるに際して、碑文を記す。5・6春嶽の招宴に加わる。10月「手記」三を記す。	7・2官報発刊。
一八	一八八五	70	5・5古希を祝う会が催される。その後詩文集が作成され配布される。	4・18天津条約調印。12・22内閣制度発足。
二一	一八八八	73	7月伊達宗城が訪問する。7・6島津家事跡調査者が談話を聴する。8月岐阜県加納城址を訪問する。	4・30枢密院設置。
二二	一八八九	74		2・11大日本帝国憲法発布。
二三	一八九〇	75		7・1第一回衆議院議員選挙。
二四	一八九一	76	4・25岩瀬三十回忌を催す。7・1没する、従五位に叙される。本行寺に葬られる（崇文院殿介堂日影大居士）。	5・11ロシア皇太子、大津で襲われる。12・25衆議院解散。
二六	一八九三		12・31妻女死亡（直良院殿妙影日堂大姉）。	7・8政府、条約改正方針を決定。

人名索引

あ 行

か　行

さ　行

た　行

な　行

は　行

ま　行

や・ら 行

《著者紹介》

高村直助（たかむら・なおすけ）

1936年　大阪市生まれ。

1965年　東京大学大学院人文科学研究科博士課程満期退学。その後，横浜国立大学経済学部助教授，東京大学文学部助教授，同教授，フェリス女学院大学国際交流学部教授を経て，

現　在　東京大学名誉教授，フェリス女学院大学名誉教授。文学博士。

著　書　『日本紡績業史序説』塙書房，1971年。

『日本資本主義史論――産業資本・帝国主義・独占資本』ミネルヴァ書房，1980年。

『会社の誕生』吉川弘文館，1996年。

『明治経済史再考』ミネルヴァ書房，2006年。

『小松帯刀』吉川弘文館，2012年など。

ミネルヴァ日本評伝選

永《なが》井《い》尚《なお》志《ゆき》

――皇国のため徳川家のため――

2015年９月10日　初版第１刷発行　〈検印省略〉

定価はカバーに
表示しています

著　者　高　村　直　助

発行者　杉　田　啓　三

印刷者　江　戸　宏　介

発行所　株式会社　ミネルヴァ書房

607-8494 京都市山科区日ノ岡堤谷町１

電話代表（075）581-5191

振替口座 01020-0-8076

共同印刷工業・新生製本

ISBN978-4-623-07423-5

Printed in Japan

刊行のことば

歴史を動かすものは人間であり、興趣に富んだ人間の動きを通じて、世の移り変わりを考えるのは、歴史に接する醍醐味である。

しかし過去の歴史学を顧みるとき、人間不在という批判さえ見られたように、歴史における人間のすがたが、必ずしも十分に描かれてきたとはいえない。二十一世紀を迎えた今、歴史の中の人物像を蘇生させようとの要請はいよいよ強く、またそのための条件もしだいに熟してきている。

この「ミネルヴァ日本評伝選」は、正確な史実に基づいて書かれるのはいうまでもないが、単に経歴の羅列にとどまらず、歴史を動かしてきたすぐれた個性をいきいきとよみがえらせたいと考える。そのためには、対象とした人物とじっくりと対話し、ときにはきびしく対決していくことも必要になるだろう。

今日の歴史学が直面している困難の一つに、研究の過度の細分化、瑣末化が挙げられる。それは緻密さを求めるが故に陥った弊害といえるが、その結果として、歴史の大きな見通しが失われ、歴史学を通しての社会への働きかけの途が閉ざされ、人々の歴史への関心を弱める危険性がある。今こそ歴史が何のためにあるのかという、基本的な課題に応える必要があろう。評伝という興味ある方法を通じて、解決の手がかりを見出せないだろうかというのも、この企画の一つのねらいである。

狭義の歴史学の研究者だけでなく、多くの分野ですぐれた業績をあげている著者たちを迎えて、従来見られなかった規模の大きな人物史の叢書として、「ミネルヴァ日本評伝選」の刊行を開始したい。

平成十五年（二〇〇三）九月

ミネルヴァ書房

ミネルヴァ日本評伝選

企画推薦
梅原　猛
ドナルド・キーン
佐伯彰一
角田文衞

監修委員
上横手雅敬
芳賀　徹

編集委員
石川九楊
伊藤之雄
猪木武徳
今谷　明
今橋映子
熊倉功夫
佐伯順子
坂本多加雄
武田佐知子
竹西寛子
西口順子
兵藤裕己
御厨　貴

上代

＊俾弥呼　古田武彦
日本武尊　西宮秀紀
＊仁徳天皇　若井敏明
雄略天皇　吉村武彦
＊蘇我氏四代　遠山美都男
推古天皇　義江明子
聖徳太子　仁藤敦史
斉明天皇　武田佐知子
小野妹子・毛人　大橋信弥
＊額田王　梶川信行
弘文天皇　遠山美都男
天武天皇　新川登亀男
持統天皇　丸山裕美子
阿倍比羅夫　熊田亮介
＊藤原四子　木本好信
＊柿本人麿　古橋信孝
＊元明天皇・元正天皇　渡部育子
聖武天皇　本郷真紹
光明皇后　寺崎保広
＊孝謙・称徳天皇　勝浦令子
藤原不比等　荒木敏夫
橘諸兄・奈良麻呂　遠山美都男
吉備真備　今津勝紀
＊藤原仲麻呂　木本好信
道　鏡　吉川真司
＊藤原種継　木本好信
大伴家持　和田　萃
＊行　基　吉田靖雄

平安

＊桓武天皇　井上満郎
嵯峨天皇　西別府元日
宇多天皇　古藤真平
醍醐天皇　石上英一
村上天皇　京樂真帆子
花山天皇　上島　享
＊三条天皇　倉本一宏
藤原薬子　中野渡俊治
小野小町　錦　仁
藤原良房・基経　瀧浪貞子
菅原道真　竹居明男
＊紀貫之　神田龍身
源高明　所　功
＊安倍晴明　斎藤英喜
藤原実資　橋本義則
＊藤原道長　朧谷　寿
藤原伊周・隆家　倉本一宏
藤原定子　山本淳子
清少納言　三田村雅子
紫式部　竹西寛子
和泉式部　ツベタナ・クリステワ
大江匡房　小峯和明
＊阿弖流為　樋口知志
坂上田村麻呂　熊谷公男
＊源満仲・頼光　元木泰雄
平将門　西山良平
藤原純友　寺内　浩
空　海　頼富本宏
最　澄　吉田一彦
円　珍　岡野浩二
＊空　也　石井義長
奝　然　上川通夫
＊源　信　小原　仁
慶滋保胤　吉原浩人
＊後白河天皇　美川　圭
式子内親王　奥野陽子
建礼門院　生形貴重
藤原秀衡　入間田宣夫
平時子・時忠　元木泰雄
平維盛　根井　浄
守覚法親王　阿部泰郎
藤原隆信・信実　山本陽子

鎌倉

源頼朝　川合　康
＊源義経　近藤好和
源実朝　神田龍身
九条兼実　加納重文
九条道家　上横手雅敬
北条時政　野口　実
熊谷直実　佐伯真一
＊北条政子　関　幸彦
北条義時　岡田清一
曾我十郎・五郎　杉橋隆夫
北条時頼　山本隆志
北条時宗　近藤成一
安達泰盛　山陰加春夫
平頼綱　細川重男
竹崎季長　堀本一繁
西　行　光田和伸
鴨長明　浅見和彦
藤原定家　赤瀬信吾
＊京極為兼　今谷　明
＊兼　好　島内裕子
重　源　横内裕人
＊運　慶　根立研介
快　慶　井上一稔
法　然　今堀太逸
慈　円　大隅和雄
明　恵　西山　厚

親鸞　末木文美士
恵信尼・覚信尼　西口順子
覚如　今井雅晴
*道元　船岡　誠
叡尊　細川涼一
*忍性　松尾剛次
*日蓮　佐藤弘夫
一遍　蒲池勢至
夢窓疎石　原田正俊
*宗峰妙超　竹貫元勝

南北朝・室町

後醍醐天皇　上横手雅敬
護良親王　新井孝重
*赤松氏五代　渡邊大門
*北畠親房　岡野友彦
楠正成　兵藤裕己
*新田義貞　山本隆志
*光厳天皇　深津睦夫
足利尊氏　市沢　哲
足利直義　亀田俊和
佐々木道誉　下坂　守
円観・文観　田中貴子
足利義詮　早島大祐
足利義満　川嶋将生
足利義持　吉田賢司
足利義教　横井　清
大内義弘　平瀬直樹

伏見宮貞成親王　松薗　斉
*山名宗全　山本隆志
細川勝元・政元　古野　貢
日野富子　脇田晴子
世阿弥　西野春雄
雪舟等楊　河合正朝
宗祇　鶴崎裕雄
*満済　森　茂暁
一休宗純　原田正俊
蓮如　岡村喜史

戦国・織豊

北条早雲　家永遵嗣
*毛利元就　岸田裕之
毛利輝元　光成準治
*今川義元　小和田哲男
*武田信玄　笹本正治
*武田勝頼　笹本正治
*真田氏三代　笹本正治
*三好長慶　天野忠幸
*宇喜多直家・秀家　渡邊大門
*上杉謙信　矢田俊文
島津義久・義弘　福島金治
長宗我部元親・盛親　平井上総
吉田兼倶　西山　克

山科言継　松薗　斉
*雪村周継　赤澤英二
正親町天皇・後陽成天皇　神田裕理
織田信長　三鬼清一郎
豊臣秀吉　藤井讓治
*北政所おね　田端泰子
*淀殿　福田千鶴
前田利家　東四柳史明
*黒田如水　小和田哲男
*蒲生氏郷　藤田達生
*細川ガラシャ　田端泰子
伊達政宗　伊藤喜良
*支倉常長　田中英道
*長谷川等伯　宮島新一
顕如　神田千里
教如　安藤　弥

江戸

徳川家康　笠谷和比古
*徳川家光　野村　玄
徳川吉宗　横田冬彦
*後水尾天皇　久保貴子
光格天皇　藤田　覚
崇伝　杣田善雄
春日局　福田千鶴
宮本武蔵　渡邊大門
*池田光政　倉地克直
保科正之　八木清治

シャクシャイン　岩崎奈緒子
*田沼意次　藤田　覚
*二宮尊徳　小林惟司
末次平蔵　岡美穂子
*高田屋嘉兵衛　生田美智子
*林羅山　鈴木健一
吉野太夫　渡辺憲司
中江藤樹　辻本雅史
*山崎闇斎　澤井啓一
山鹿素行　前田　勉
*北村季吟　島内景二
伊藤仁斎　澤井啓一
貝原益軒　辻本雅史
松尾芭蕉　楠元六男
*ケンペル　B・M・ボダルト＝ベイリー
新井白石　大川　真
荻生徂徠　柴田　純
*雨森芳洲　上田正昭
石田梅岩　高野秀晴
白隠慧鶴　芳澤勝弘
前野良沢　松田　清
平賀源内　石上　敏
本居宣長　田尻祐一郎
杉田玄白　吉田　忠
木村蒹葭堂　有坂道子
*大田南畝　沓掛良彦
菅江真澄　赤坂憲雄

*鶴屋南北　諏訪春雄
良寛　阿部龍一
*山東京伝　佐藤至子
*滝沢馬琴　高田　衛
平田篤胤　山下久夫
シーボルト　宮坂正英
本阿弥光悦　岡　佳子
小堀遠州　中村利則
狩野探幽・山雪　山下善也
尾形光琳・乾山　河野元昭
*二代目市川團十郎　田口章子
伊藤若冲　狩野博幸
鈴木春信　小林　忠
*佐竹曙山　成瀬不二雄
葛飾北斎　岸　文和
酒井抱一　玉蟲敏子
孝明天皇　青山忠正
*和宮　辻ミチ子
徳川慶喜　大庭邦彦
島津斉彬　原口　泉
*古賀謹一郎　小野寺龍太
*永井尚志　高村直助
*栗本鋤雲　小野寺龍太
大村益次郎　竹本知行
西郷隆盛　家近良樹
*塚本明毅　塚本　学

*月性　海原徹
*吉田松陰　海原徹
*高杉晋作　海原徹
久坂玄瑞　一坂太郎
ペリー　遠藤泰生
ハリス　福岡万里子
オールコック　佐野真由子
アーネスト・サトウ　奈良岡聰智
緒方洪庵　米田該典
冷泉為恭　中部義隆

近代

*明治天皇　伊藤之雄
*大正天皇　F・R・ディキンソン
*昭憲皇太后・貞明皇后　小田部雄次
大久保利通　三谷太一郎
山県有朋　鳥海靖
木戸孝允　落合弘樹
井上馨　伊藤之雄
*松方正義　室山義正
北垣国道　小林丈広
板垣退助　小川原正道
長与専斎　笠原英彦
大隈重信　五百旗頭薫
伊藤博文　坂本一登

井上毅　大石眞
*井上勝　老川慶喜
*桂太郎　小林道彦
渡辺洪基　瀧井一博
*乃木希典　佐々木英昭
星亨　小林道彦
*児玉源太郎　小林道彦
*高宗・閔妃　木村幹
山本権兵衛　室山義正
*金子堅太郎　松村正義
高橋是清　鈴木俊夫
小村寿太郎　簑原俊洋
*犬養毅　小林惟司
*加藤高明　櫻井良樹
加藤友三郎・寛治　麻田貞雄
牧野伸顕　小宮一夫
田中義一　黒沢文貴
内田康哉　高橋勝浩
石井菊次郎　廣部泉
平沼騏一郎　堀田慎一郎
鈴木貫太郎　小堀桂一郎
宇垣一成　北岡伸一
*宮崎滔天　榎本泰子
*浜口雄幸　川田稔
幣原喜重郎　西田敏宏
関一　玉井金五
水野広徳　片山慶隆

広田弘毅　井上寿一
安重根　上垣外憲一
*グルー　廣部泉
*永田鉄山　森靖夫
東條英機　牛村圭
今村均　前田雅之
蔣介石　劉岸偉
石原莞爾　山室信一
木戸幸一　波多野澄雄
*岩崎弥太郎　武田晴人
伊藤忠兵衛　末永國紀
五代友厚　田付茉莉子
大倉喜八郎　村上勝彦
*安田善次郎　由井常彦
渋沢栄一　武田晴人
益田孝　鈴木邦夫
山辺丈夫　宮本又郎
武藤山治　阿部武司・桑原哲也
池田成彬　松浦正孝
西原亀三　森川正則
小林一三　橋爪紳也
大倉恒吉　石川健次郎
大原孫三郎　猪木武徳
*河竹黙阿弥　今尾哲也
イザベラ・バード　加納孝代
*林忠正　木々康子
*森鷗外　小堀桂一郎

*二葉亭四迷　ヨコタ村上孝之
夏目漱石　佐々木英昭
徳冨蘆花　半藤英明
巌谷小波　千葉信胤
樋口一葉　佐伯順子
*島崎藤村　十川信介
泉鏡花　東郷克美
上田敏　小林茂
*有島武郎　亀井俊介
永井荷風　川本三郎
北原白秋　平石典子
菊池寛　山本芳明
芥川龍之介　高橋龍夫
*宮沢賢治　千葉一幹
正岡子規　夏石番矢
高浜虚子　坪内稔典
与謝野晶子　佐伯順子
*種田山頭火　村上護
*斎藤茂吉　品田悦一
*高村光太郎　湯原かの子
萩原朔太郎　エリス俊子
*原阿佐緒　秋山佐和子
*狩野芳崖・高橋由一　古田亮
*小堀鞆音　小堀桂一郎
竹内栖鳳　北澤憲昭
黒田清輝　高階秀爾

中村不折　石川九楊
横山大観　高階秀爾
*橋本関雪　西原大輔
小出楢重　芳賀徹
土田麦僊　天野一夫
岸田劉生　北澤憲昭
*山田耕筰　後藤暢子
松旭斎天勝　川添裕
中山みき　鎌田東二
佐田介石　谷川穣
*ニコライ　中村健之介
出口なお・王仁三郎　川村邦光
島地黙雷　阪本是丸
*新島襄　太田雄三
新島八重　佐伯順子
木下広次　冨岡勝
海老名弾正　西田毅
嘉納治五郎　クリストファー・スピルマン
柏木義円　片野真佐子
津田梅子　田中智子
*澤柳政太郎　新田義之
河口慧海　高山龍三
山室軍平　室田保夫
大谷光瑞　白須淨眞
*久米邦武　高田誠二
フェノロサ　伊藤豊
井上哲次郎　井ノ口哲也